A B C Twiggi

Meine ersten
Buchstaben
Buchstaben schreiben lernen

Für noch mehr kreative Ideen und Druckvorlagen, besuchen Sie unsere Website **www.ABCTwiggi.com**.

KidsSoup, Inc.
www.Kindersuppe.de

Einleitung

Buchstaben schreiben - für Kinder ab 3 Jahren.

Wir haben zusammen mit Pädagogen ein Lernheft mit kindgerechten Übungen entwickelt, das ihrem Kind spielerisch und in einfachen Schritten dabei hilft, Buchstaben zu erkennen und schreiben zu lernen. Jedes Kind kann in seinem individuellen Tempo lernen, wodurch schnelle und effektive Lernerfolge erzielt werden.

Das Übungsheft folgt einer klaren Struktur. Die einzelnen Lernschritte bauen aufeinander auf, während sich der Schwierigkeitsgrad schrittweise erhöht: vom Erkennen des Buchstabens, über für den Buchstaben nötige Schreibschwünge bis zum Nachzeichnen und anschließenden freien Schreiben des Buchstabens mit Hilfslinien.

Die verschiedenen Übungen verbessern die Konzentration und motorische Koordination der Kinder. Auf diese Weise bleiben die Kinder motiviert und haben viele kleine Erfolgserlebnisse.
Nach jedem Schritt braucht das Kind immer weniger Hilfe, bis es zum Schluss die Buchstaben ganz alleine schreiben kann.

Alle Vorteile auf einen Blick:

- *Klar strukturierte Übungen - gleicher Aufbau der Übungen bei allen Buchstaben*
- *Graduell, in kleinen Schritten steigender Schwierigkeitsgrad*
- *Das Erlernen des korrekten Schreibens von Buchstaben und die Verbesserung der Schreibschrift*
- *Schreiben von Buchstaben*
- *Visuelles und auditives Erkennen von Buchstaben*
- *Mehr als 200 Seiten*
- *Abwechslungsreiche Aufgaben und Schreibspaß*
- *Kindgerechte Aufmachung und liebevolles Design*
- *Vorbereitung auf die Einschulung*

TIPP: Schon früh wollen Kinder ihren eigenen Namen schreiben. Möchte ein kleines Kind lernen, seinen Namen zu schreiben, schreiben Sie den Namen des Kindes auf ein Blatt Papier. Mit dem Anfangsbuchstaben beginnen, und suchen Sie dann die einzelnen Buchstaben im Übungsheft heraus und üben Sie sie nacheinander über längere Zeit mit dem Kind.

Dabei sollte darauf geachtet werden, ähnlich klingende oder ähnlich aussehende Buchstaben niemals direkt hintereinander durchzunehmen, damit die Kinder nicht irritiert oder verunsichert werden.

Meine ersten Buchstaben - Buchstaben schreiben lernen

Übungsheft mit klarem Aufbau, mit dem die Kinder lernen, Buchstaben zu erkennen und zu schreiben.
WICHTIG! Beim übenden Nachfahren von Buchstaben immer den abgebildeten Laut mitsprechen.

Das Erlernen jedes Buchstabens geht folgendermaßen:

Schritt 1: Form und Laut des Buchstabens erkennen – Ausmalbild

Das Abenteuer des Buchstabenschreibens beginnt mit einem Ausmalbild. Schauen Sie sich das Bild gemeinsam an. Sagen Sie den Laut des Buchstabens (Beispiel: /B/ Bär, **nicht /Be/** wie Bär). Das Ausmalen verbessert die Feinmotorik und sorgt dafür, dass das Kind den Buchstaben mit dem entsprechenden Laut verbindet.

Schritt 2: Nachzeichnen des Buchstabens – Regenbogenbuchstaben

Neben dem Klein- und Großbuchstaben befindet sich ein Bild, das mit dem Buchstaben beginnt. Die Buchstaben werden mit verschiedenen Stiften und Farben nachgezeichnet. Um den Buchstaben in der korrekten Schreibrichtung nachzuzeichnen, ist jeder Buchstabe mit Zahlen markiert, die anzeigen, wo begonnen werden soll. Pfeile geben die Bewegungsrichtung vor.

Schritt 3: Buchstaben-Schreibschwünge

Zuerst wird der Buchstabe wird mit dem Finger nachgezeichnet. Danach werden die für den Buchstaben nötigen Schreibschwünge durch Nachzeichnen der einzelnen Linien geübt.

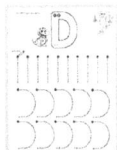

Schritt 4: Buchstaben nachzeichnen mit Hilfslinien

Einfaches Nachzeichnen der Buchstabenlinien. Bei jedem Buchstaben ist markiert, wo angesetzt werden soll. Diese Übung stärkt auch die Feinmotorik.

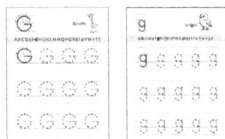

Schritt 5: Freies Schreiben mit Hilfslinien

Freies Schreiben des Buchstabens mit Hilfslinien.

Meine ersten
Buchstaben
Buchstaben schreiben lernen

Inhaltsverzeichnis

Mit dem Finger nachfahren

schreiben

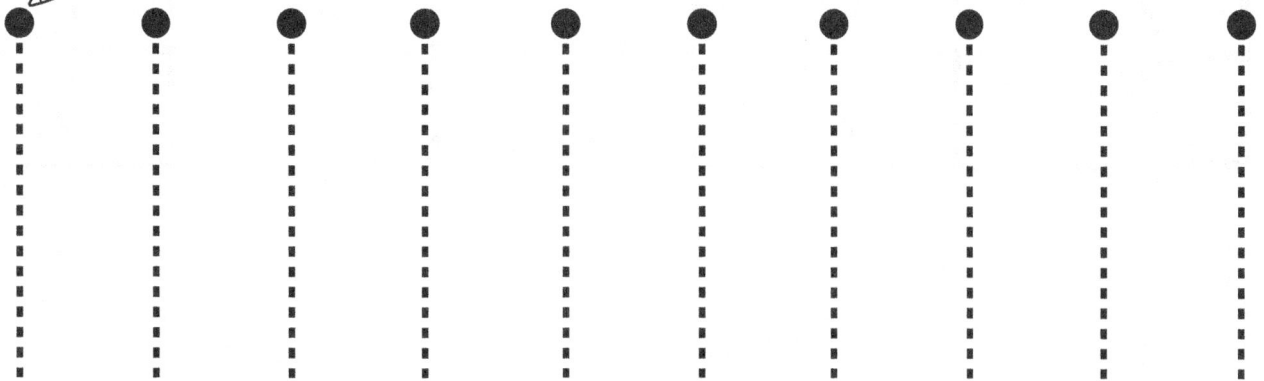

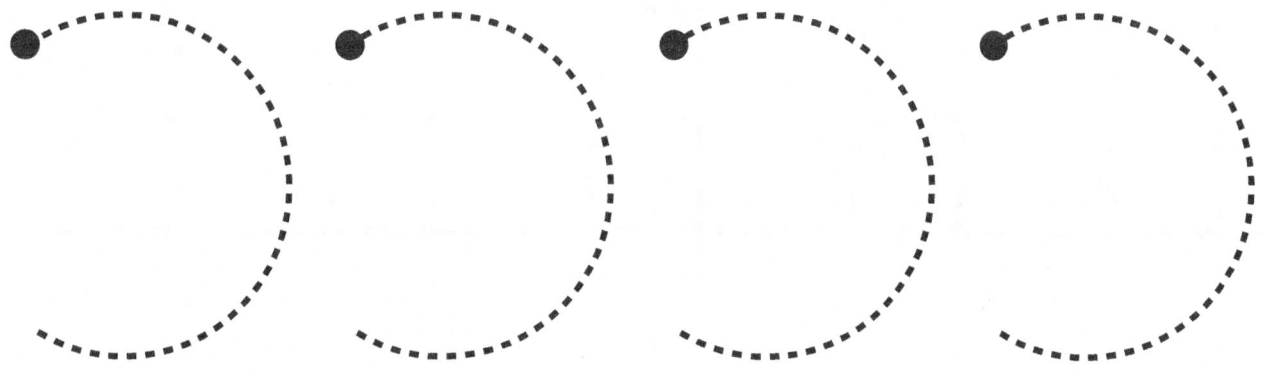

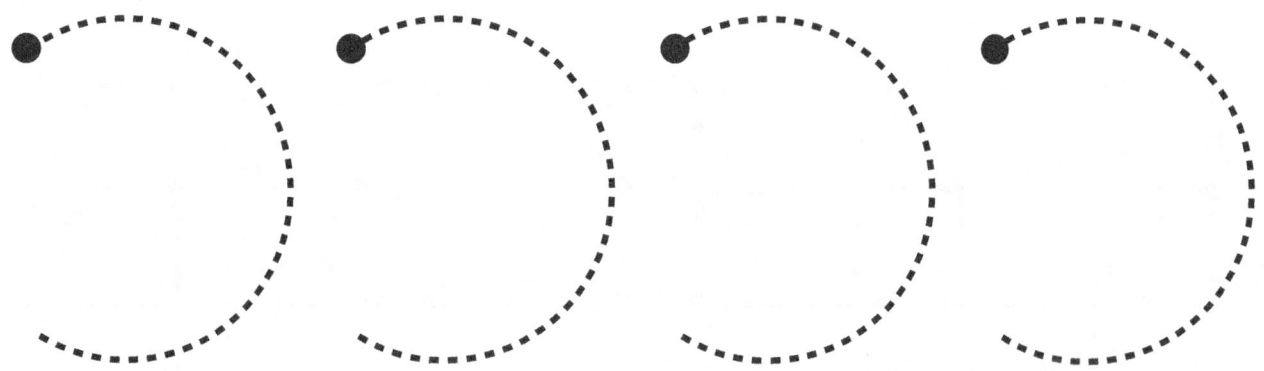

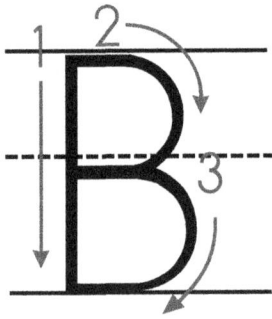

Bär

ABCDEFGHIJKLMNOPQRSTUVWXYZ

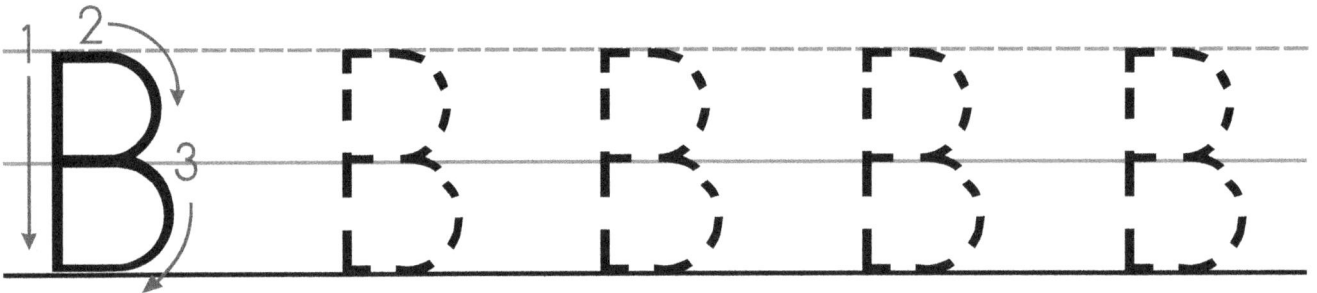

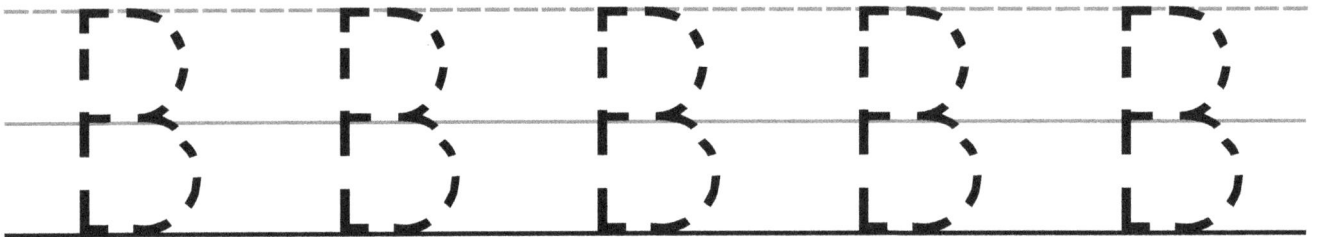

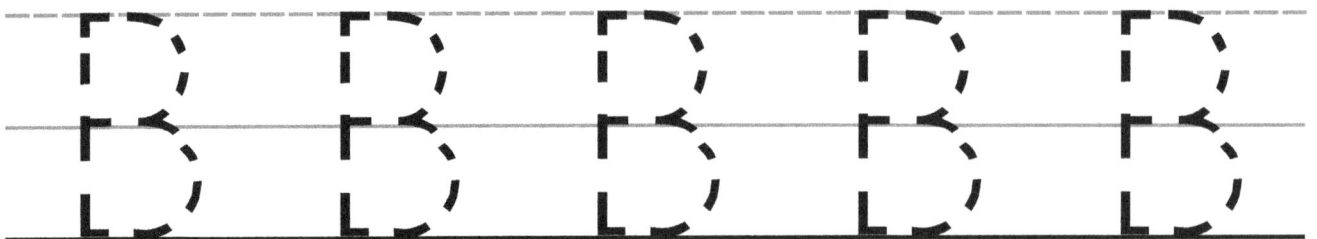

© KidsSoup, Inc.   ABC Twiggi

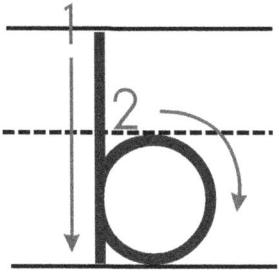

Kor**b**

abcdefghijklmnopqrstuvwxyz

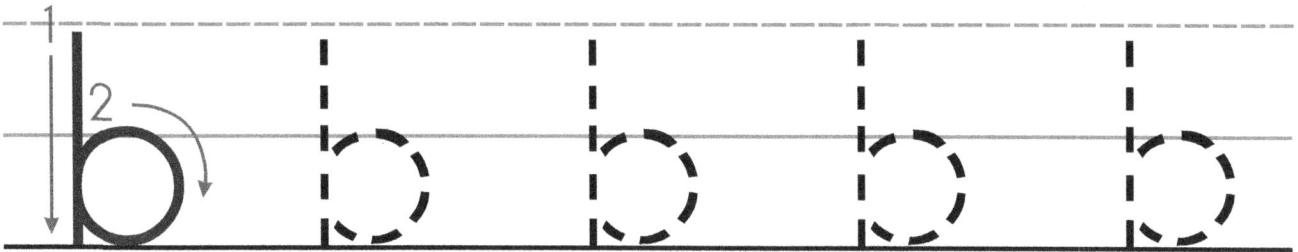

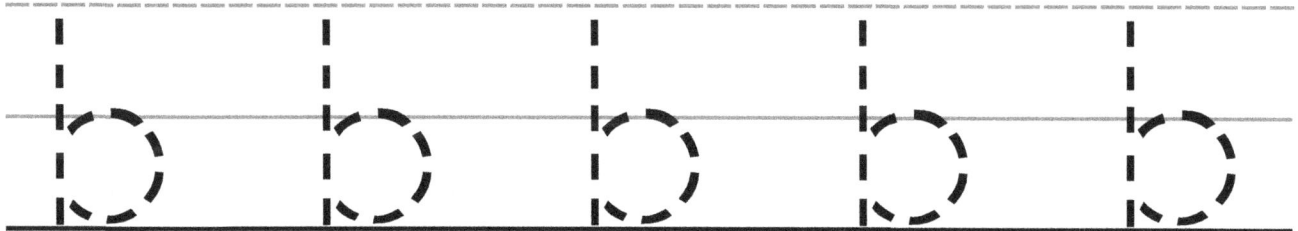

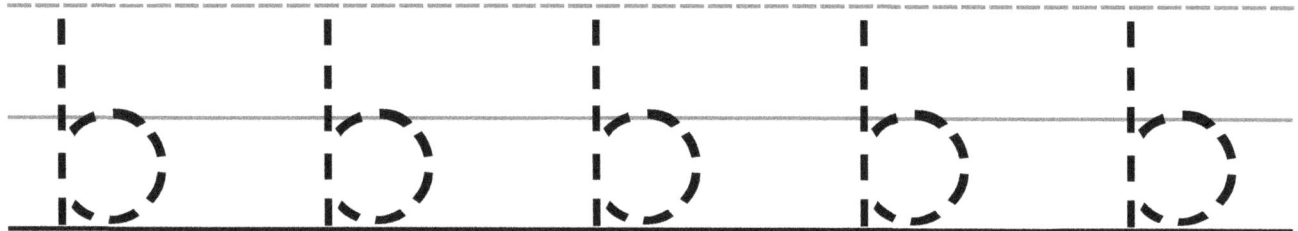

Schreibe den Buchstaben

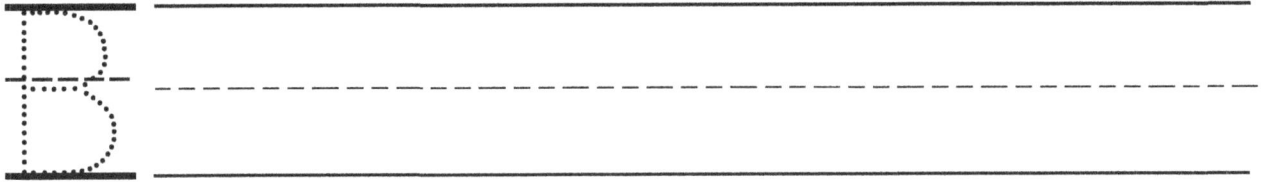

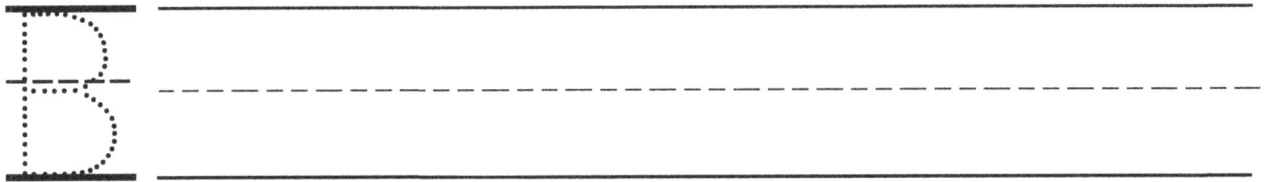

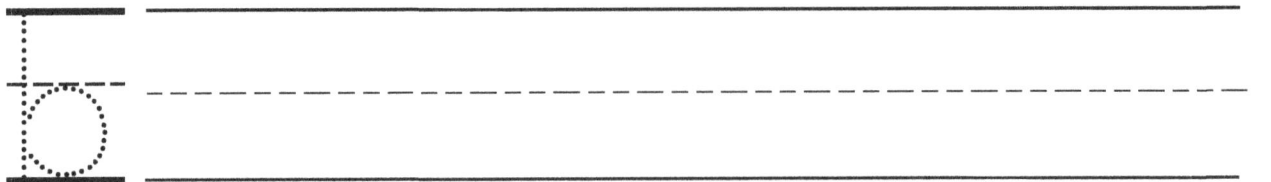

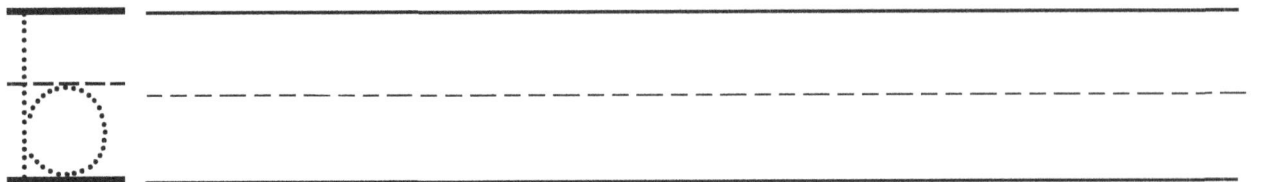

B b

B

B

b

b

Cc

Computer

1

C wie Computer

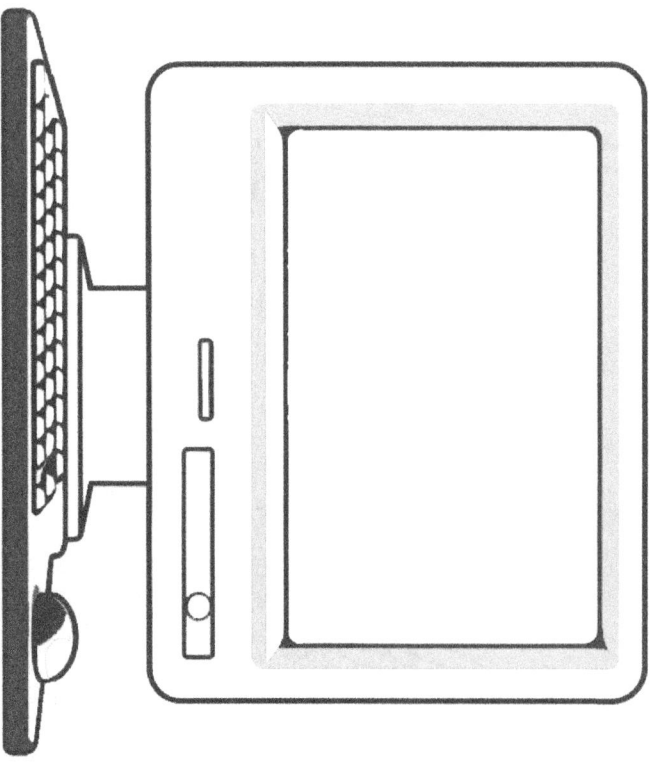

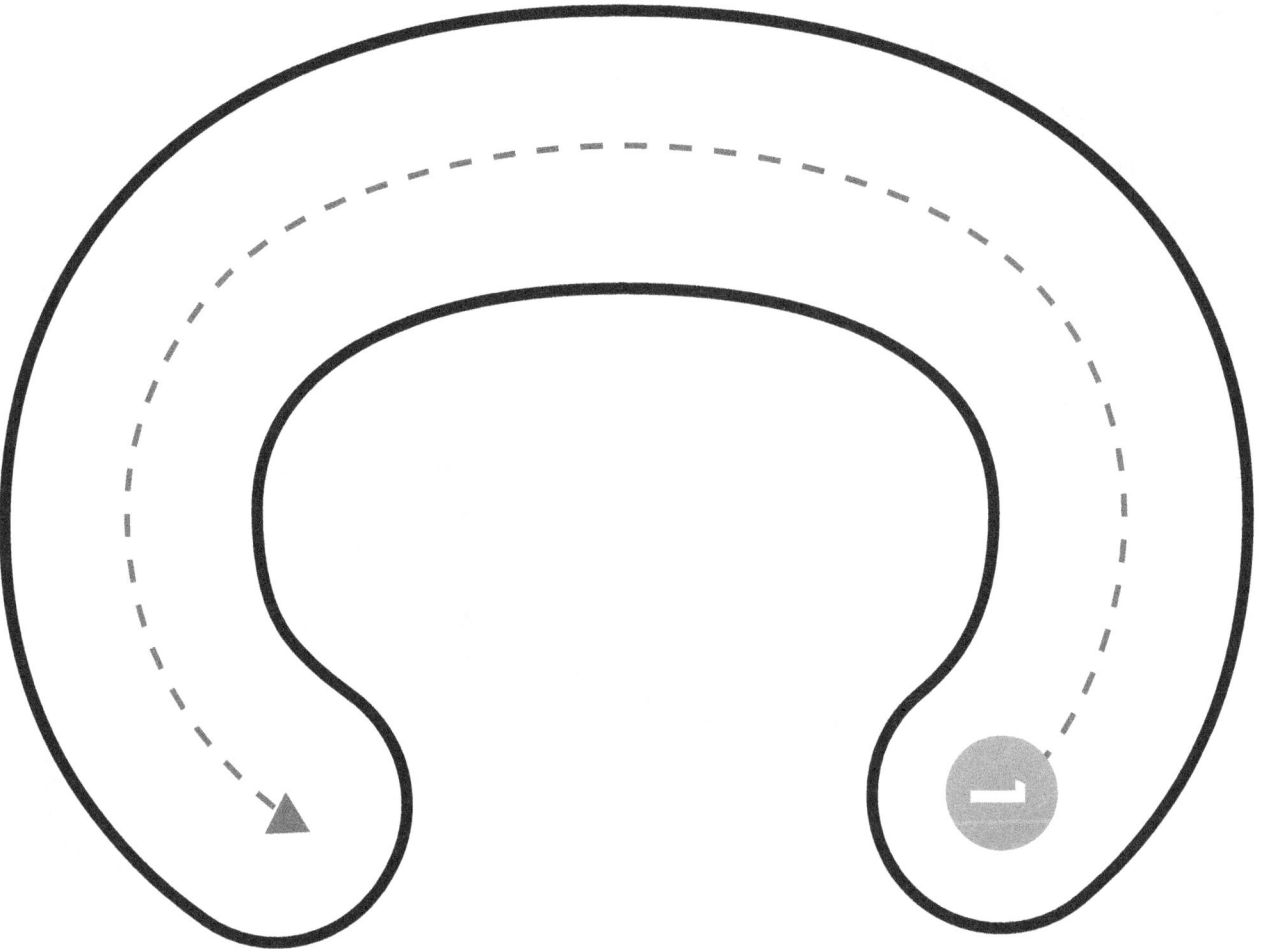

c wie Popcorn

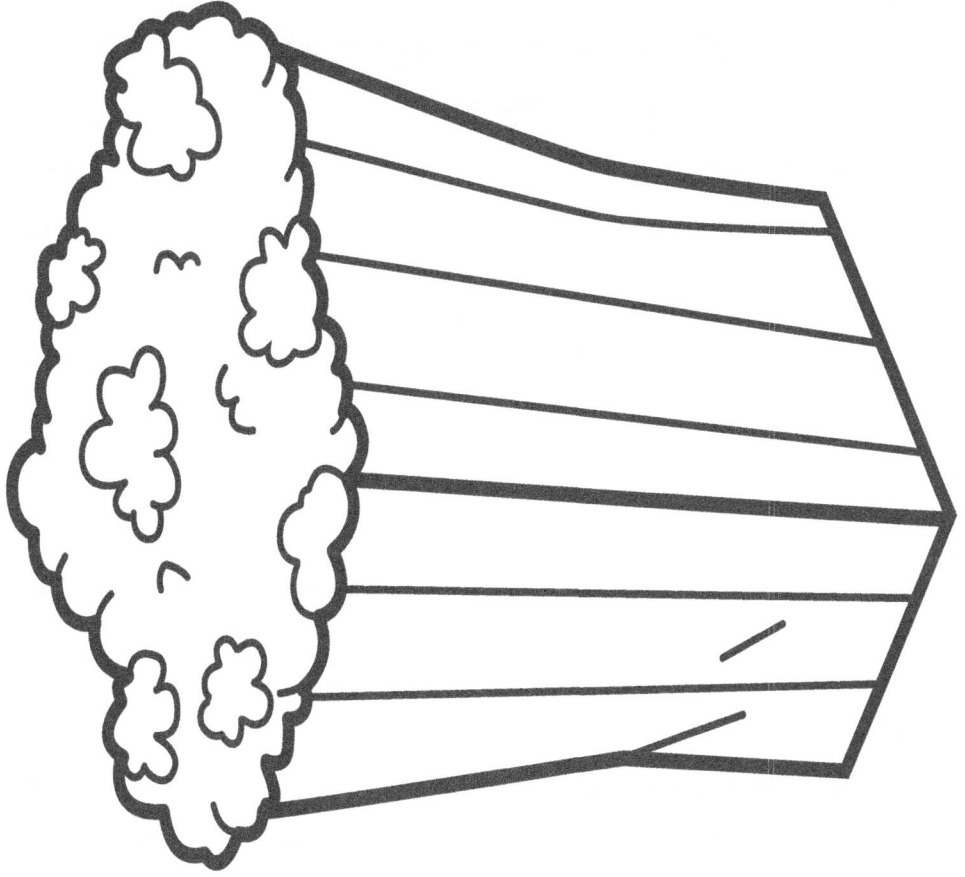

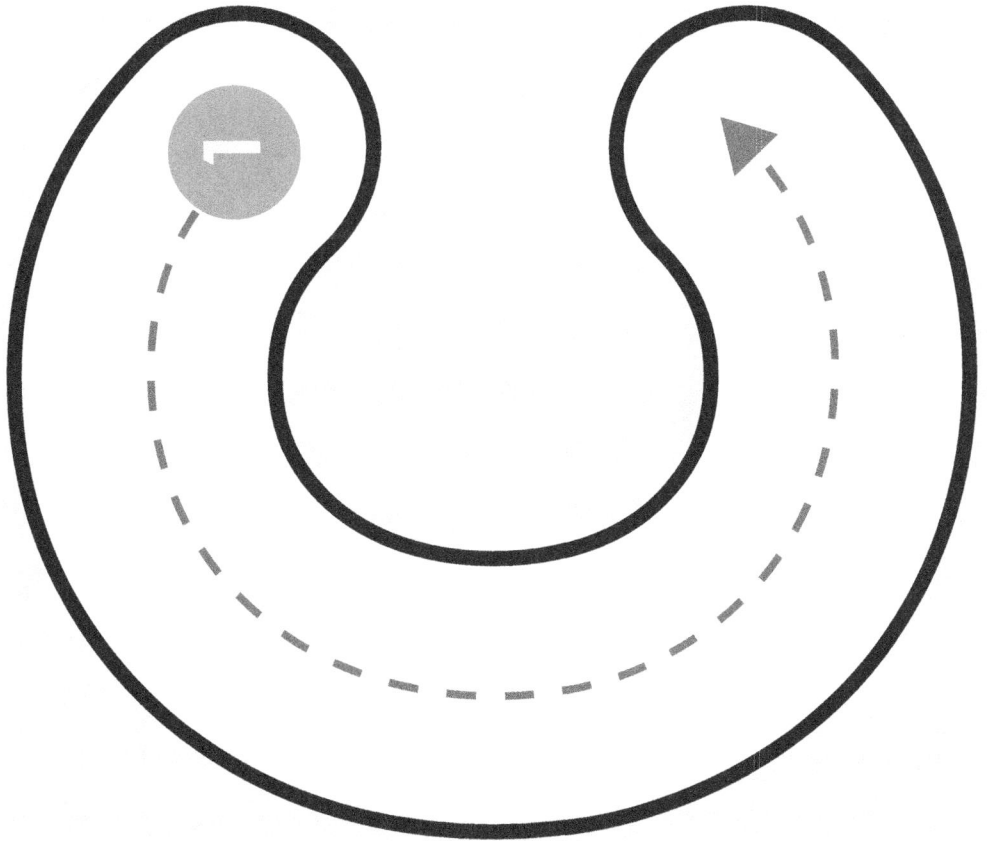

Mit dem Finger nachfahren

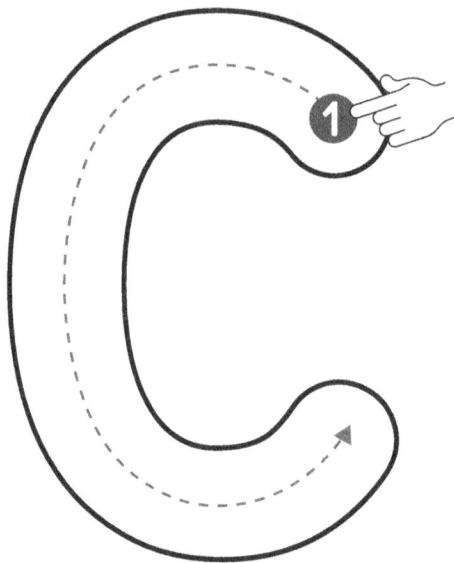

schreiben

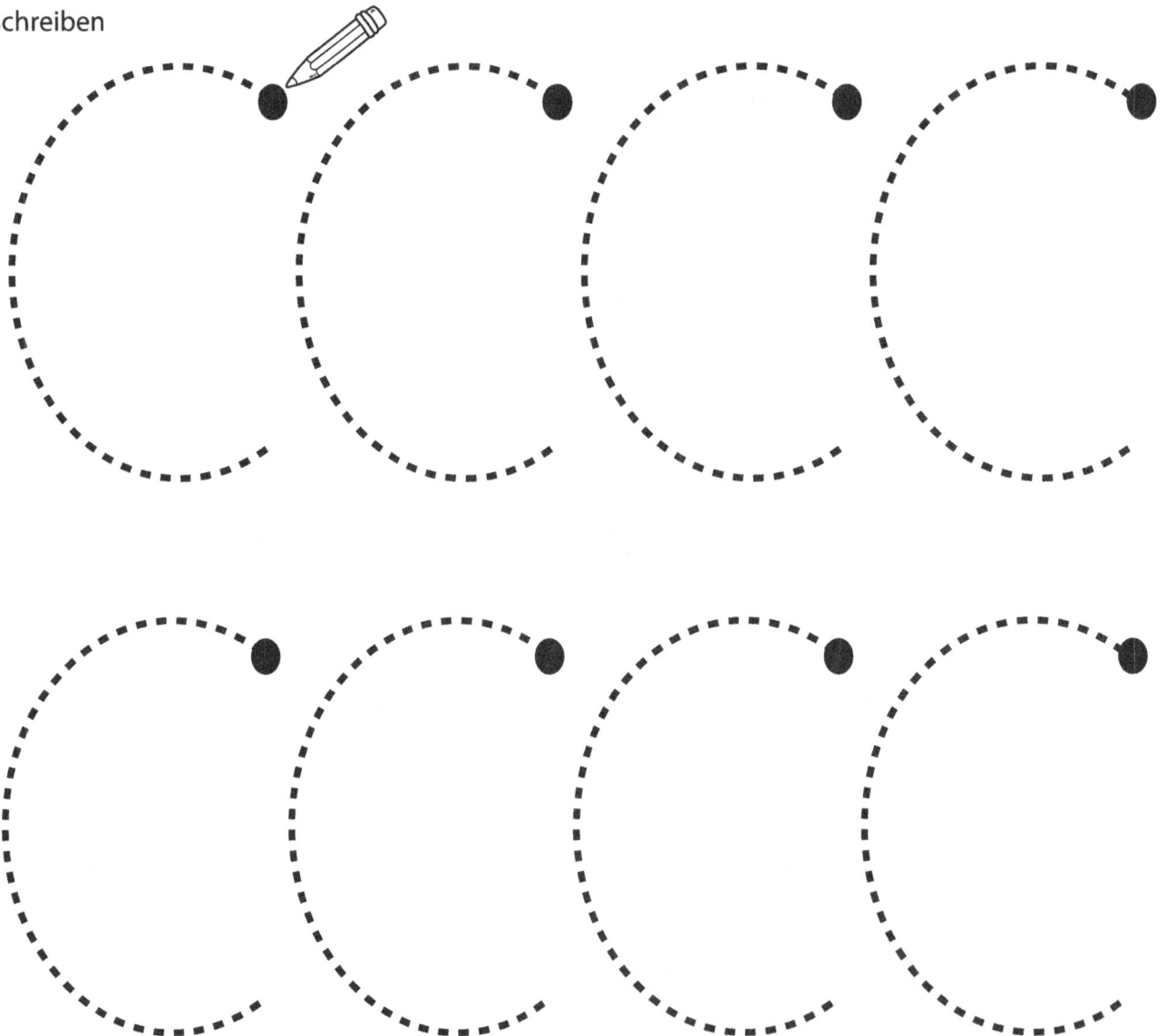

© KidsSoup, Inc.   ABC Twiggi

Mit dem Finger nachfahren

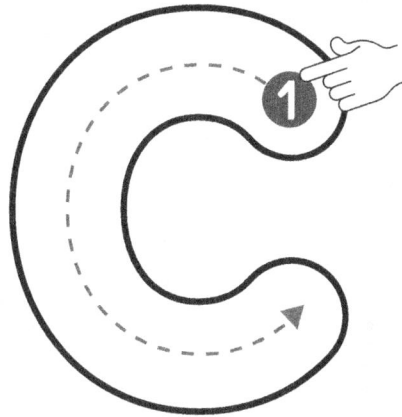

schreiben

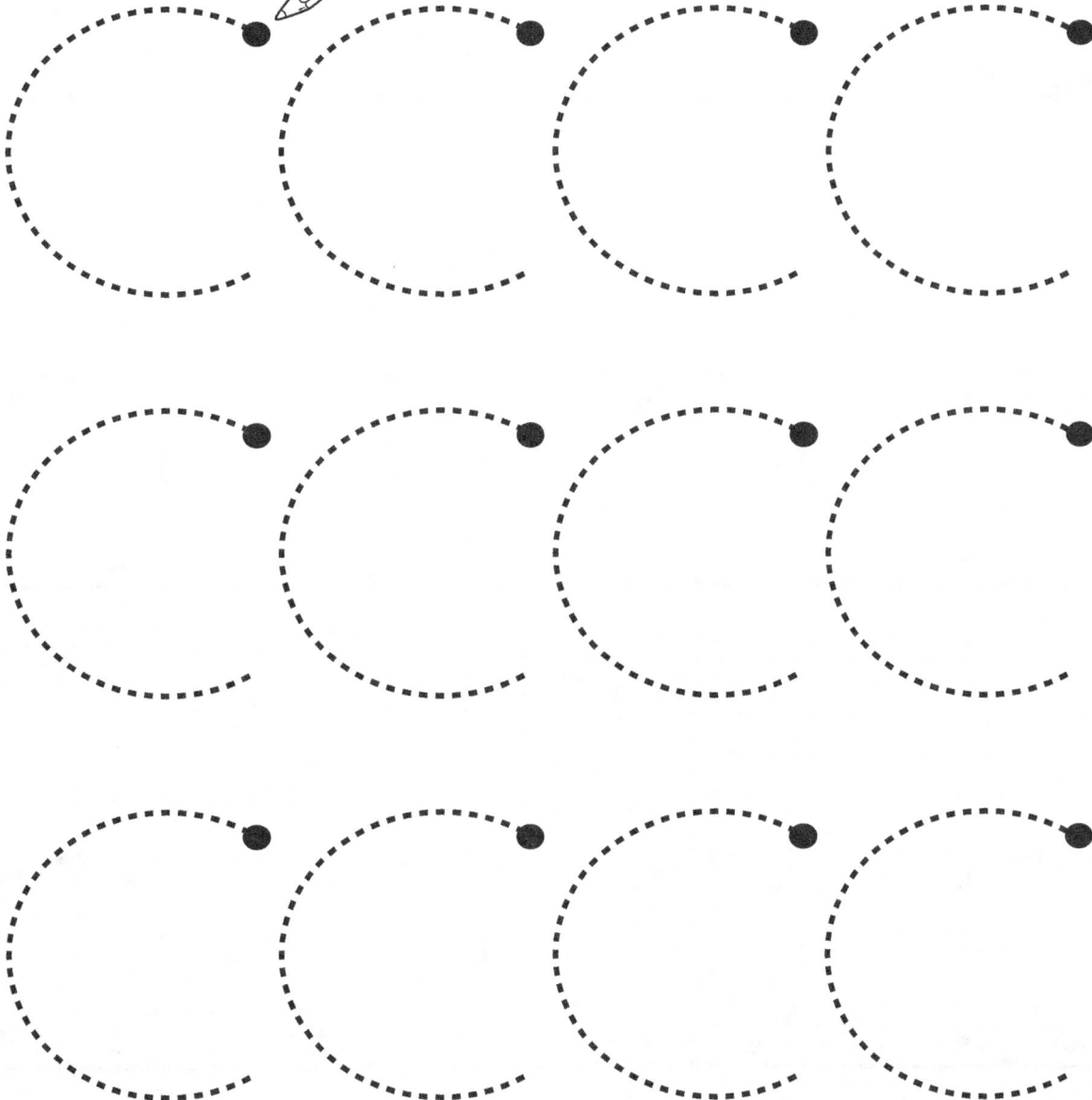

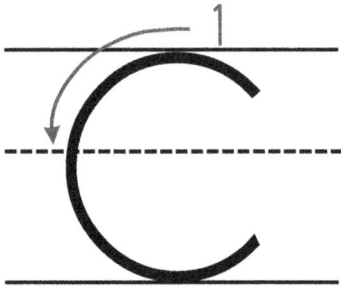

C

A B **C** D E F G H I J K L M N O P Q R S T U V W X Y Z

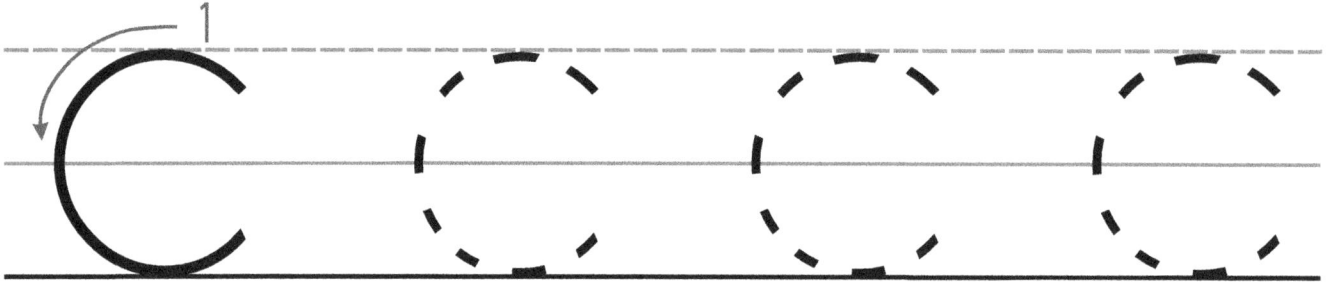

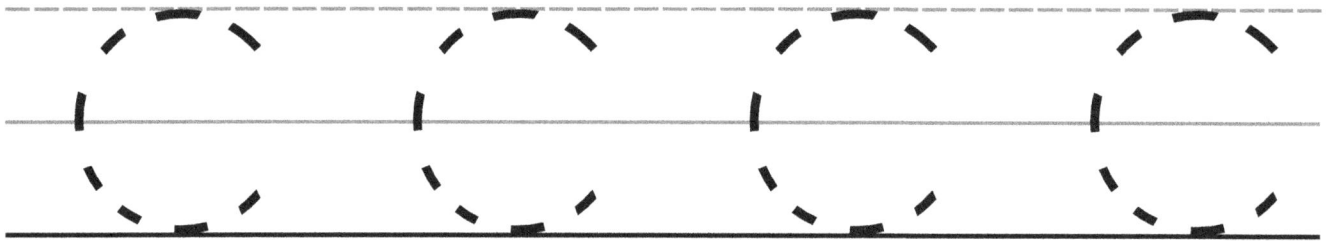

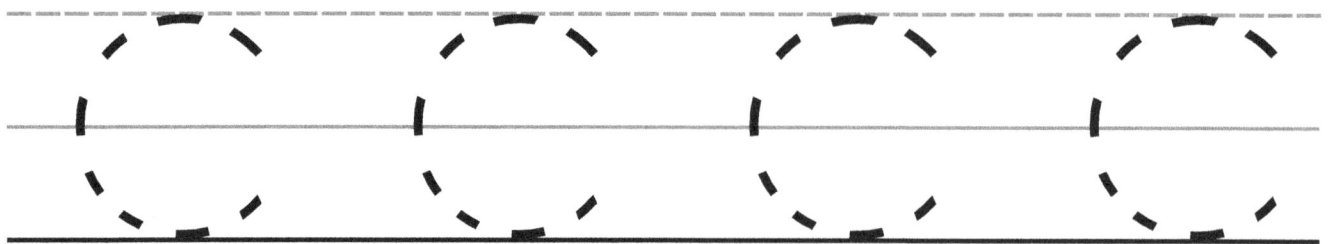

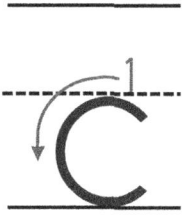

C

abcdefghijklmnopqrstuvwxyz

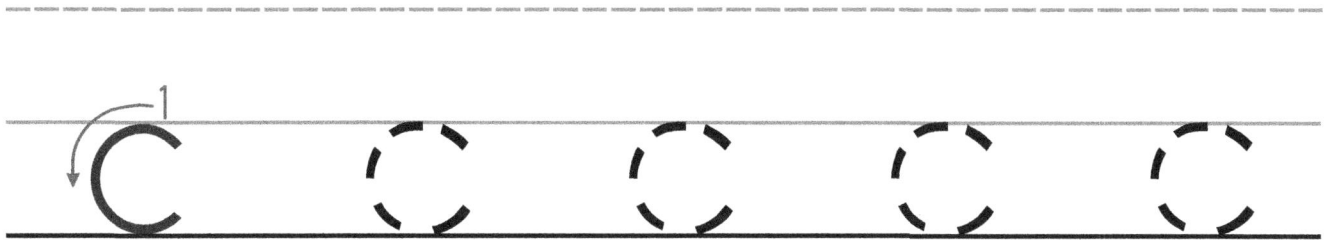

C   C   C   C   C

C   C   C   C   C

C   C   C   C   C

Schreibe den Buchstaben

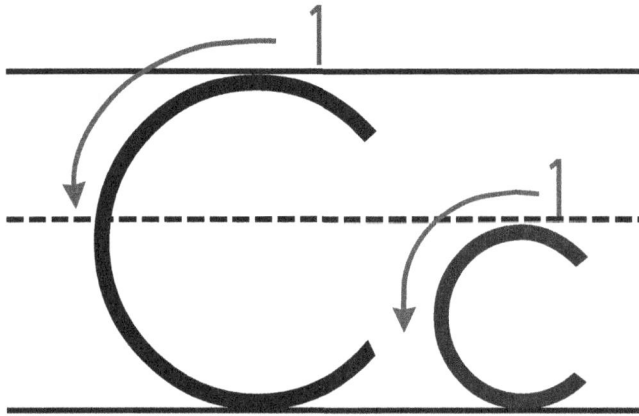

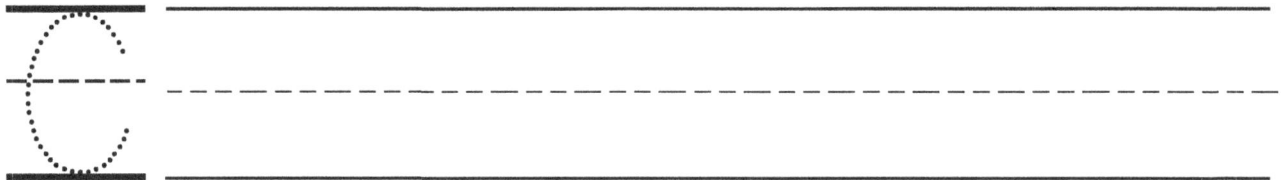

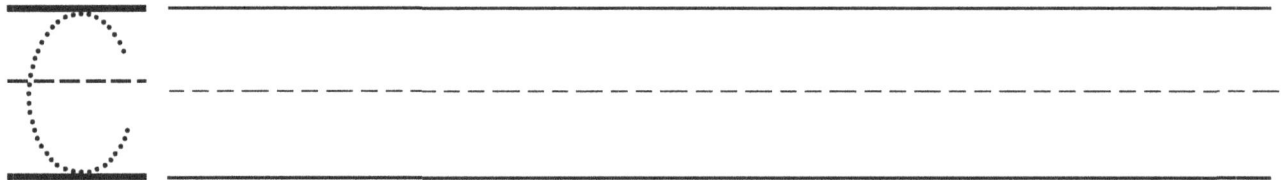

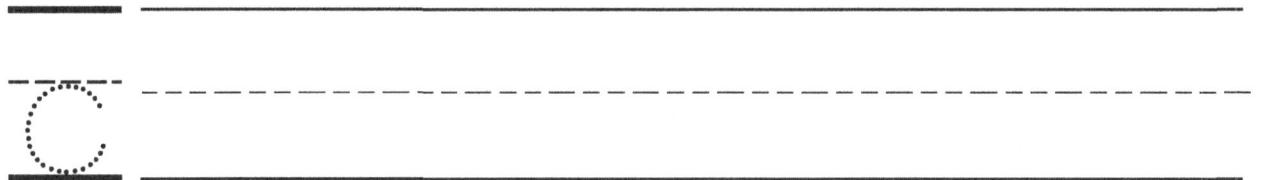

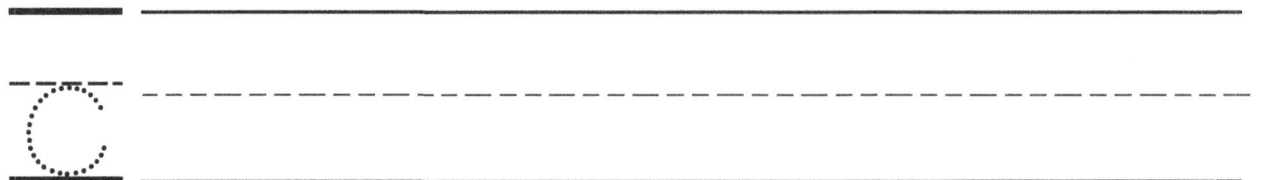

Dd

Dinosaurier

1
2

D wie Dinosaurier

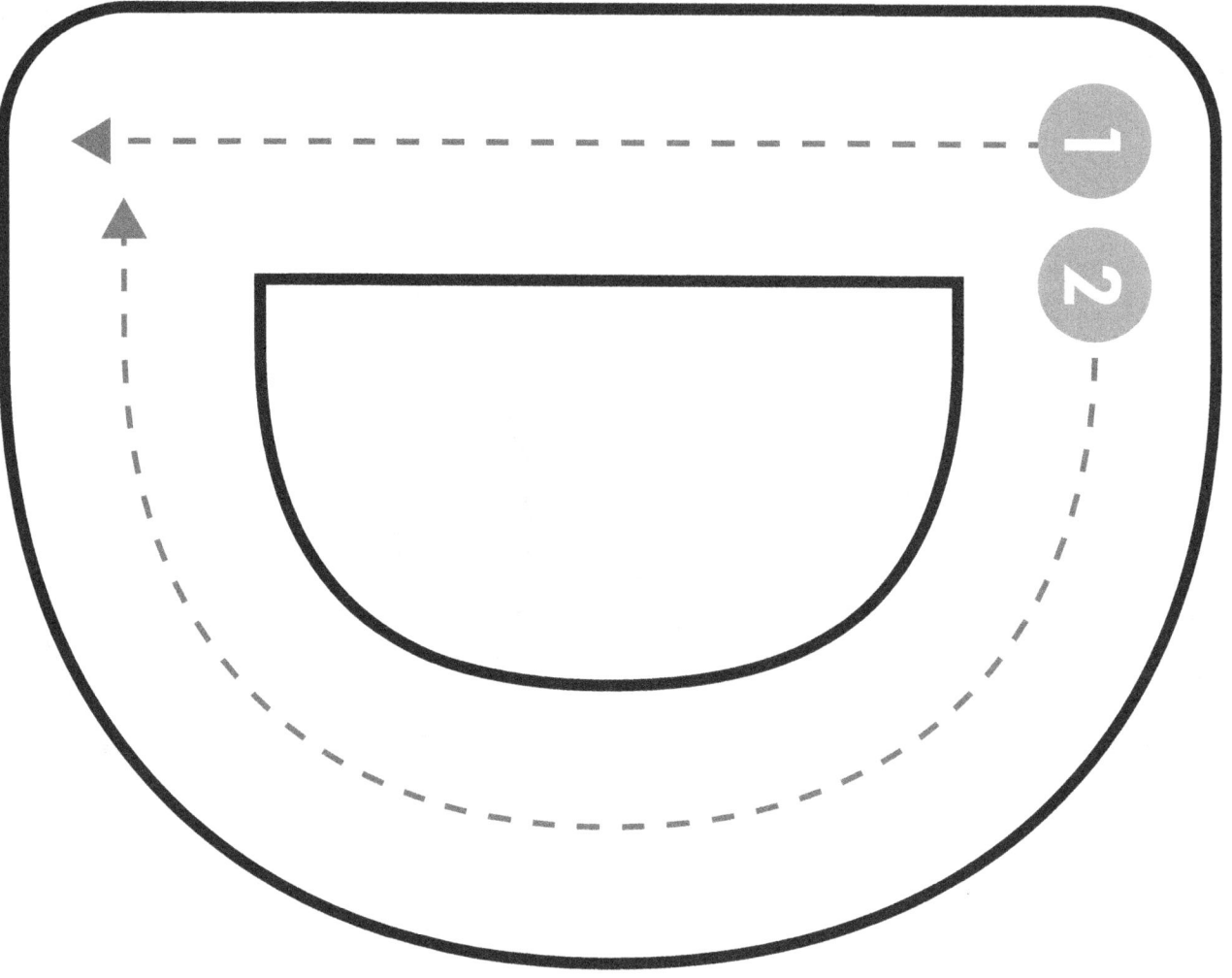

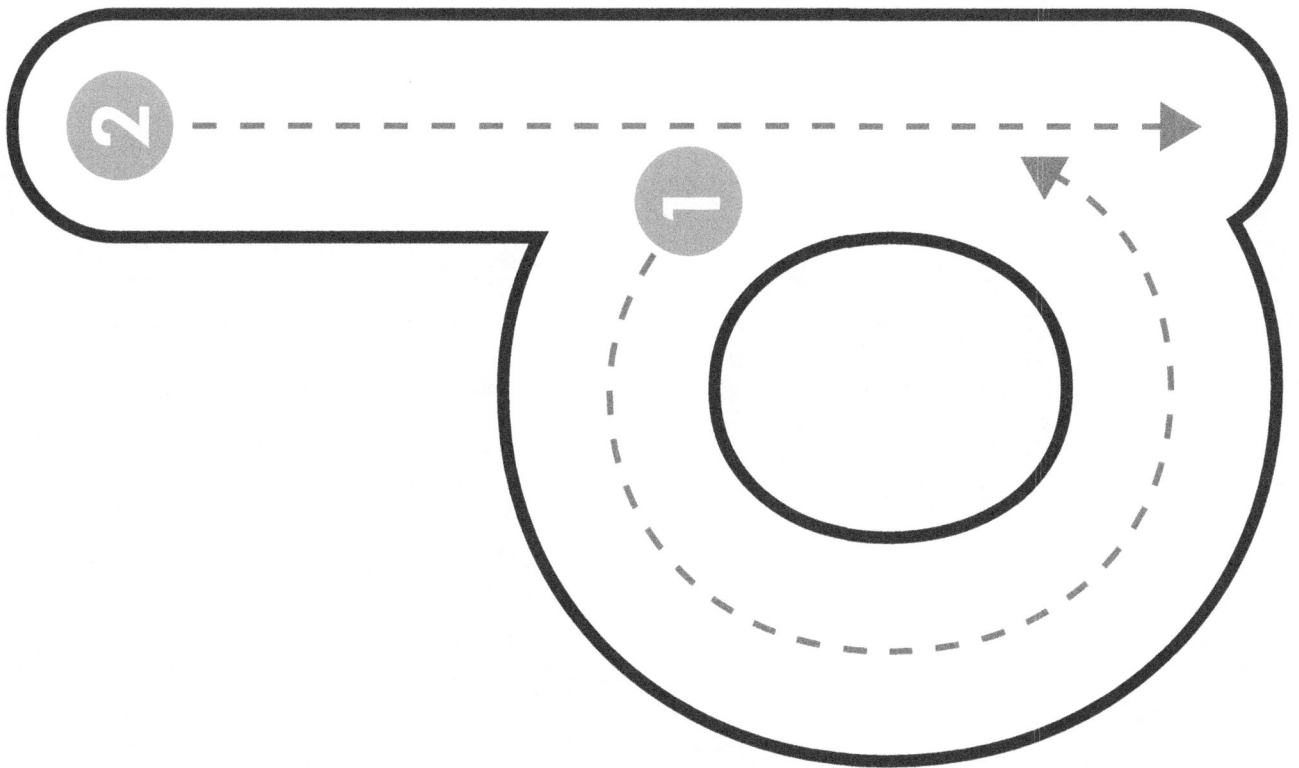

Mit dem Finger nachfahren

schreiben

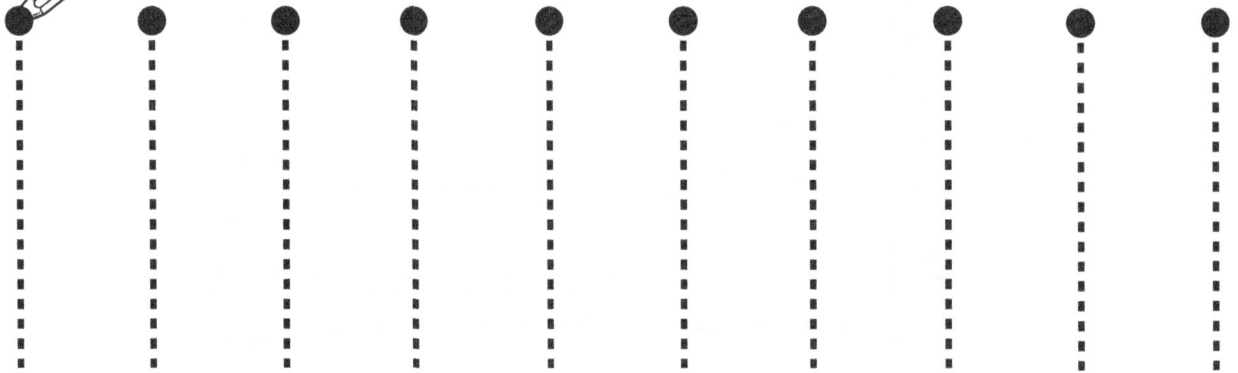

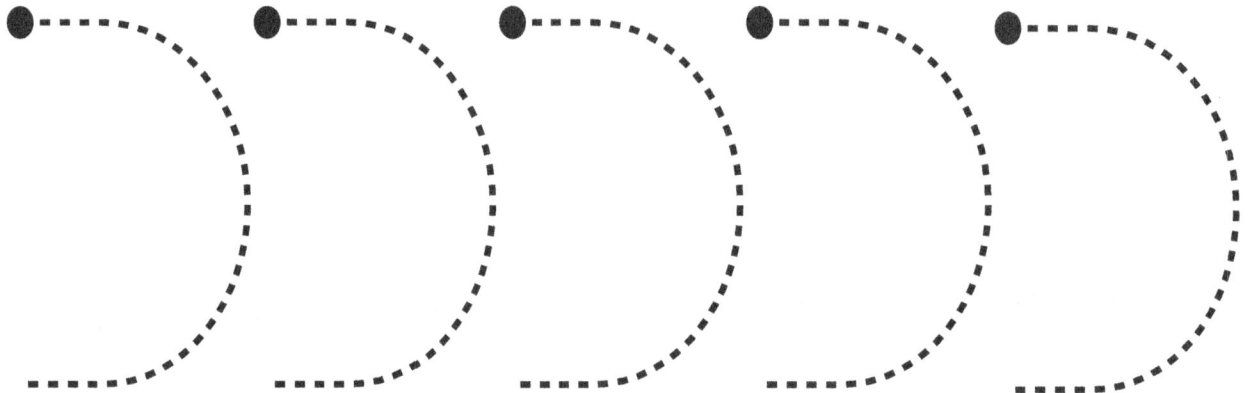

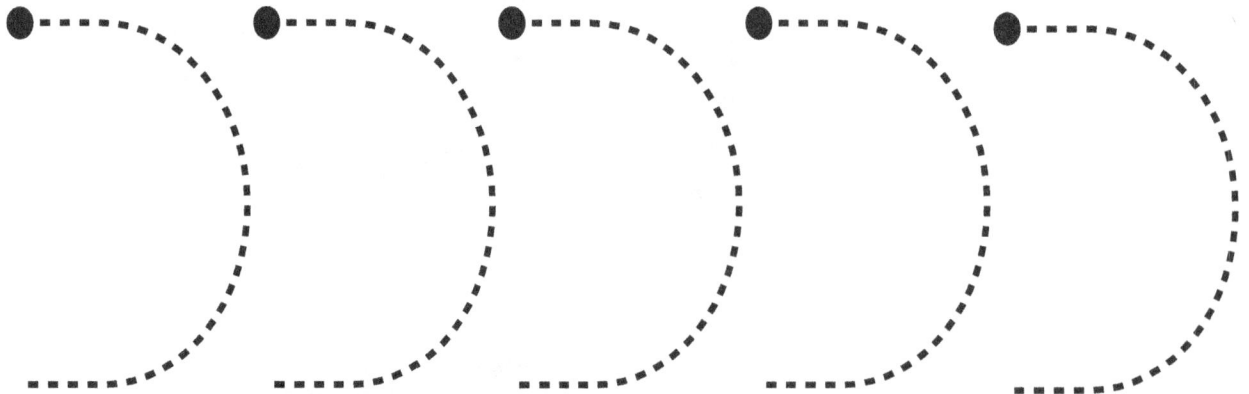

Mit dem Finger nachfahren

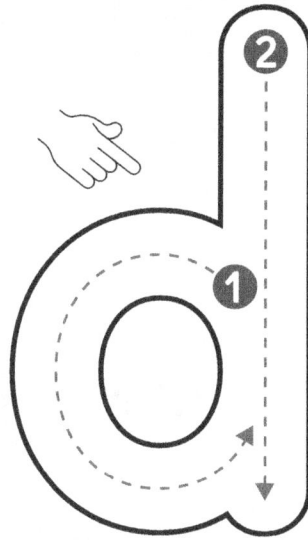

schreiben

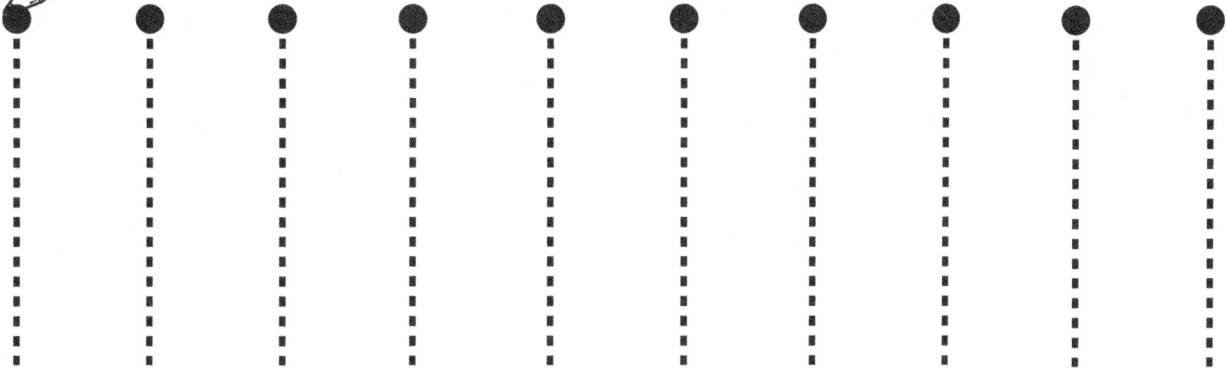

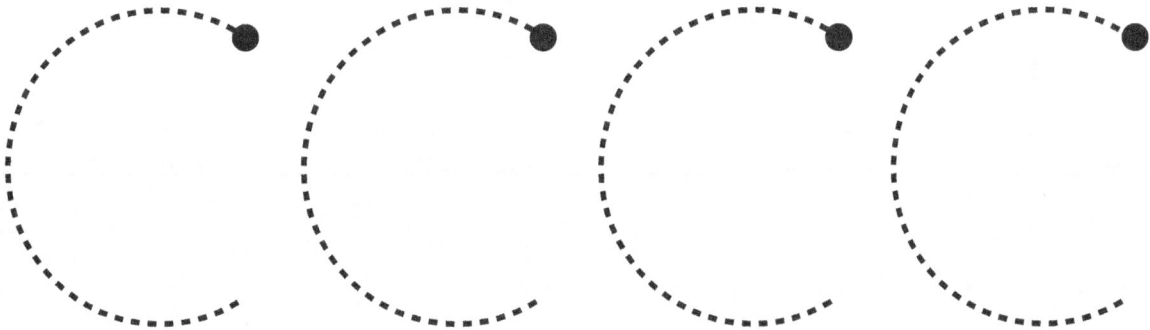

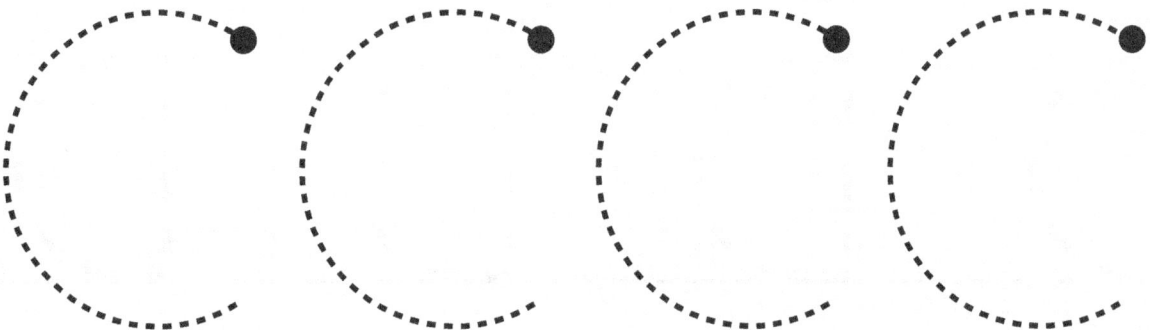

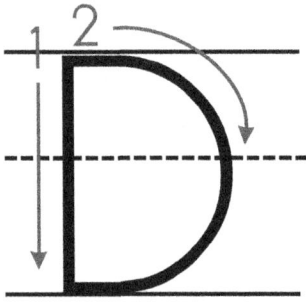

ABC**D**EFGHIJKLMNOPQRSTUVWXYZ

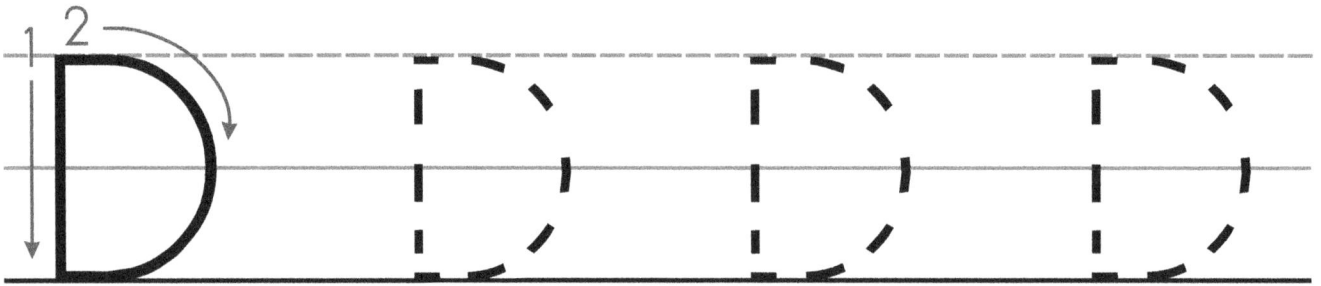

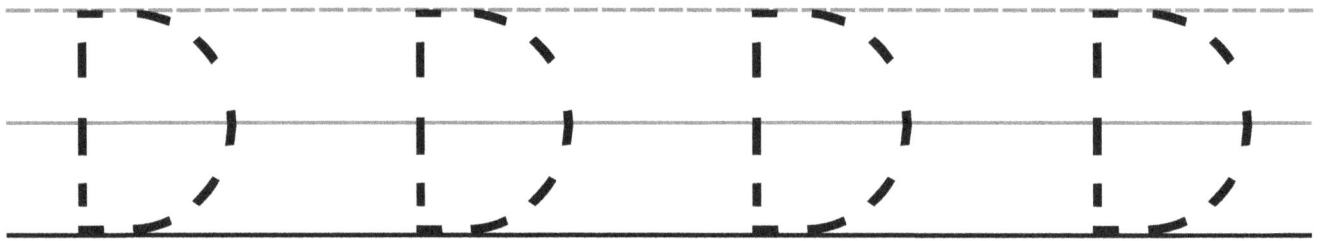

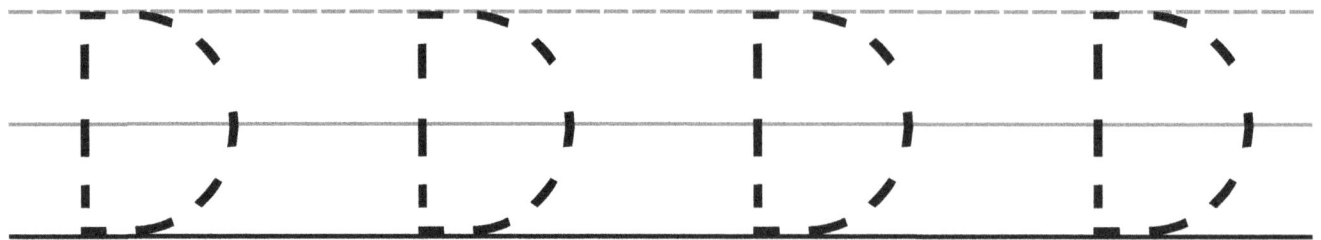

D D D D D D

D D D D D D

D D D D D D

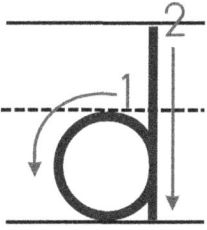

a b c **d** e f g h i j k l m n o p q r s t u v w x y z

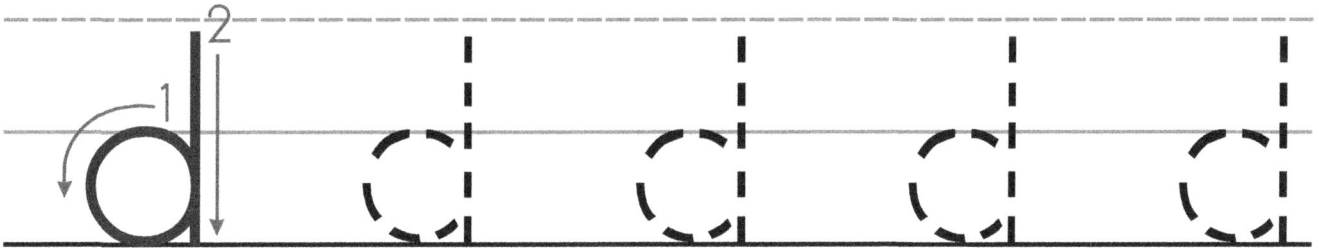

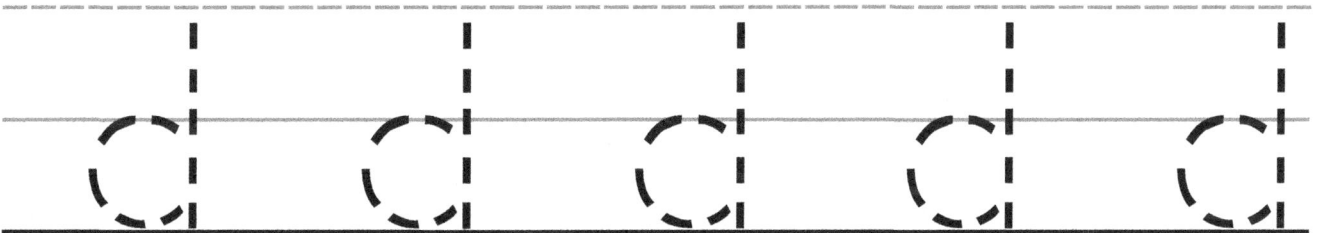

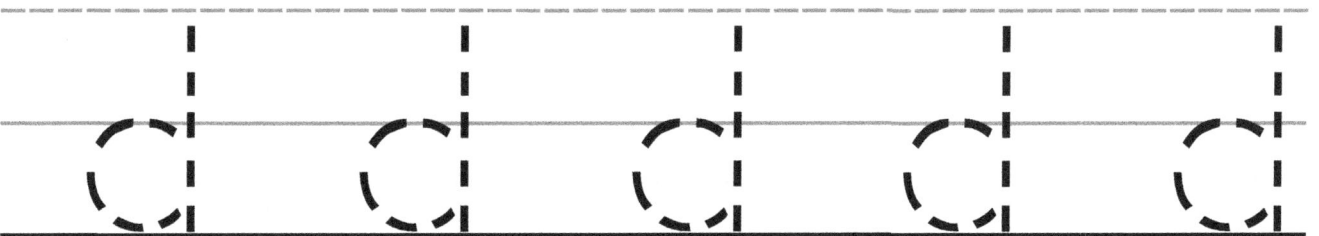

Schreibe den Buchstaben

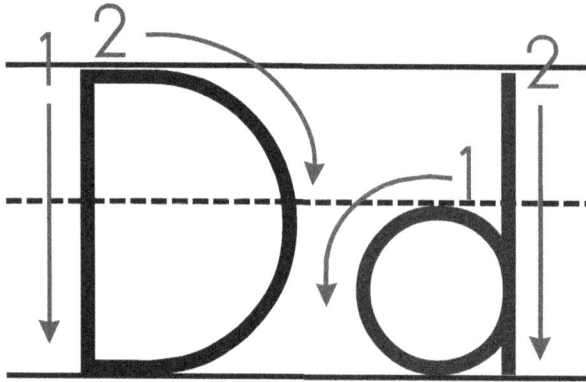

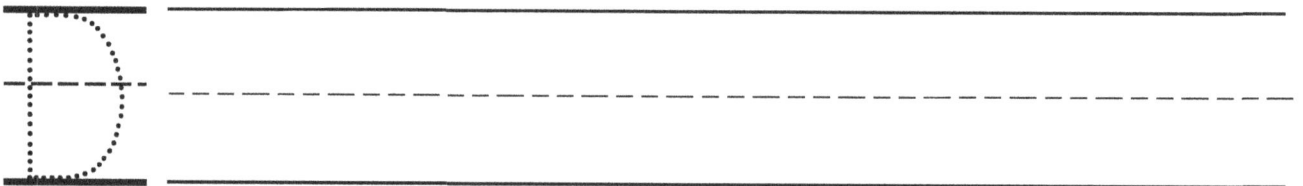

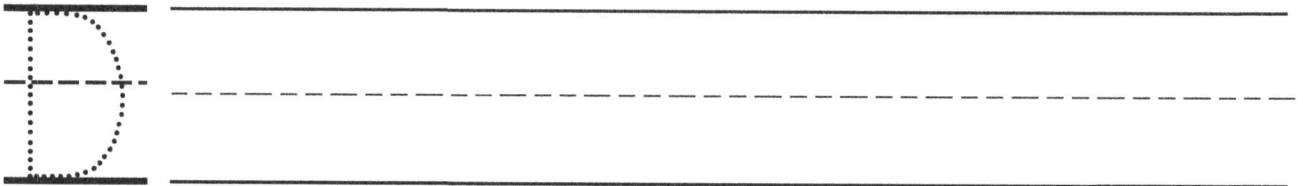

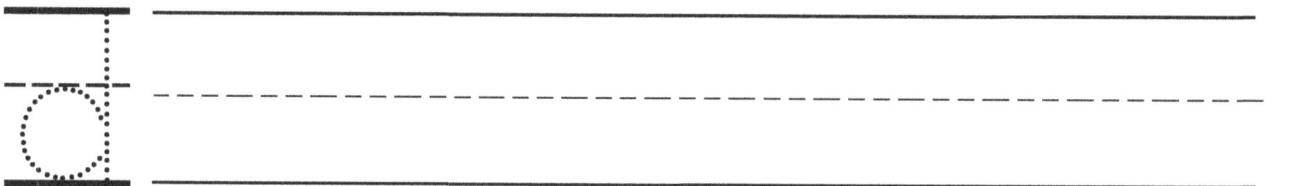

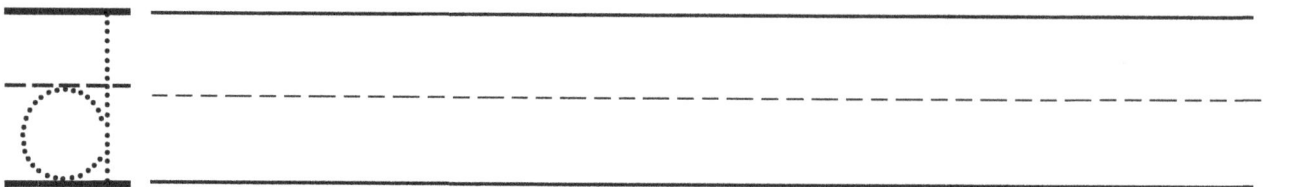

E e

Elefant

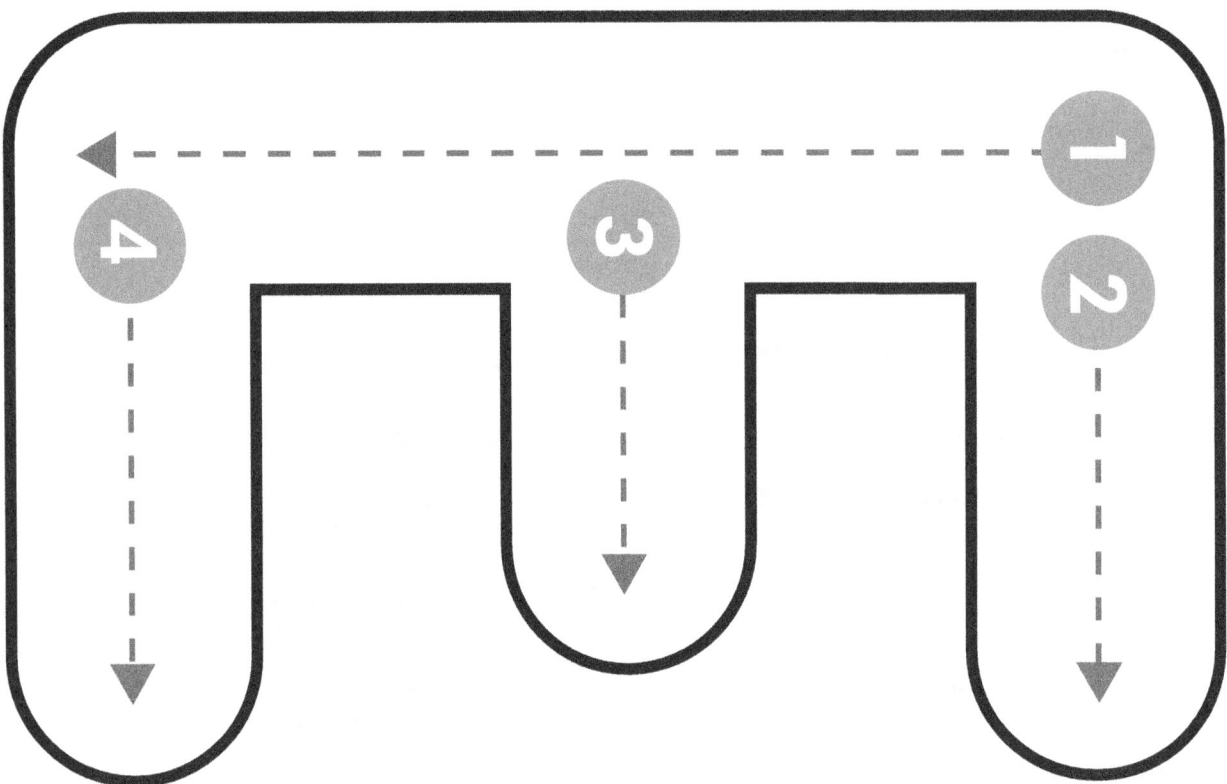

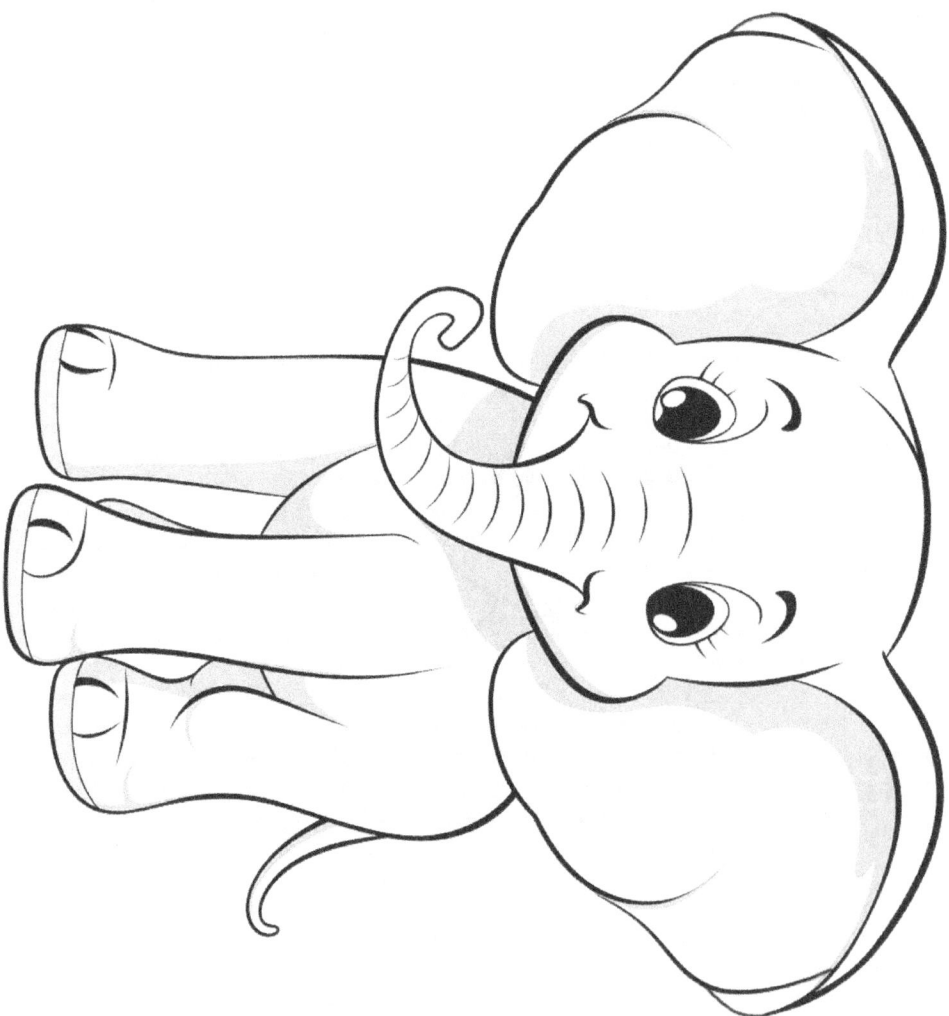

E wie Elefant

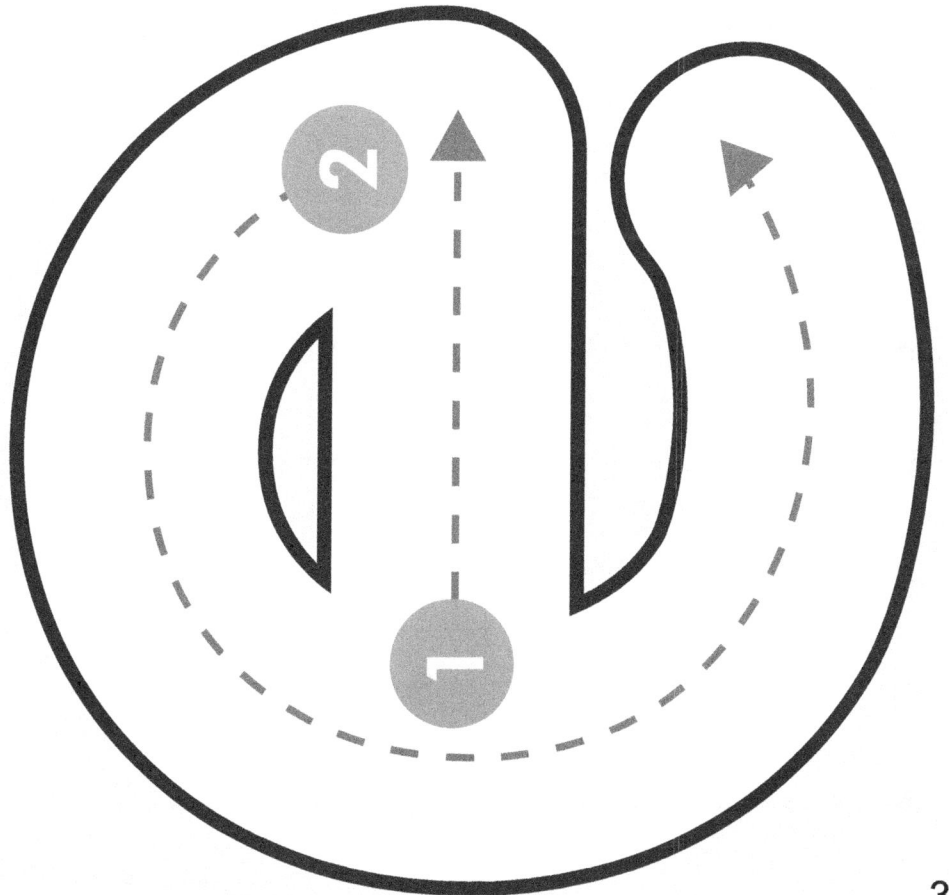

Mit dem Finger nachfahren

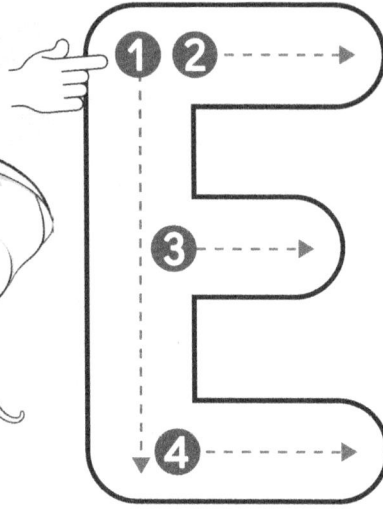

schreiben

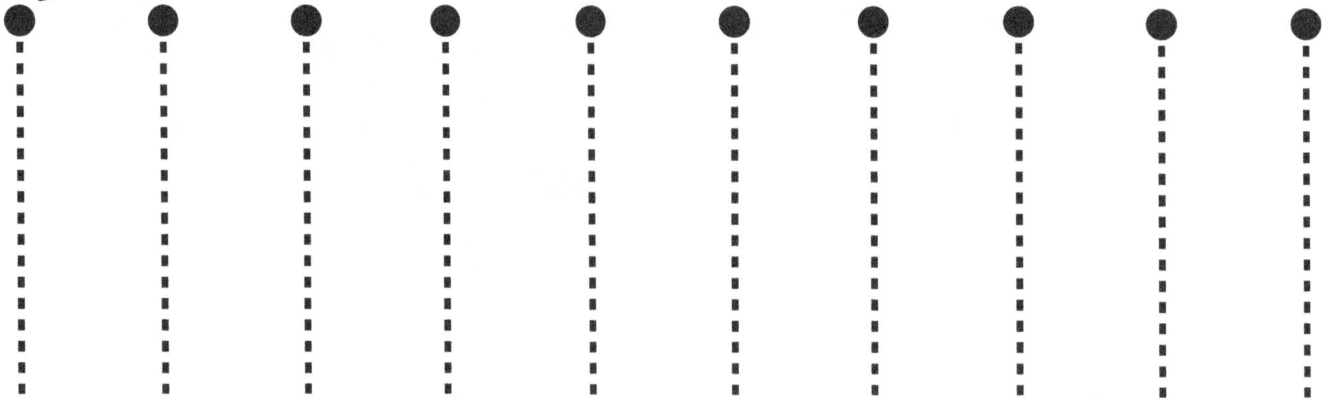

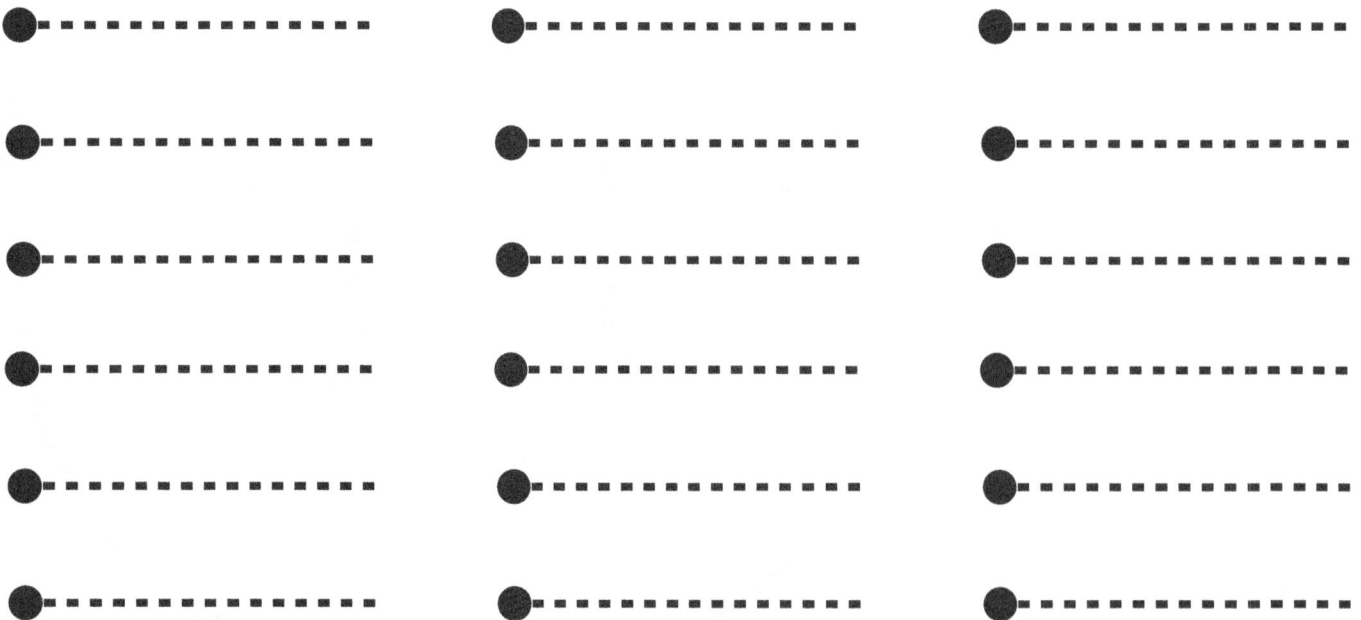

Mit dem Finger nachfahren

 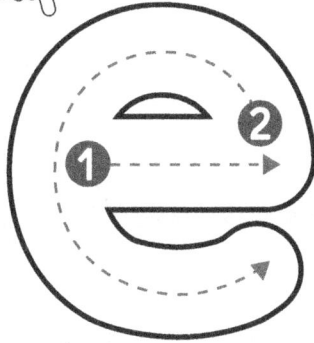 

schreiben

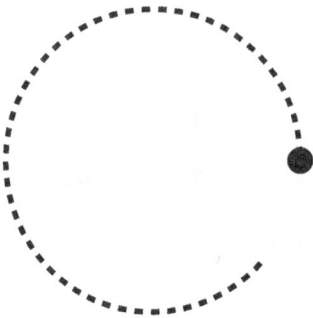 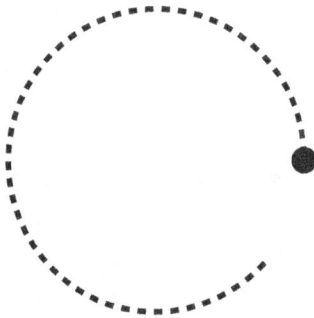 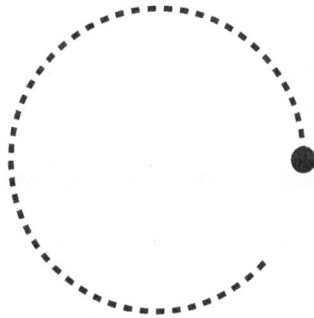 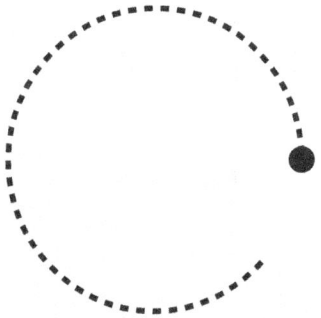

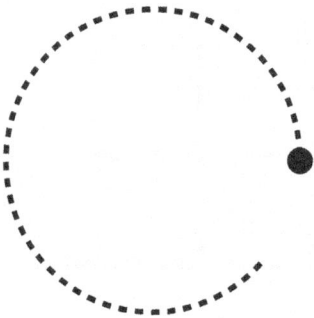 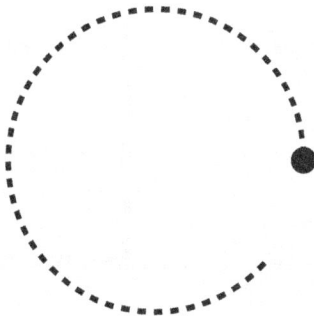 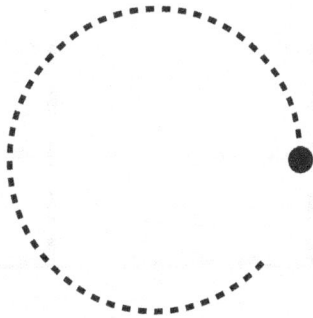 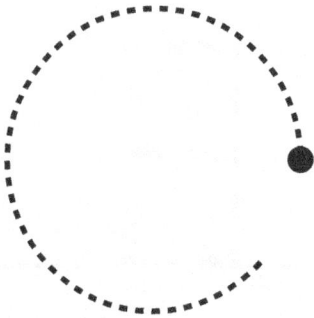

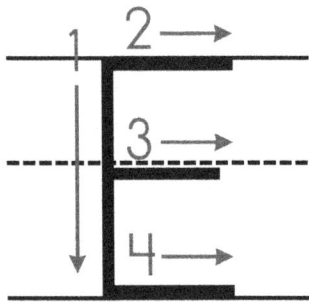

Elefant

A B C D **E** F G H I J K L M N O P Q R S T U V W X Y Z

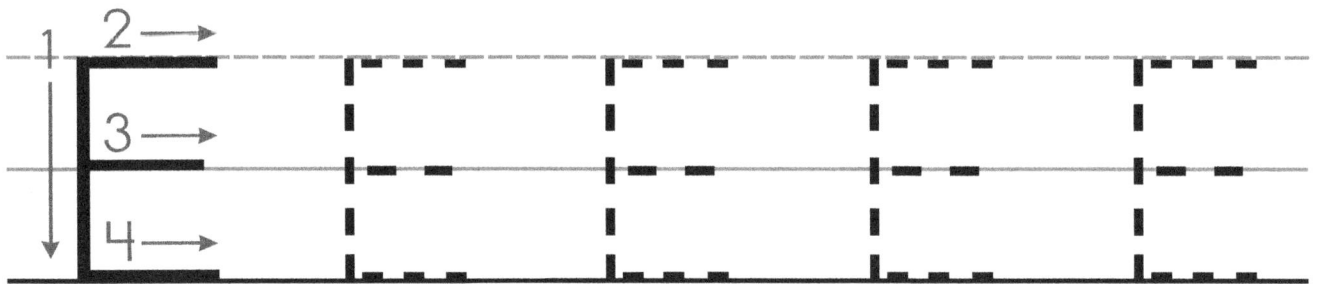

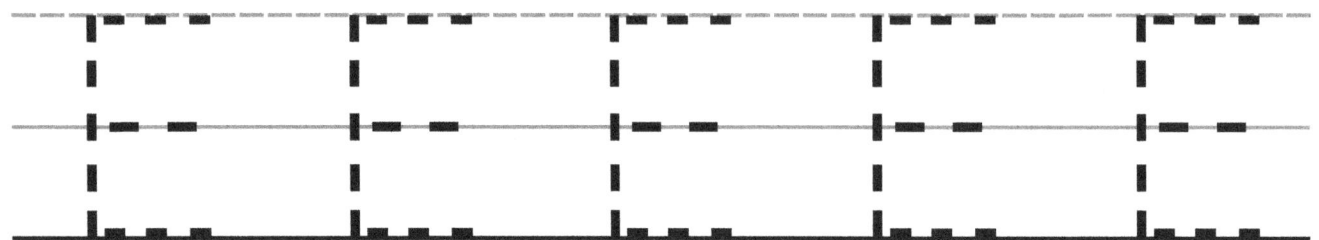

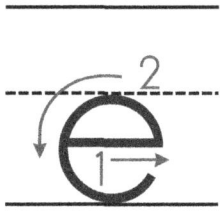

Ent**e**

a b c d **e** f g h i j k l m n o p q r s t u v w x y z

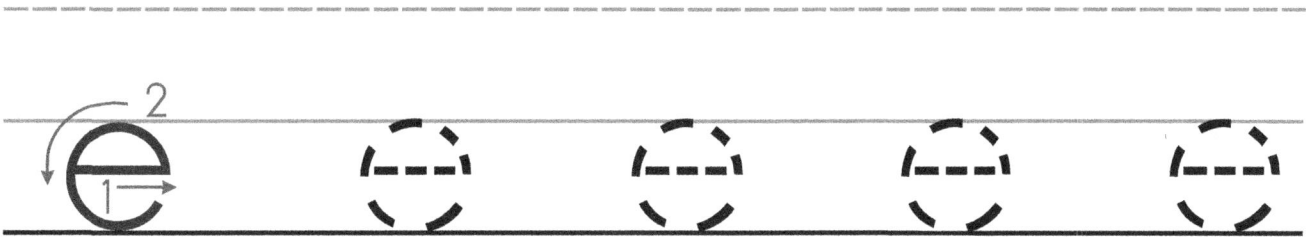

Schreibe den Buchstaben

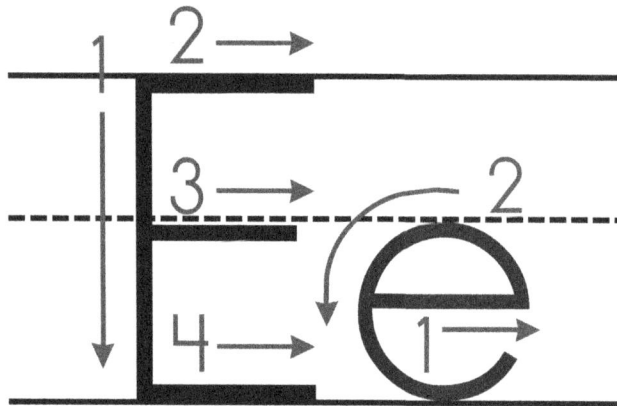

Ff

Fuchs

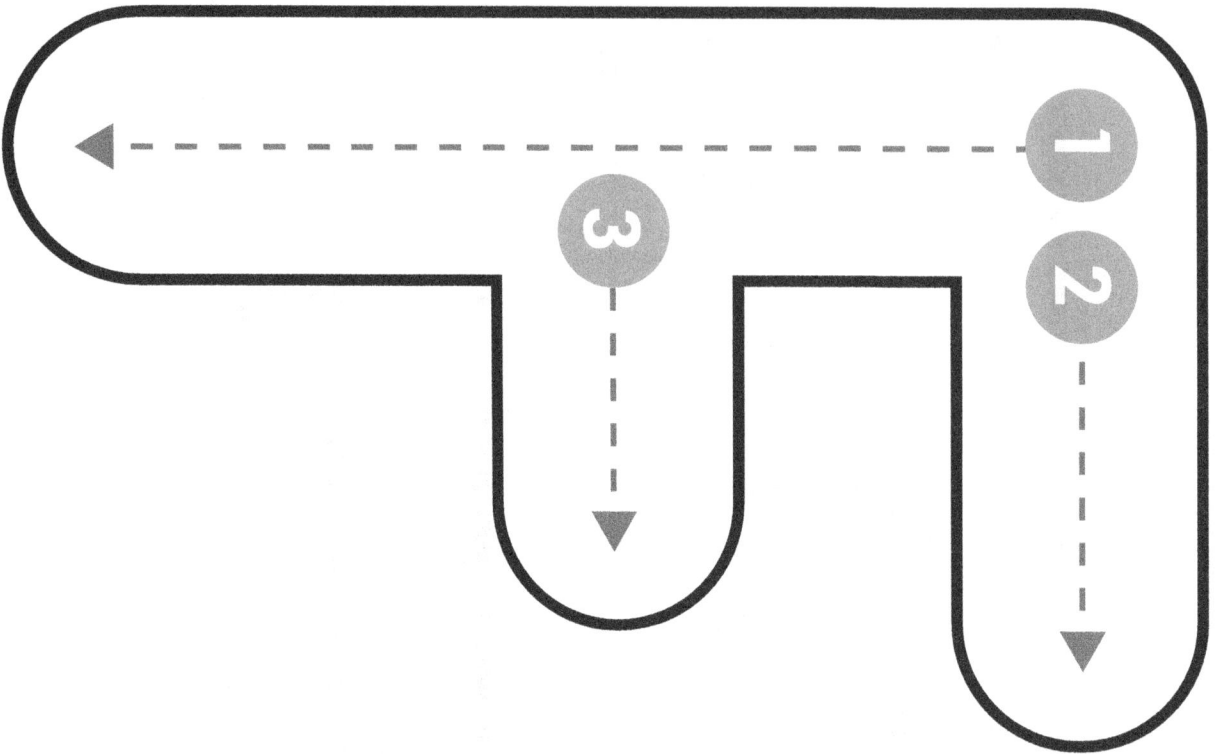

F wie Fuchs

f wie in Affen

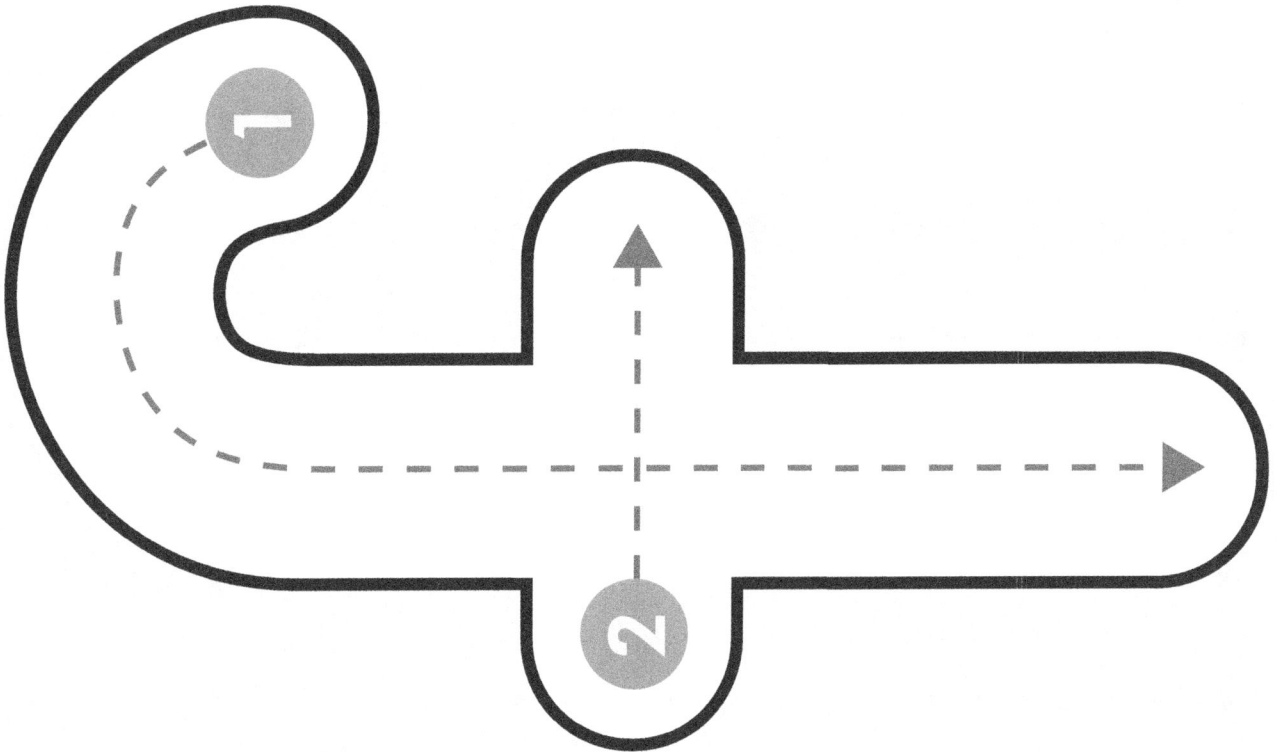

Mit dem Finger nachfahren

 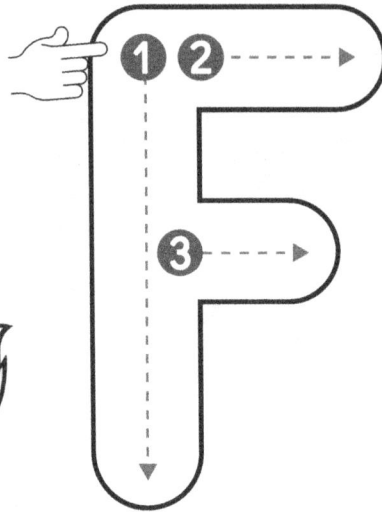 

schreiben

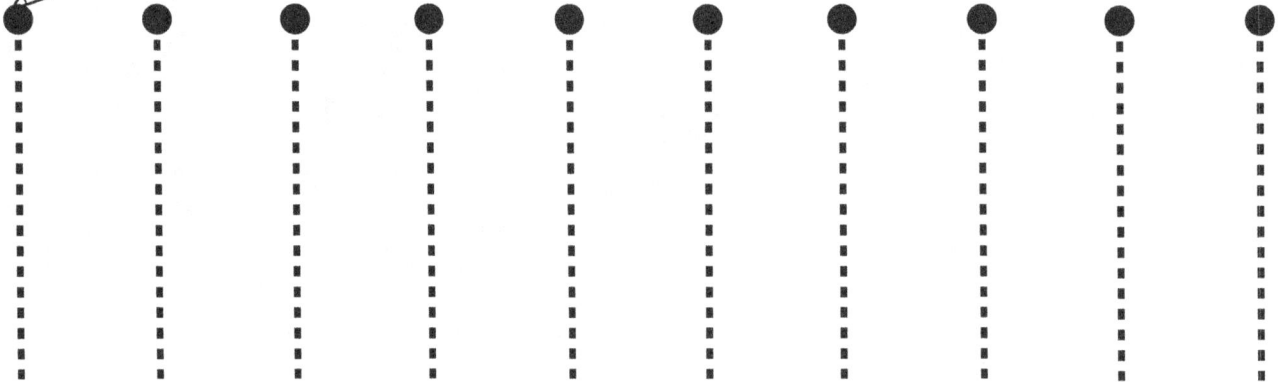

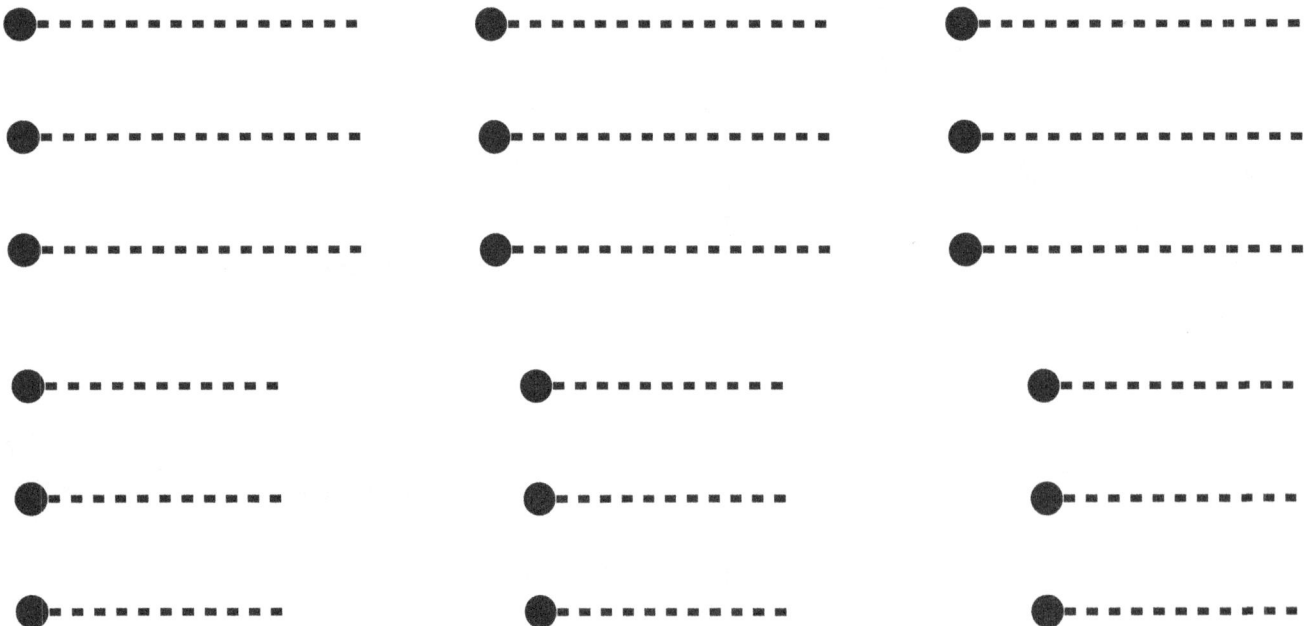

Mit dem Finger nachfahren

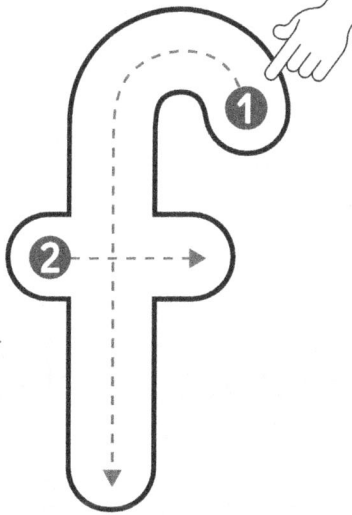

schreiben

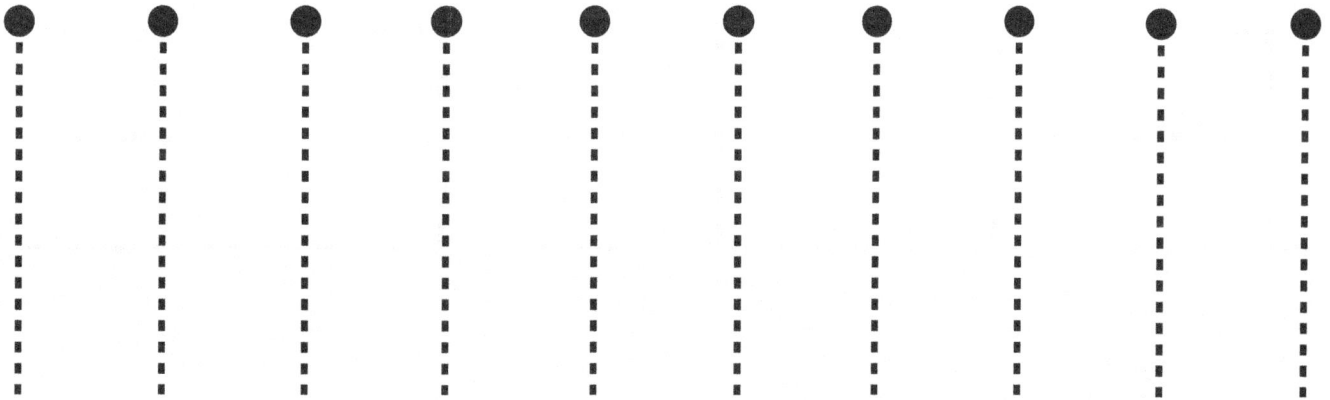

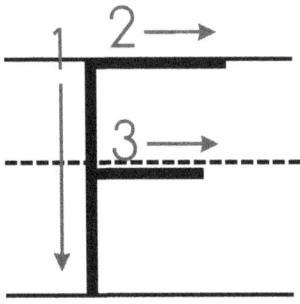

Fuchs

ABCDE**F**GHIJKLMNOPQRSTUVWXYZ

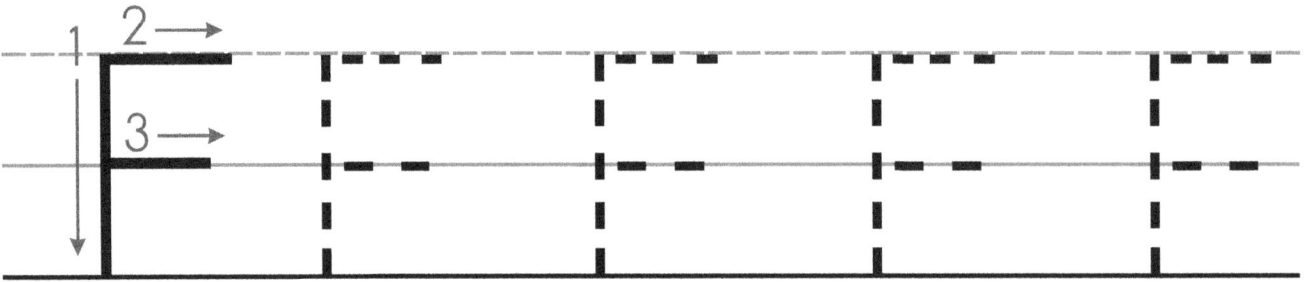

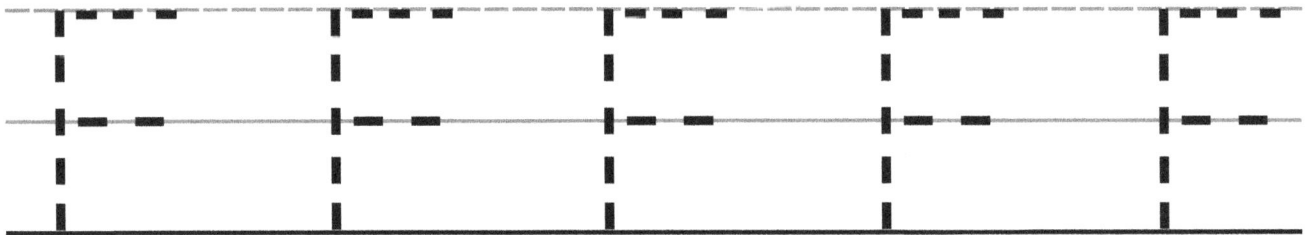

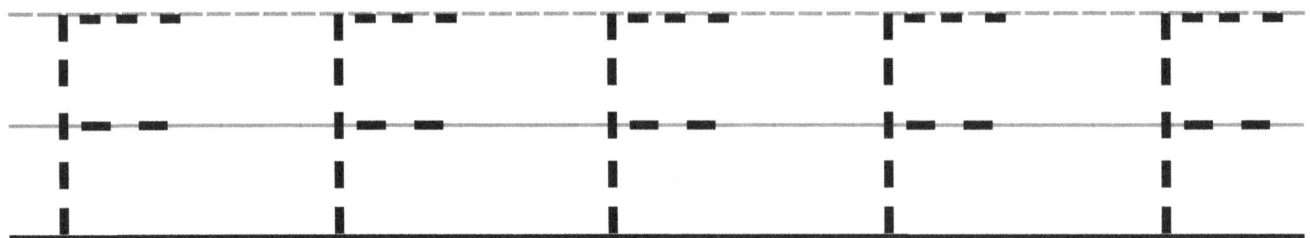

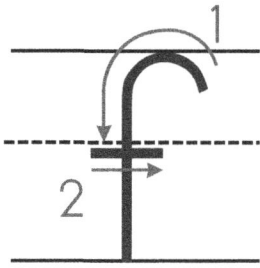

Affen

abcde**f**ghijklmnopqrstuvwxyz

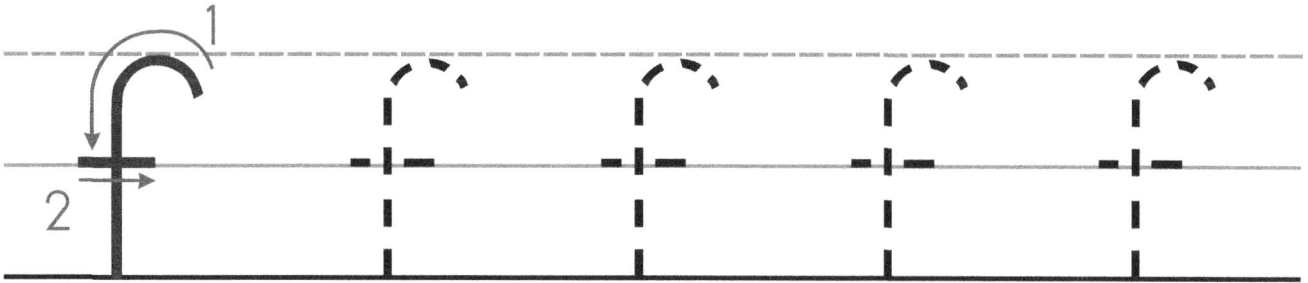

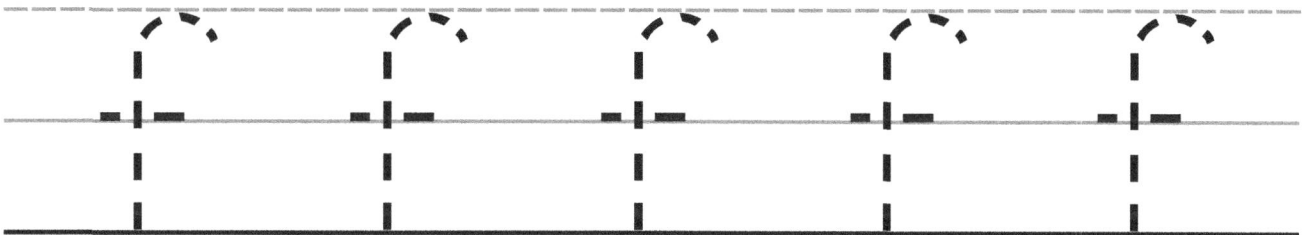

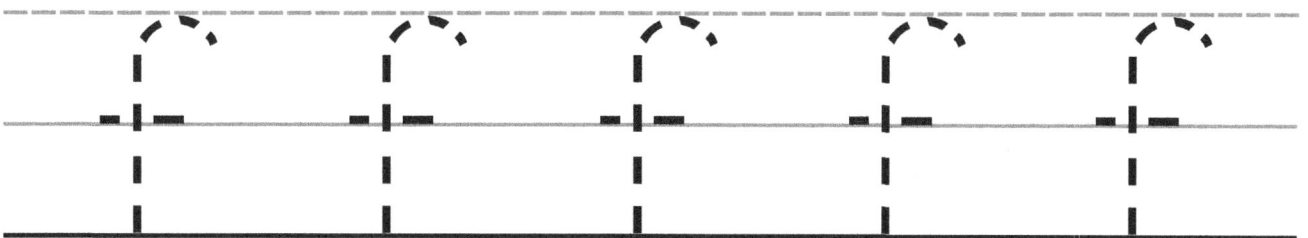

Schreibe den Buchstaben

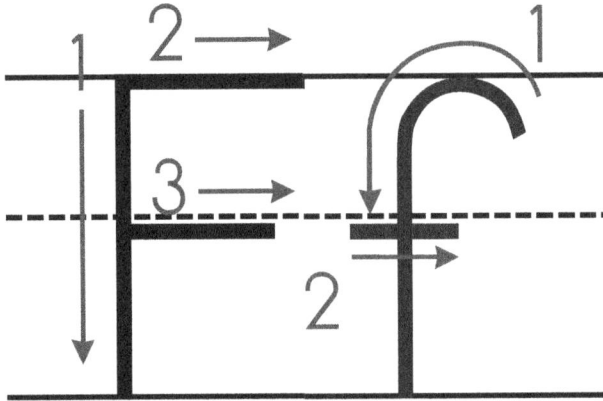

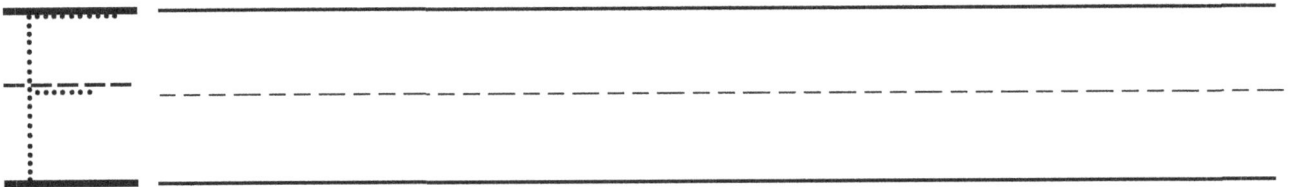

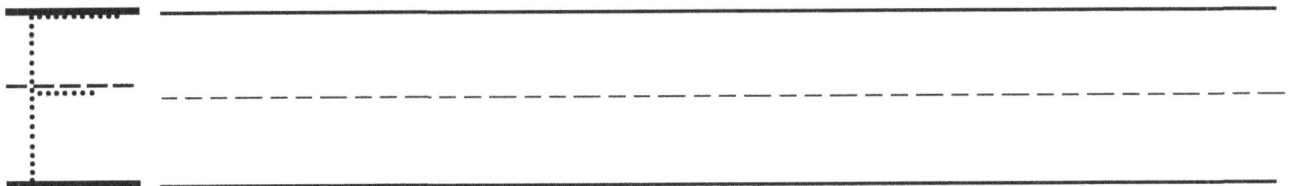

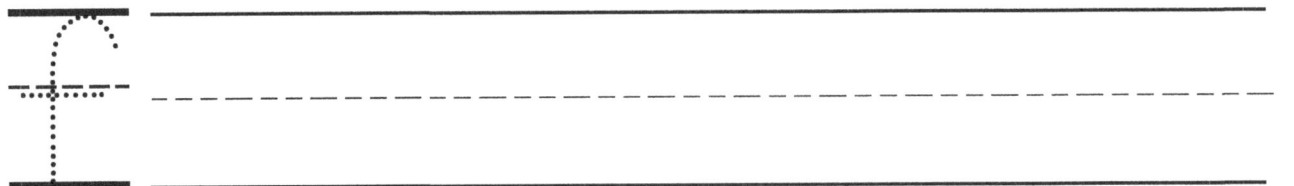

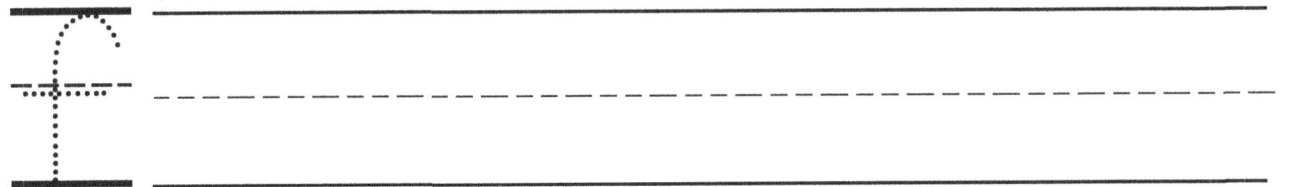

Gg

Giraffe

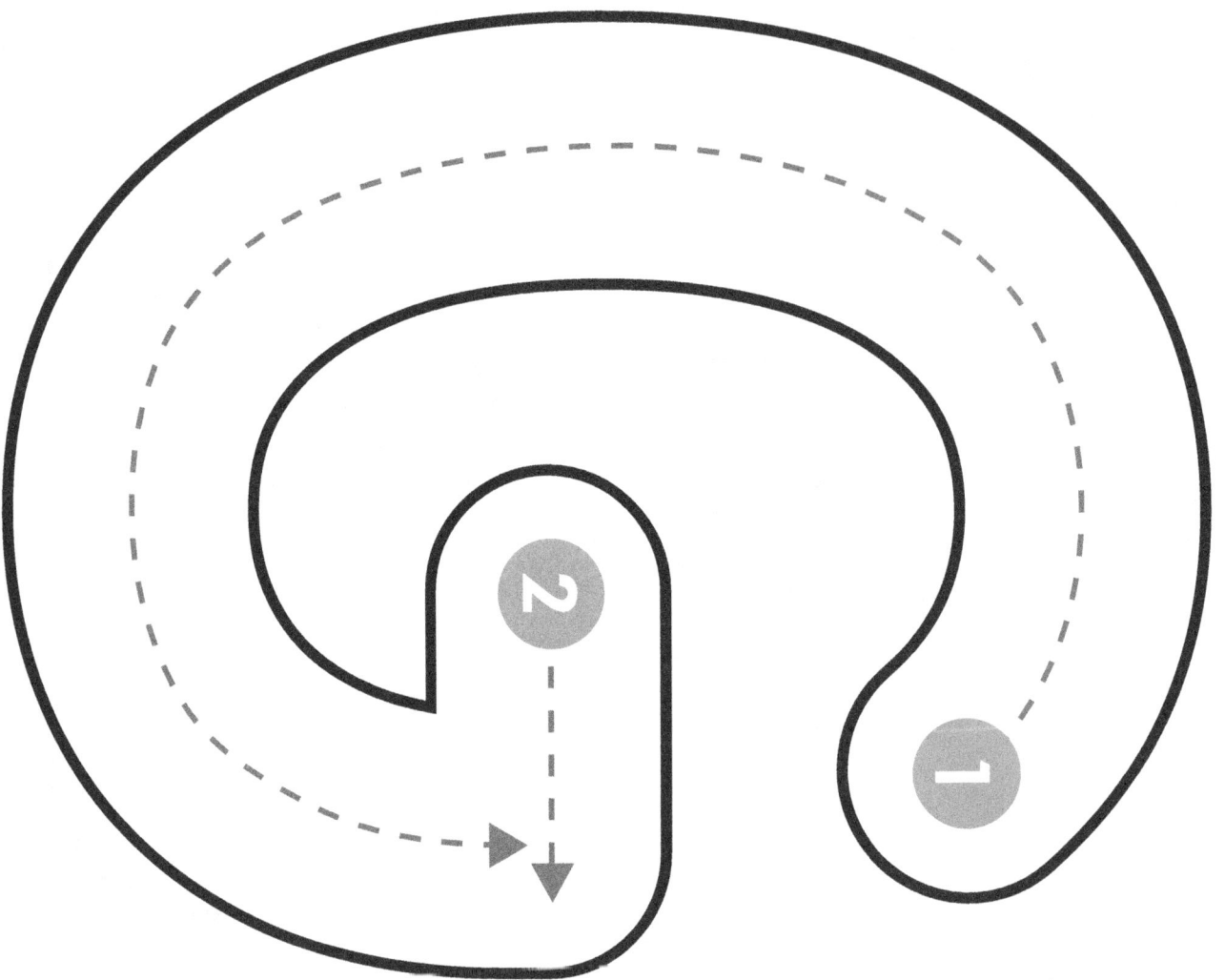

G wie Giraffe

g wie in Vogel

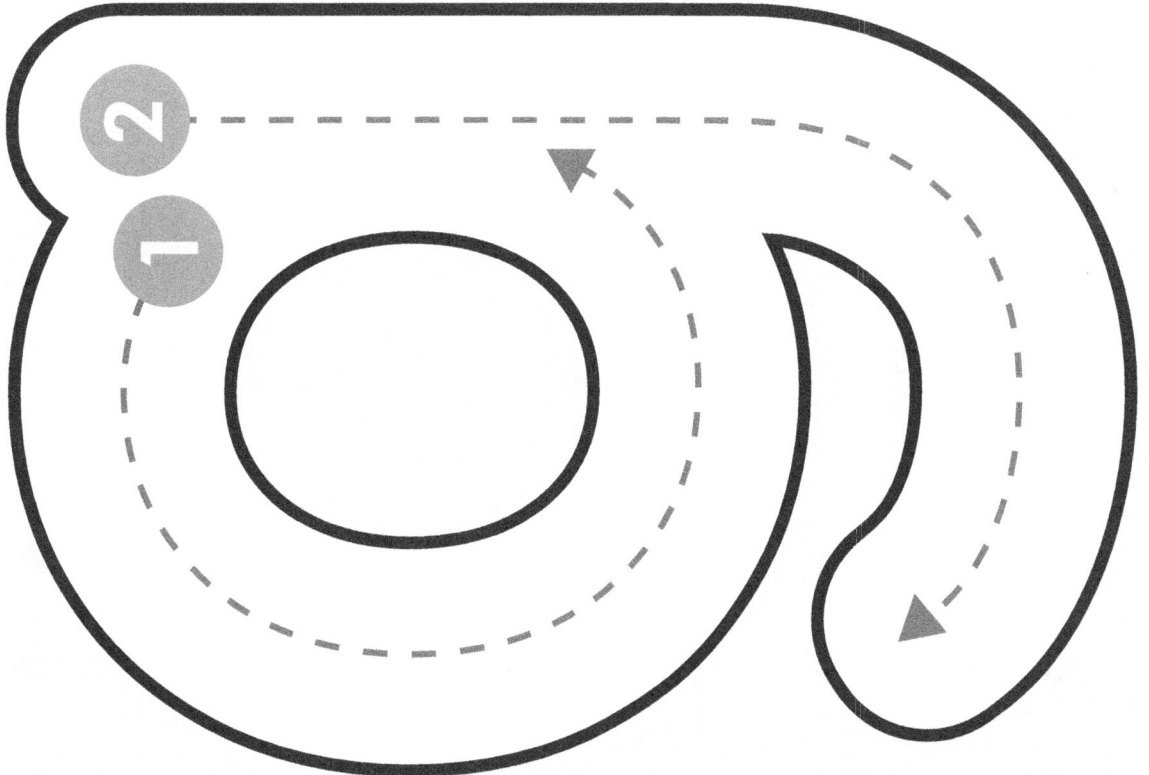

Mit dem Finger nachfahren

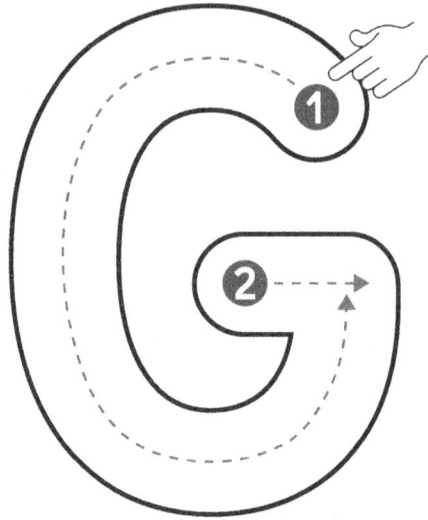

schreiben

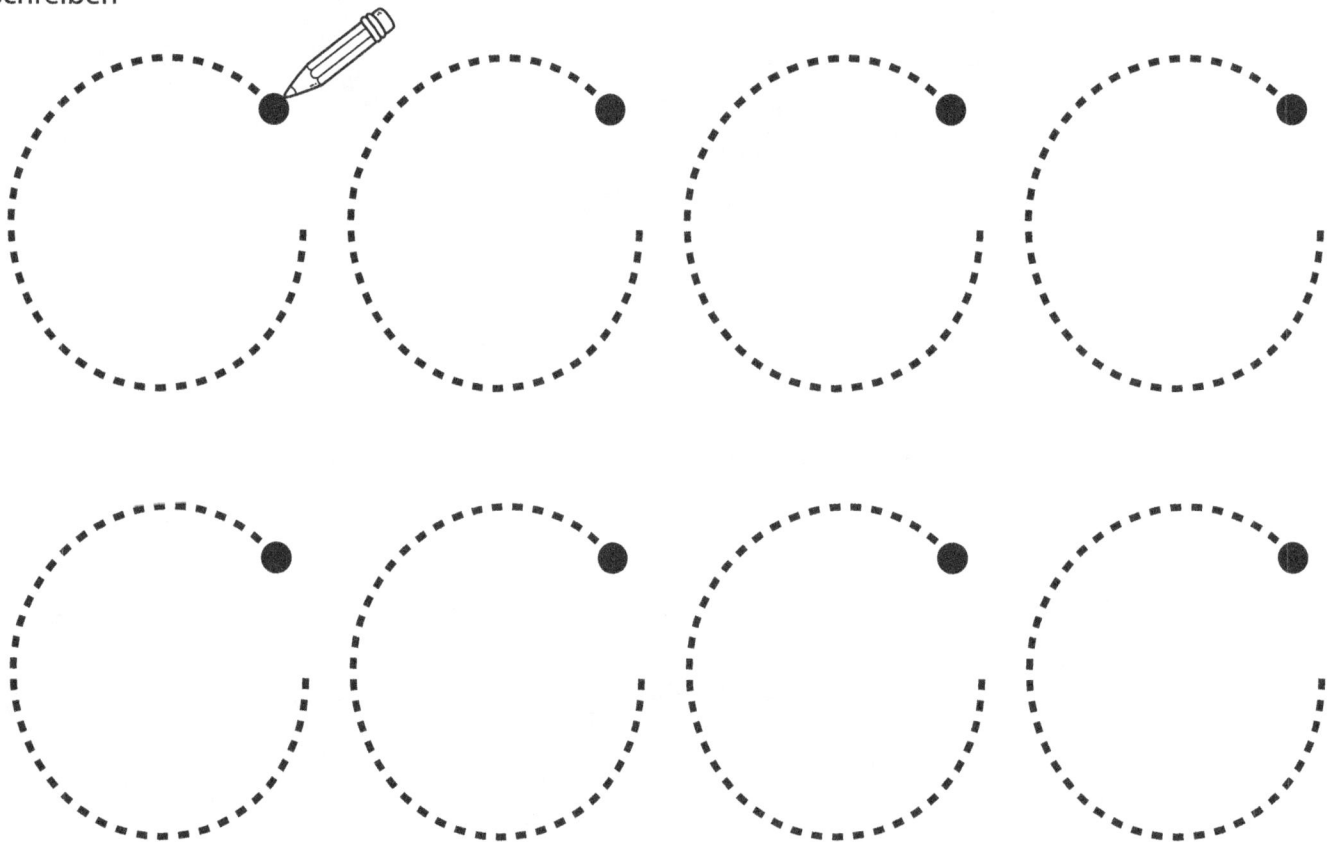

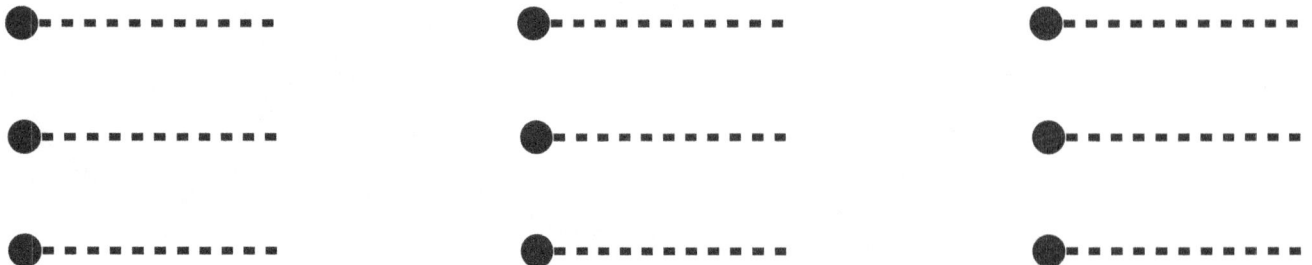

56

Mit dem Finger nachfahren

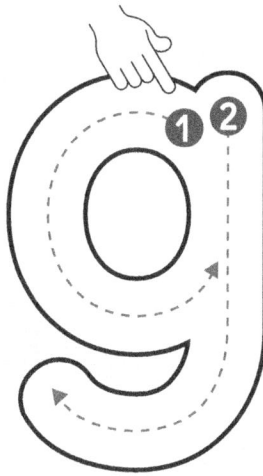

schreiben

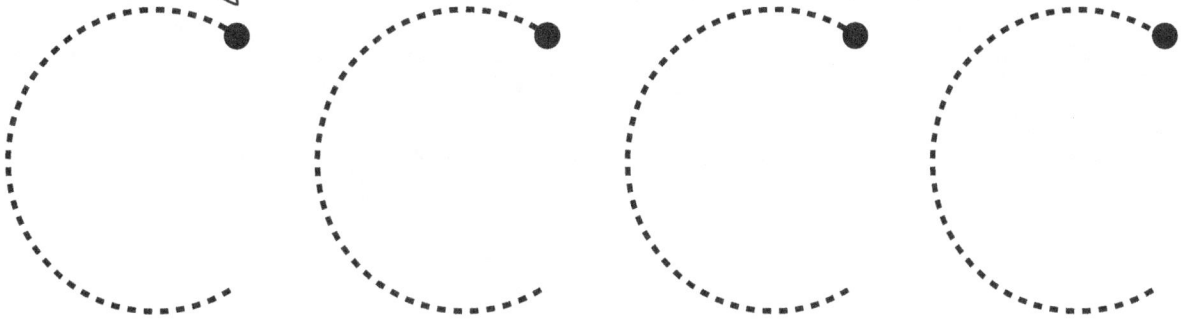

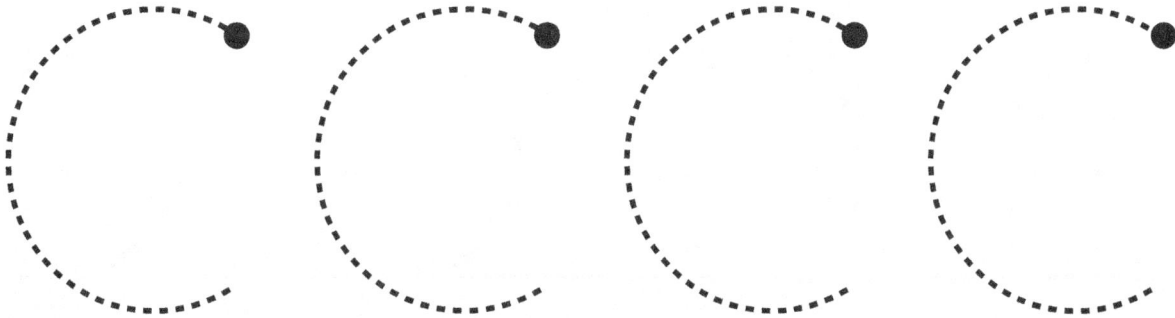

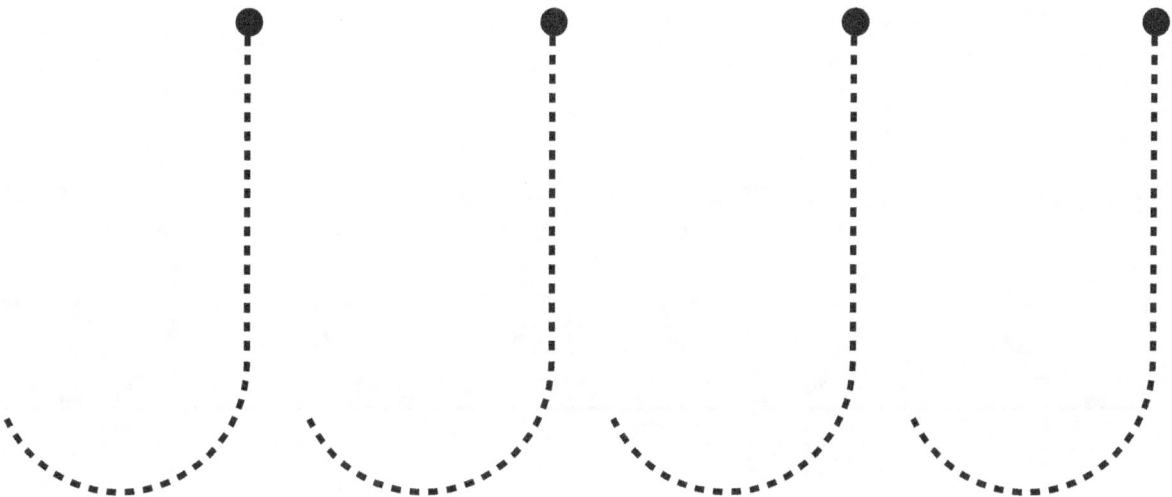

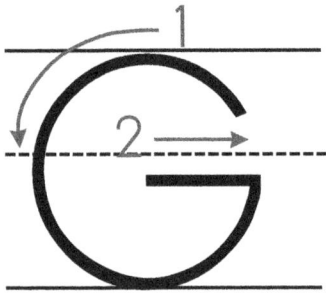

G

A B C D E F **G** H I J K L M N O P Q R S T U V W X Y Z

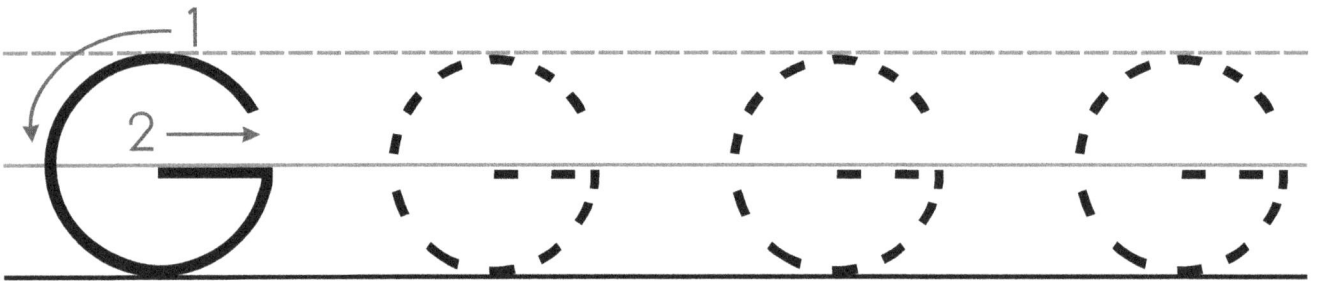

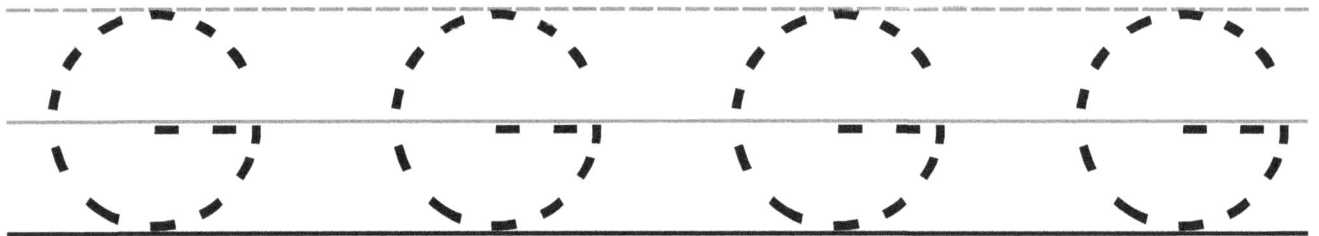

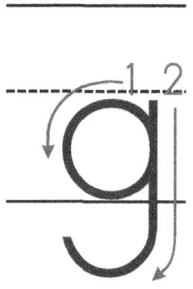

g

Vo**g**el

abcdef**g**hijklmnopqrstuvwxyz

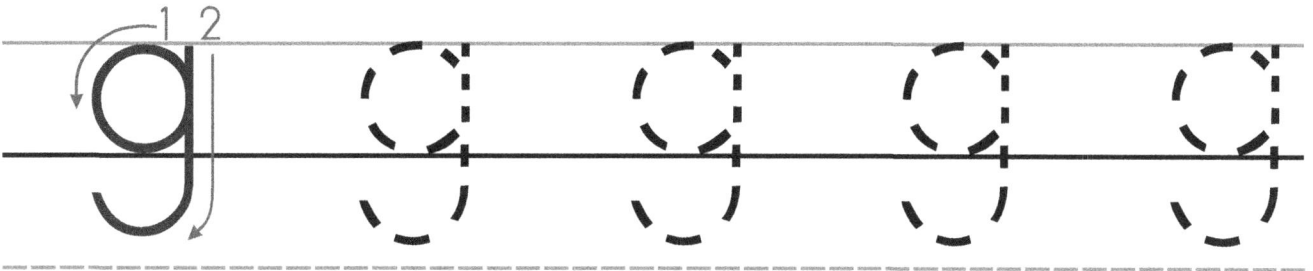

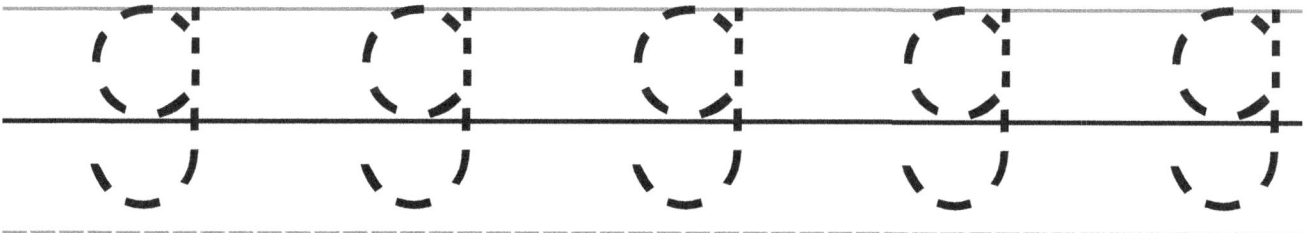

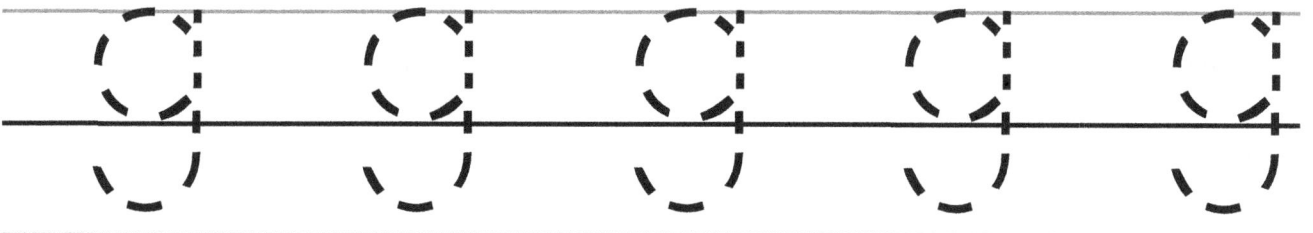

g

Schreibe den Buchstaben

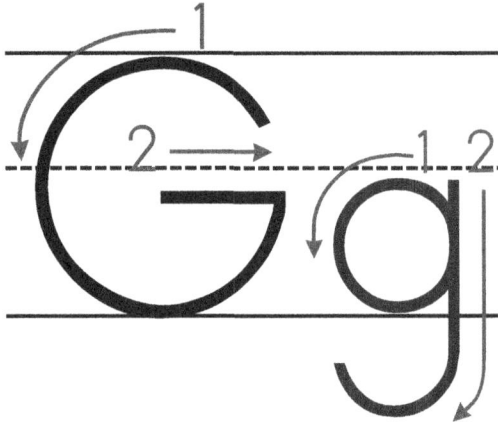

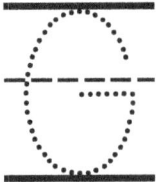

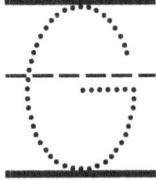

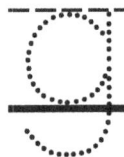

Hh

Hund

ABC Twiggi

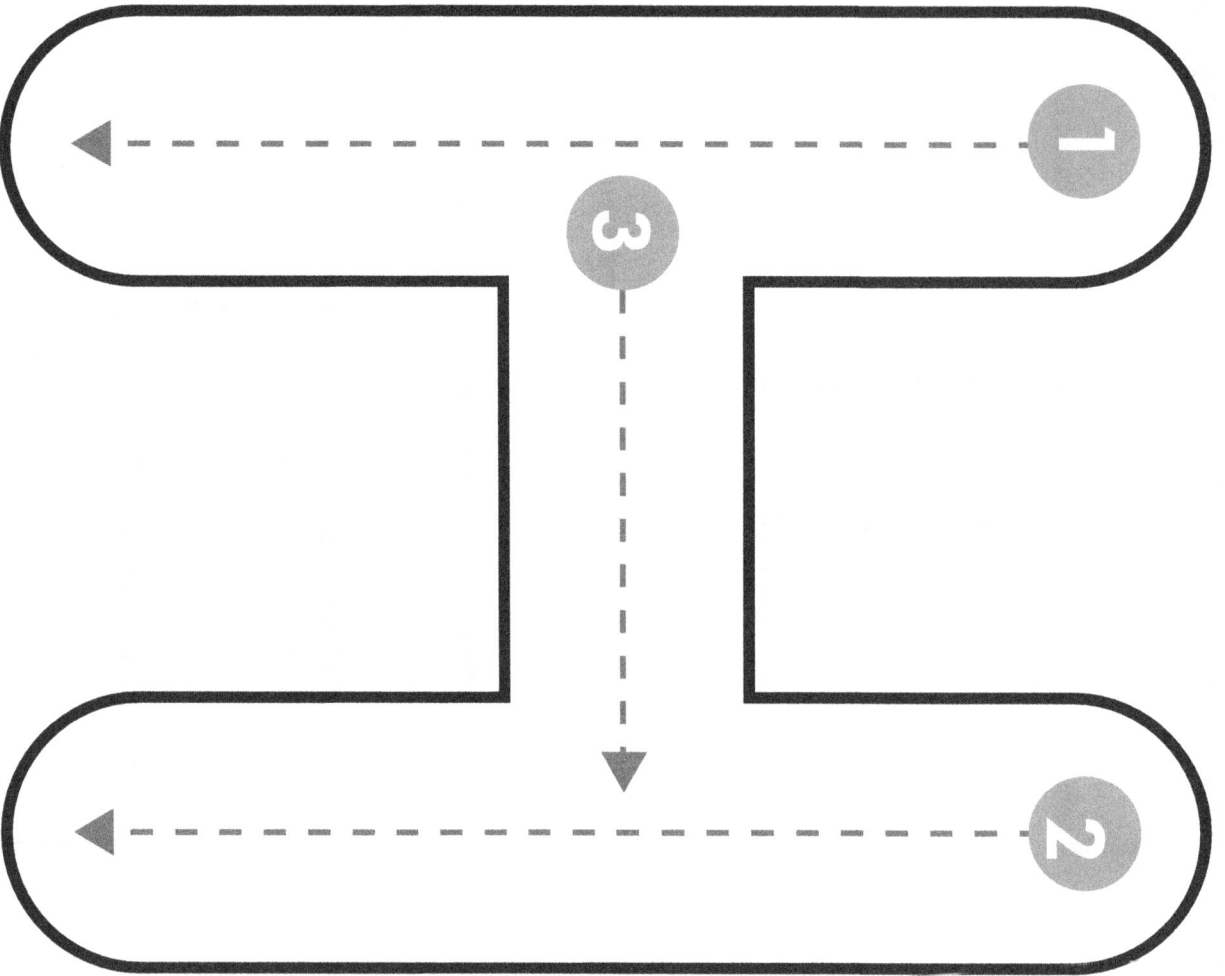

H wie Hund

h wie in Kuh

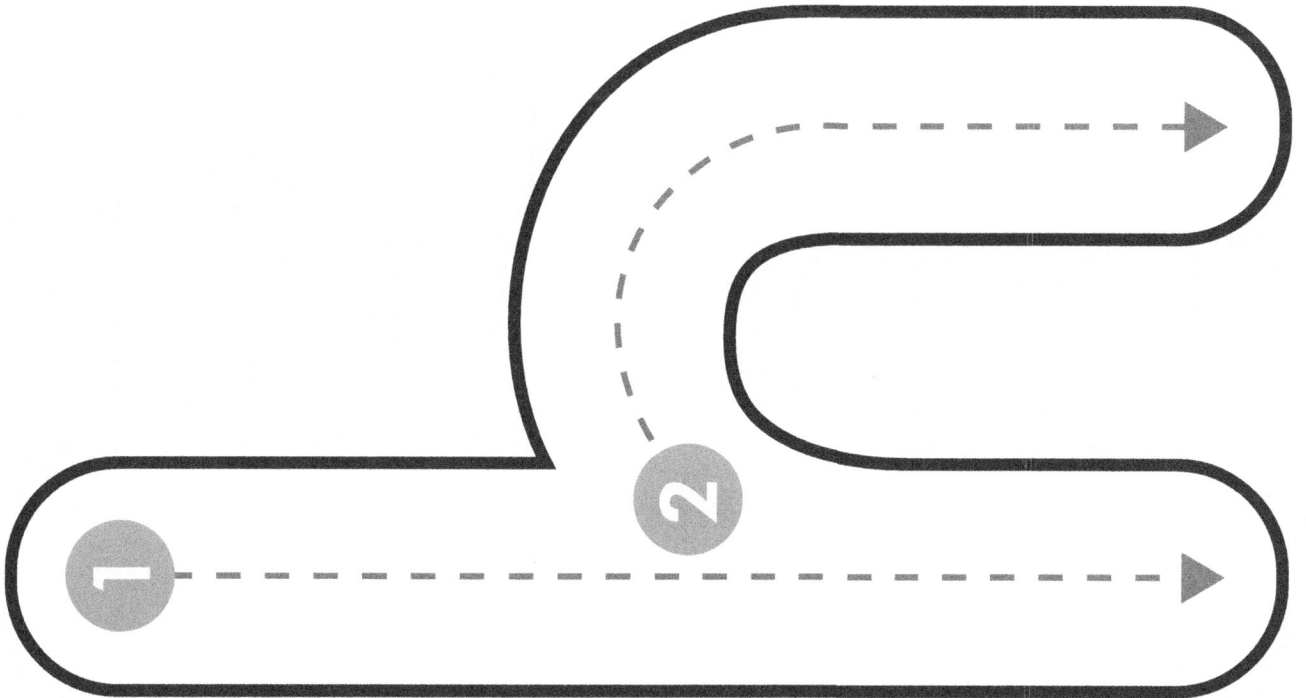

Mit dem Finger nachfahren

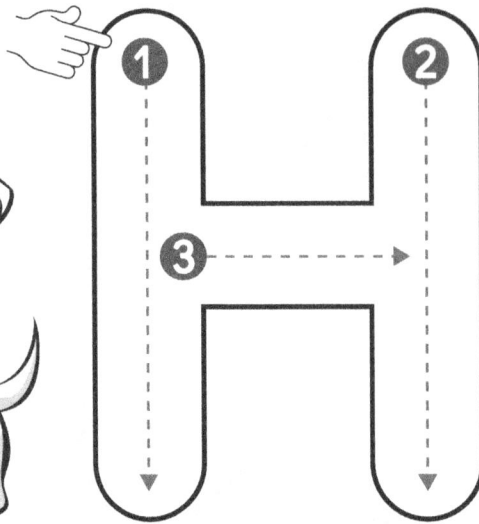

schreiben

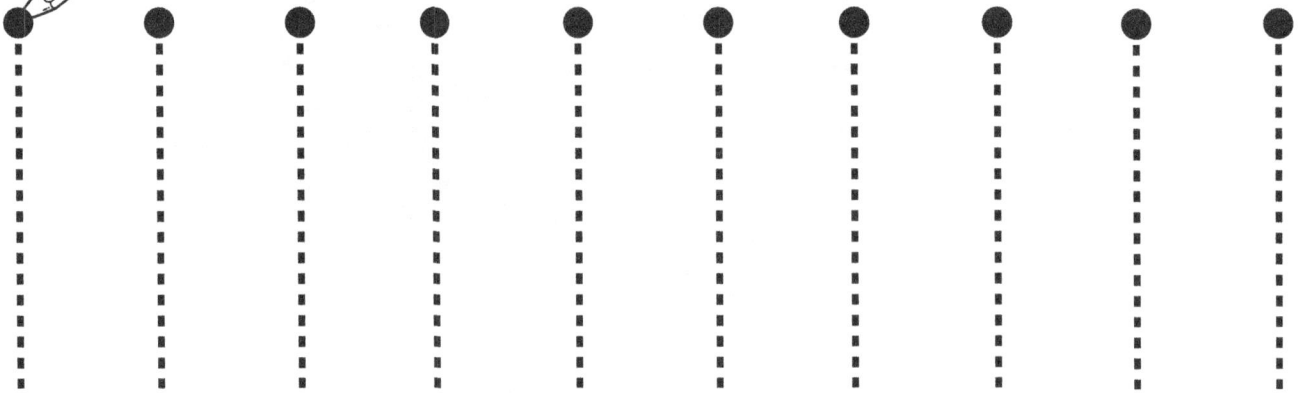

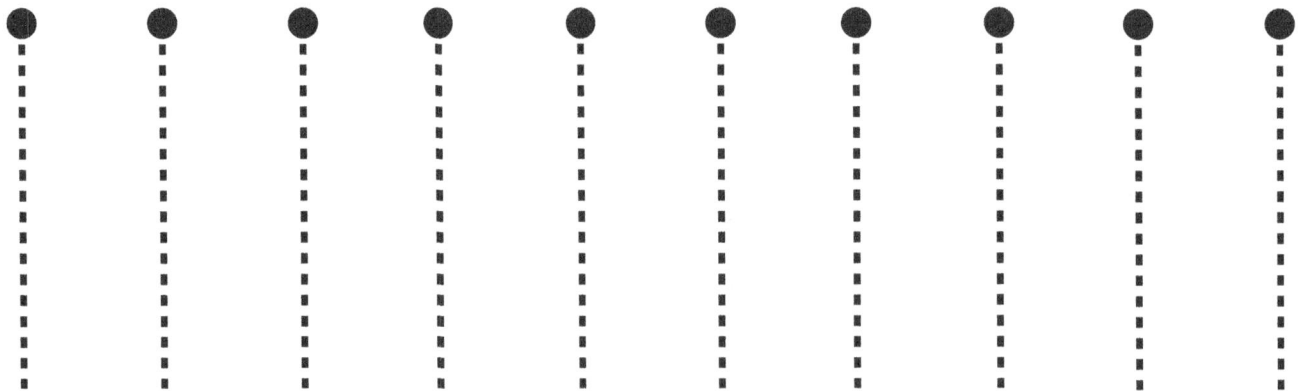

© KidsSoup, Inc.   ABC Twiggi

Mit dem Finger nachfahren

schreiben

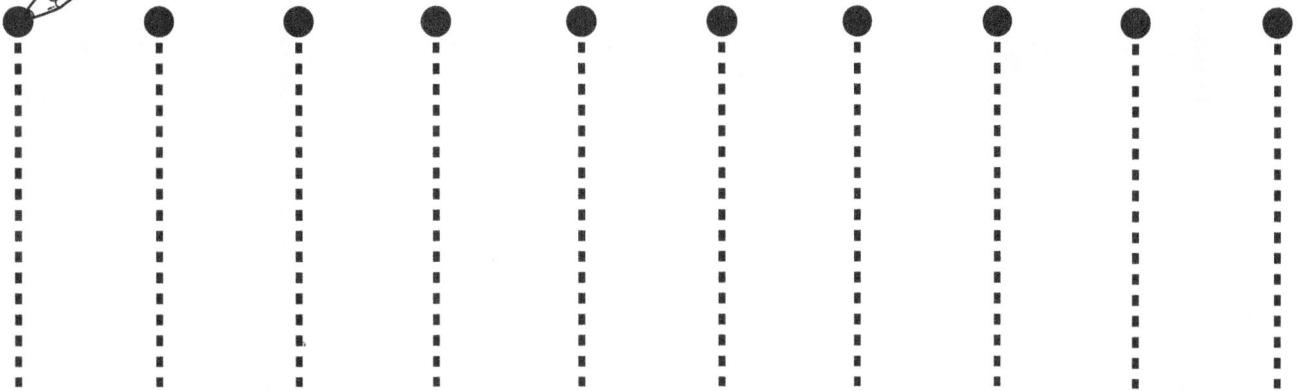

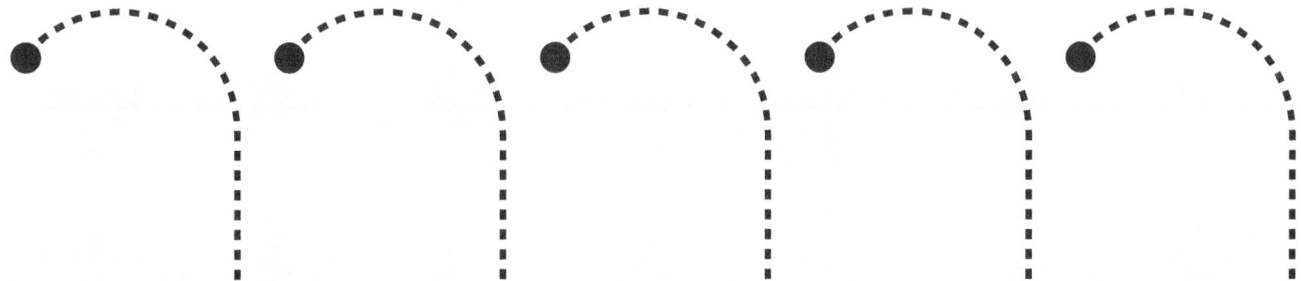

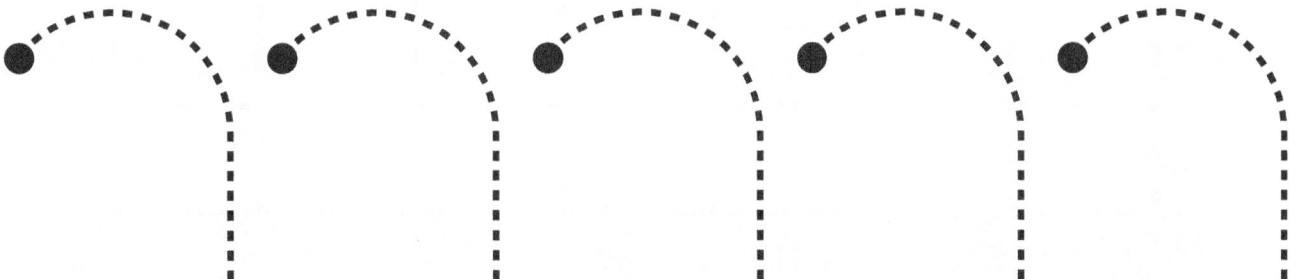

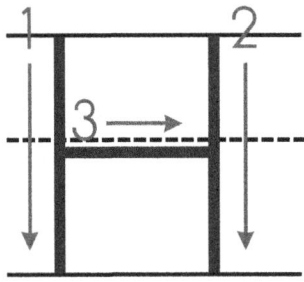

Hund

ABCDEFG**H**IJKLMNOPQRSTUVWXYZ

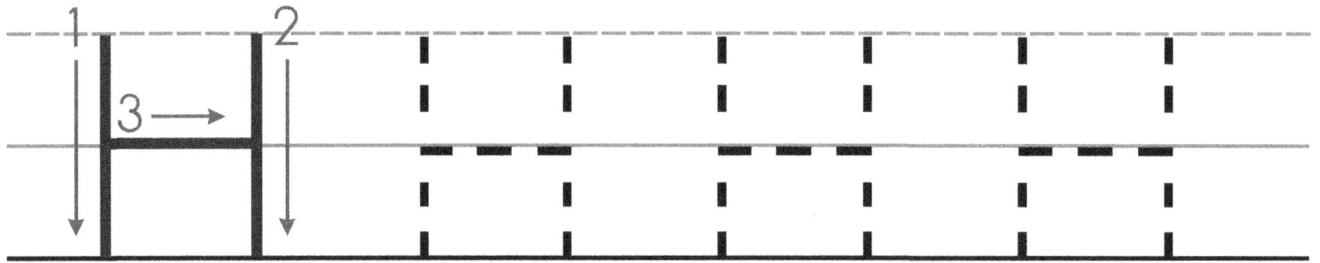

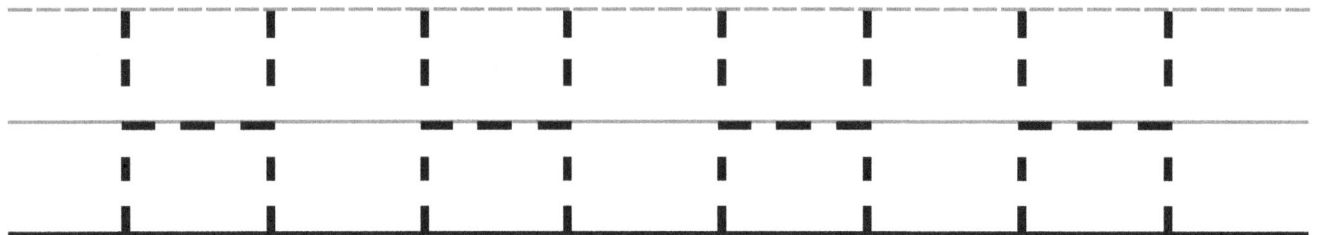

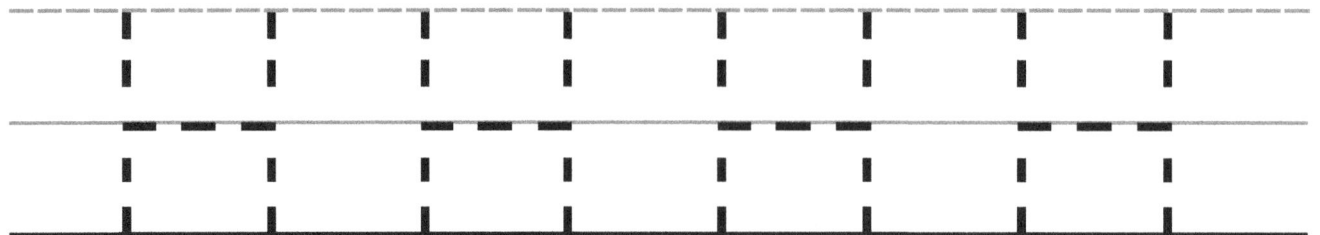

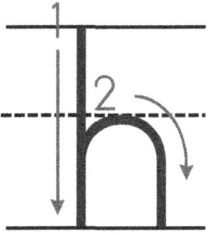

Ku**h**

abcdefg**h**ijklmnopqrstuvwxyz

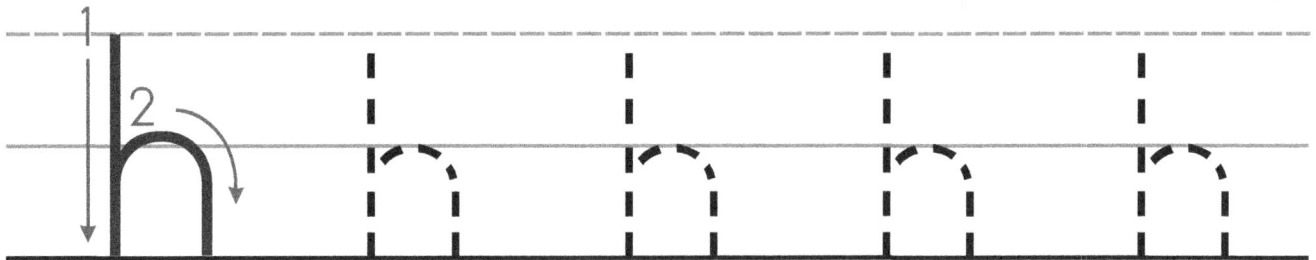

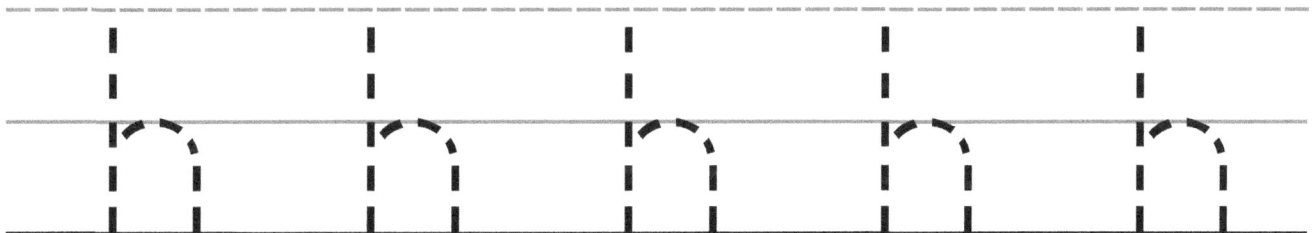

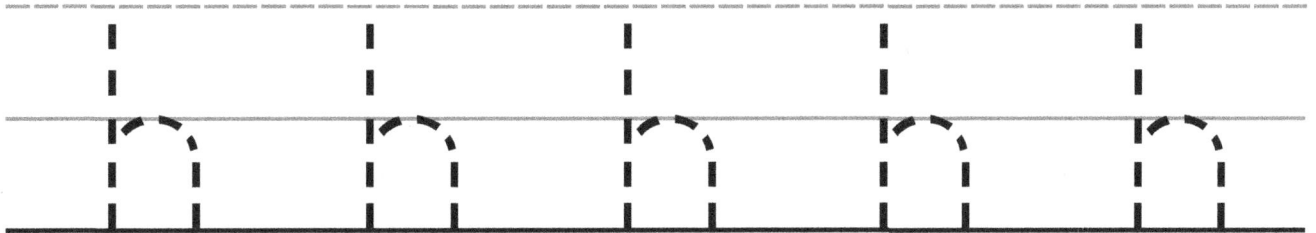

Schreibe den Buchstaben

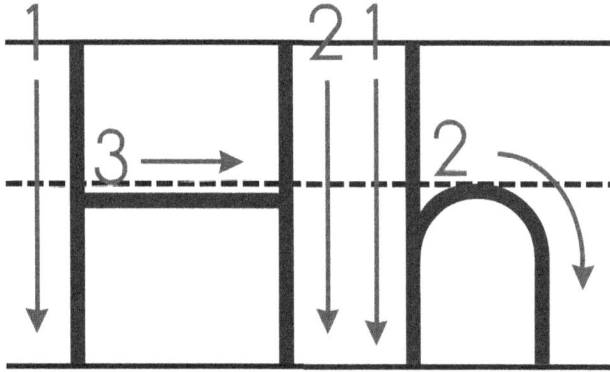

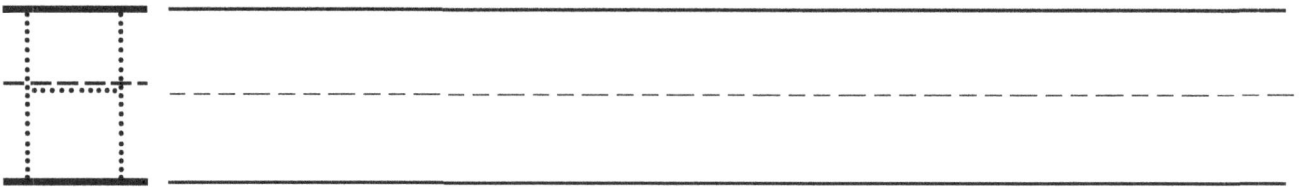

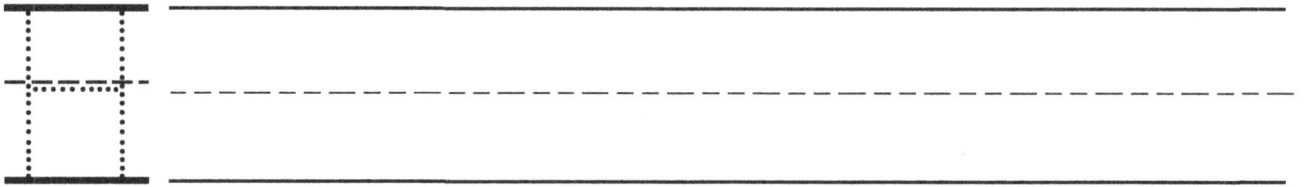

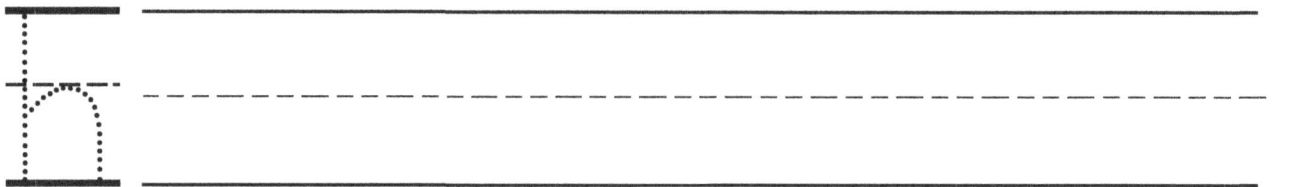

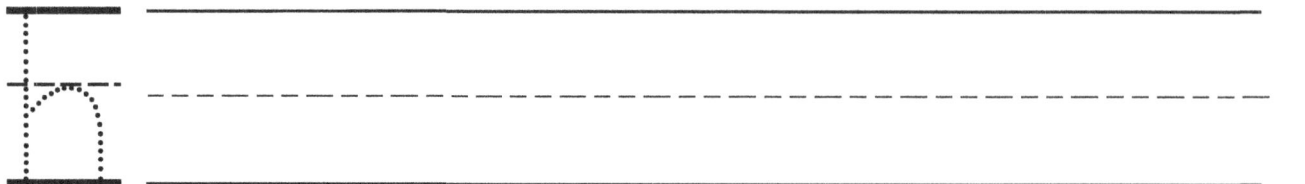

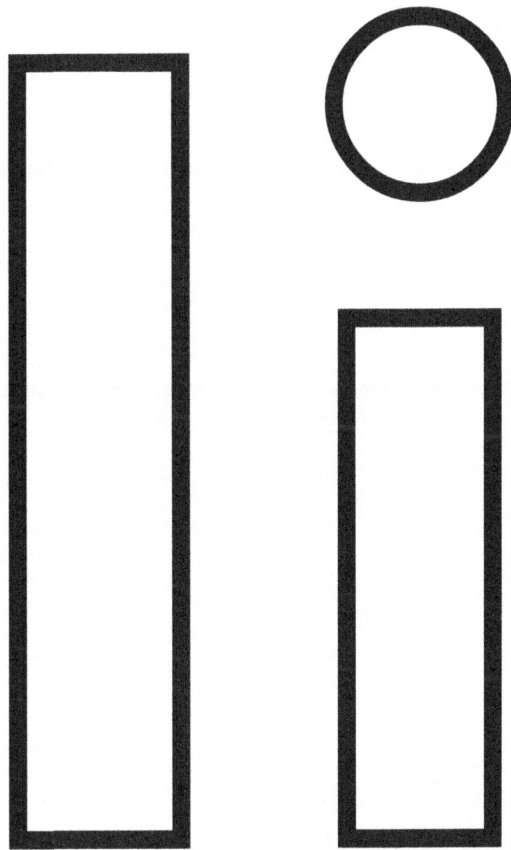

Ii

Igel

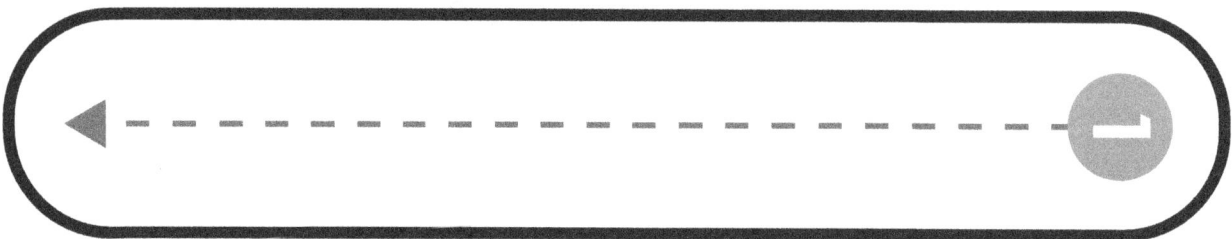

I wie Igel

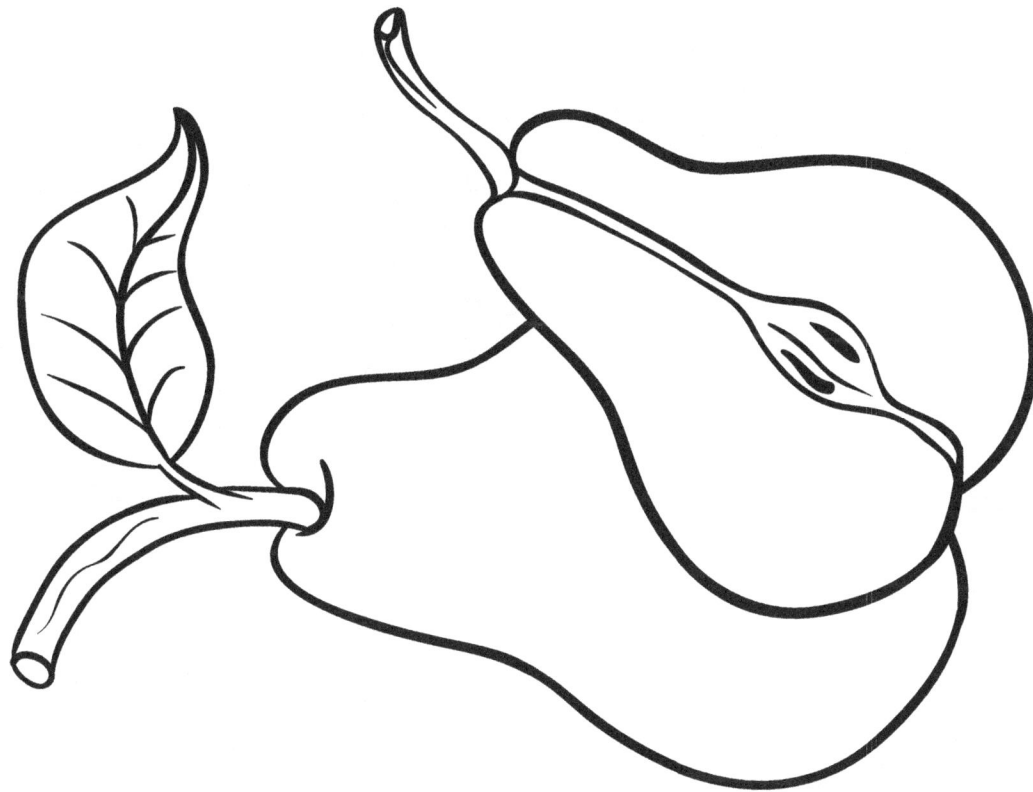

Mit dem Finger nachfahren

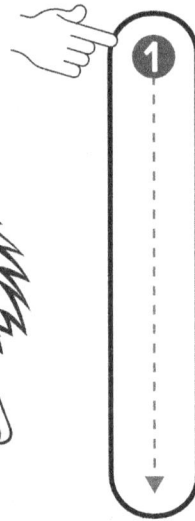

schreiben

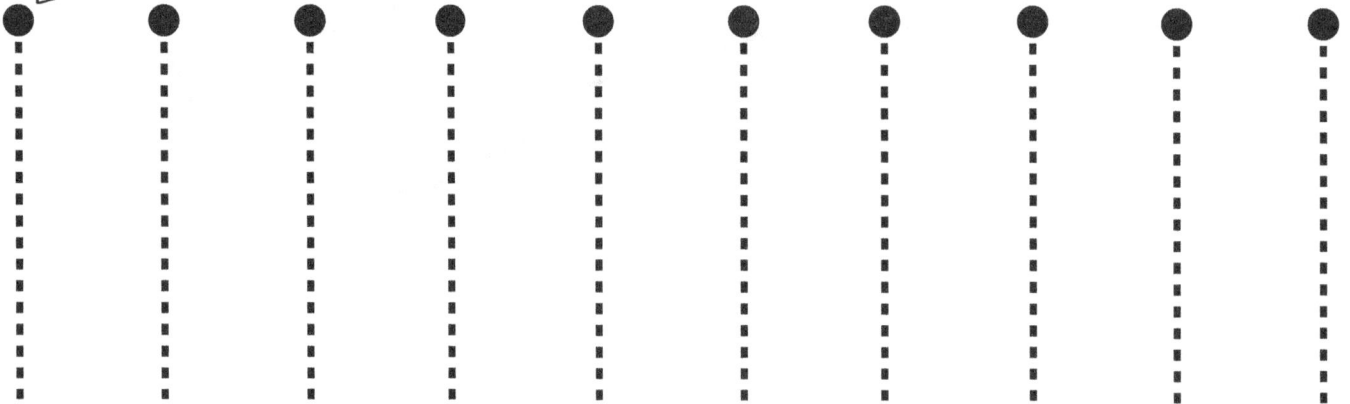

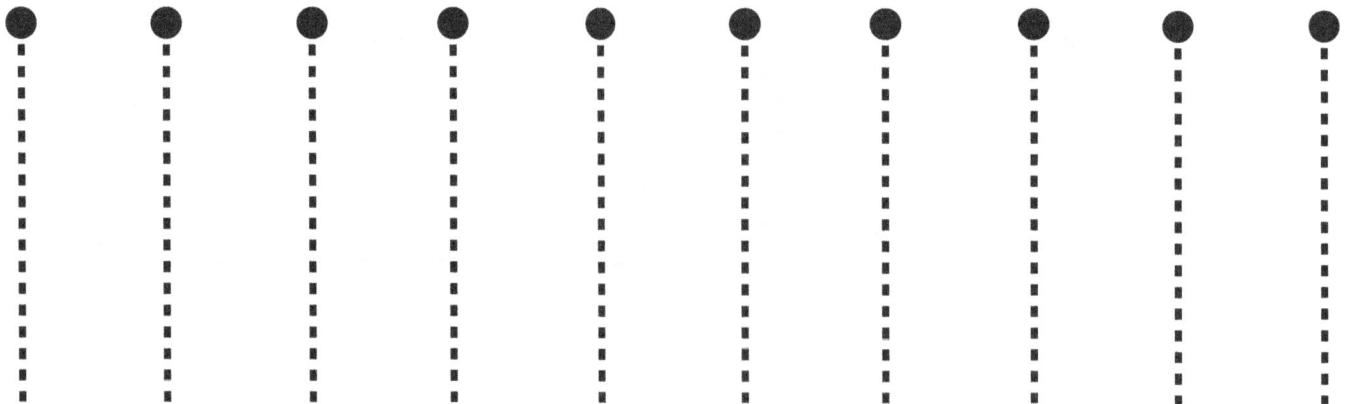

Mit dem Finger nachfahren

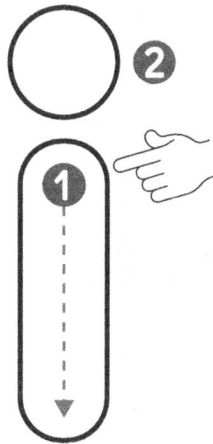

schreiben

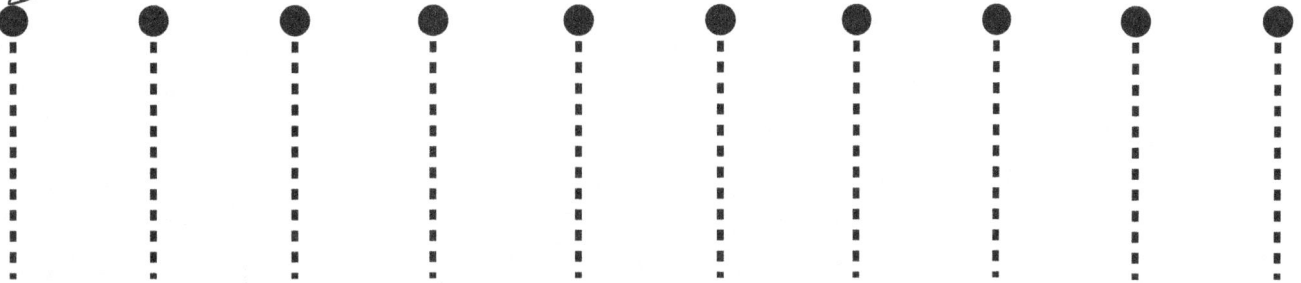

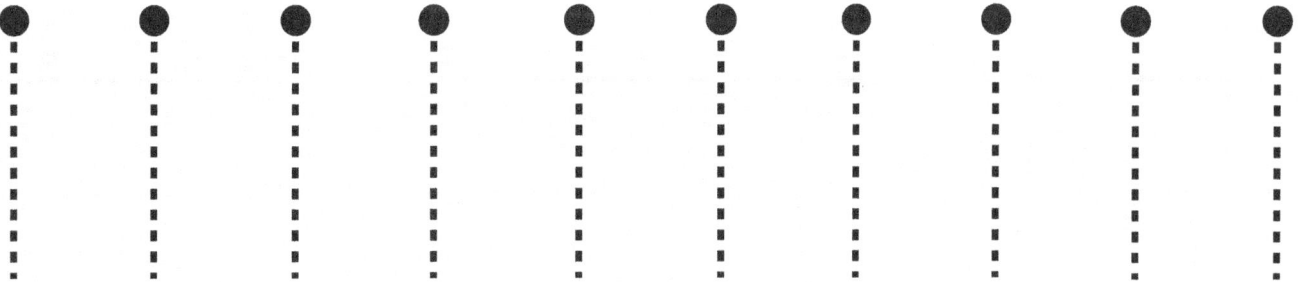

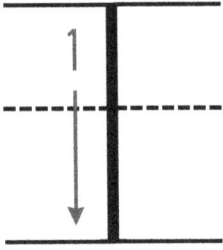

Igel

ABCDEFGH**I**JKLMNOPQRSTUVWXYZ

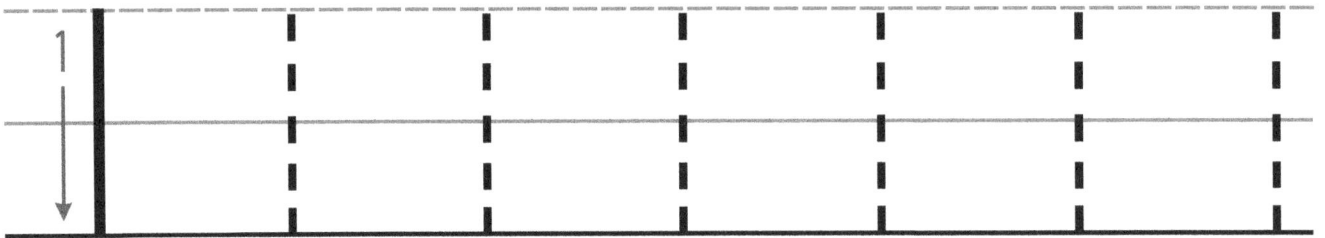

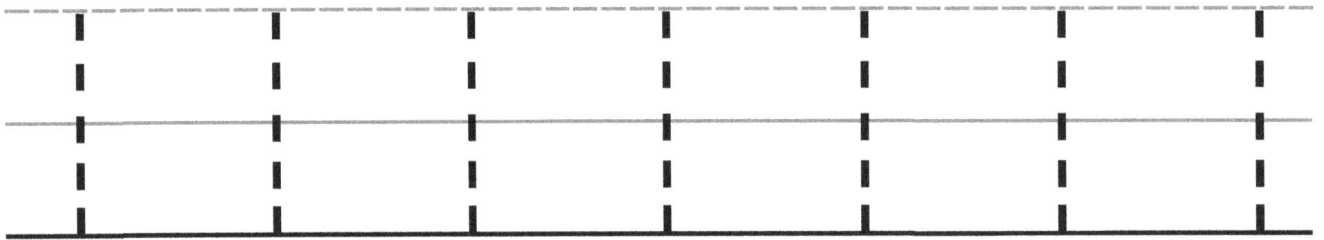

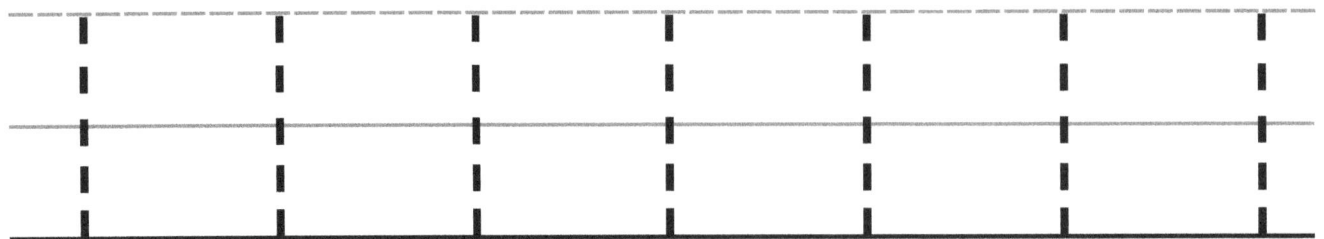

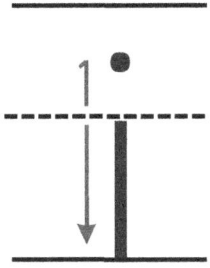

Birne

abcdefgh**i**jklmnopqrstuvwxyz

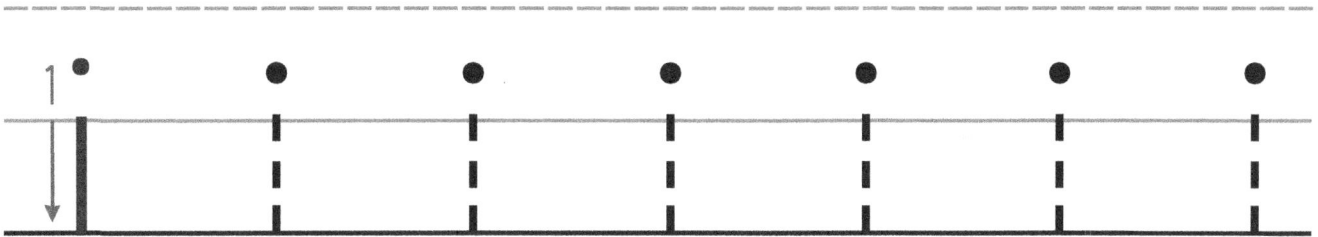

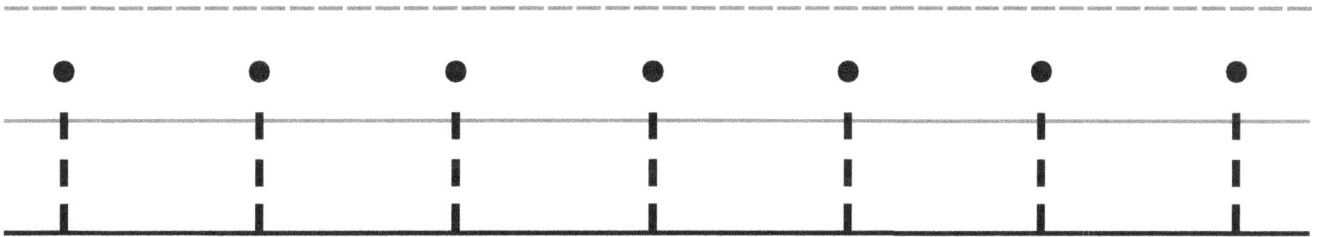

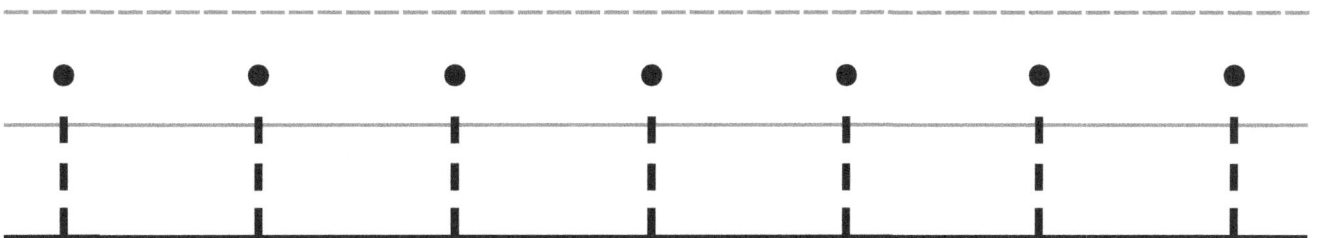

Schreibe den Buchstaben

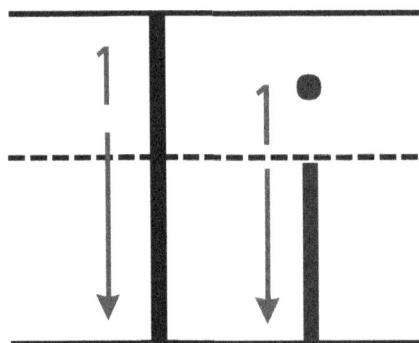

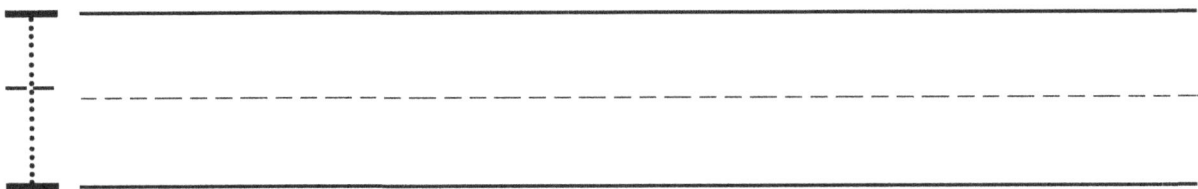

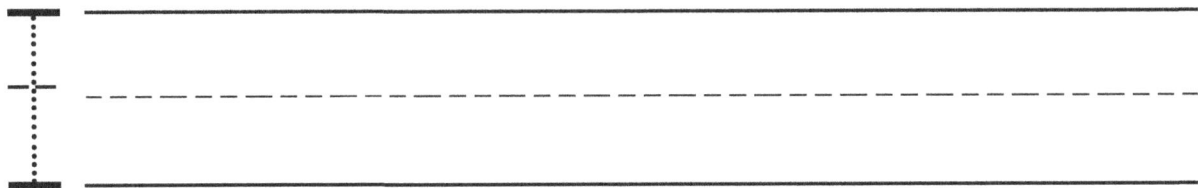

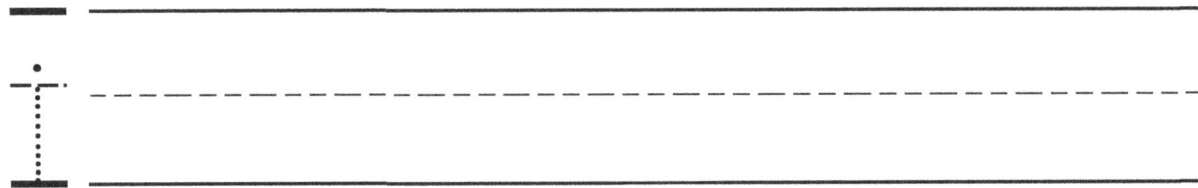

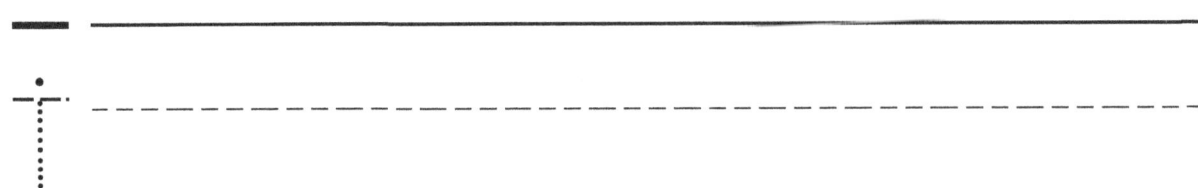

Jj

Jacke

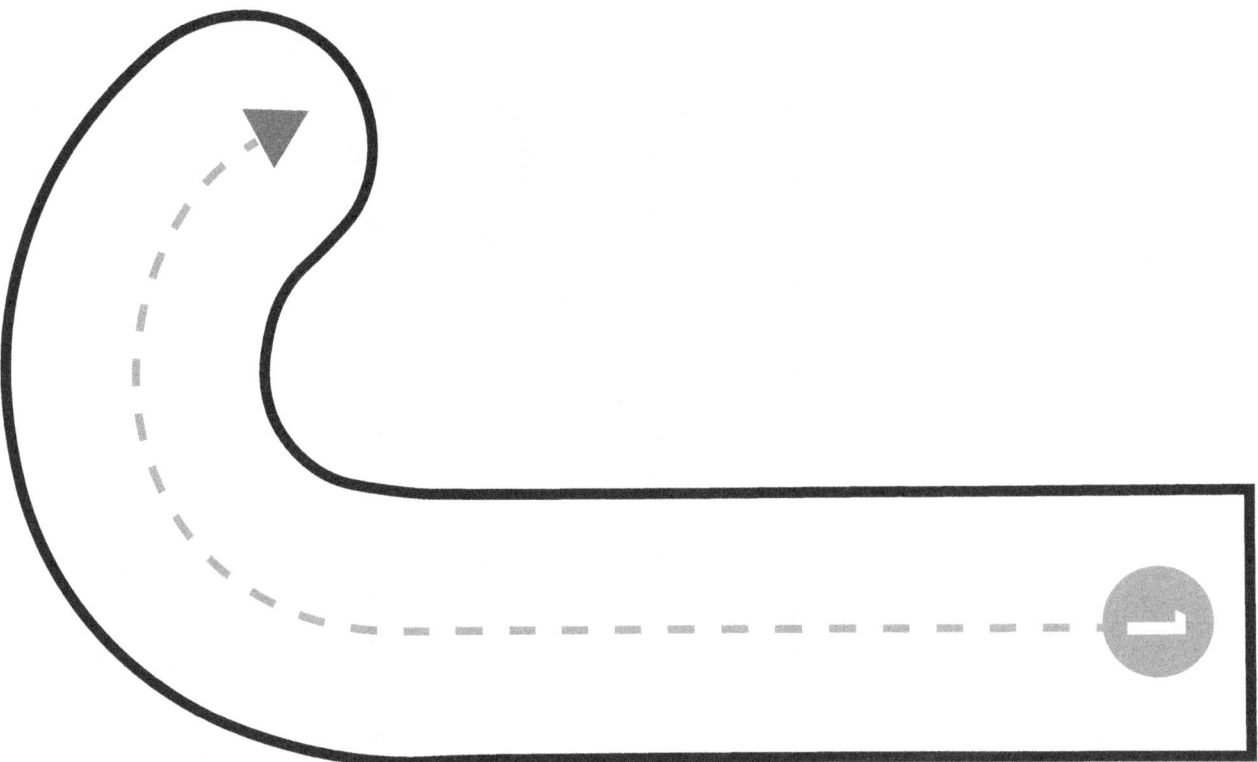

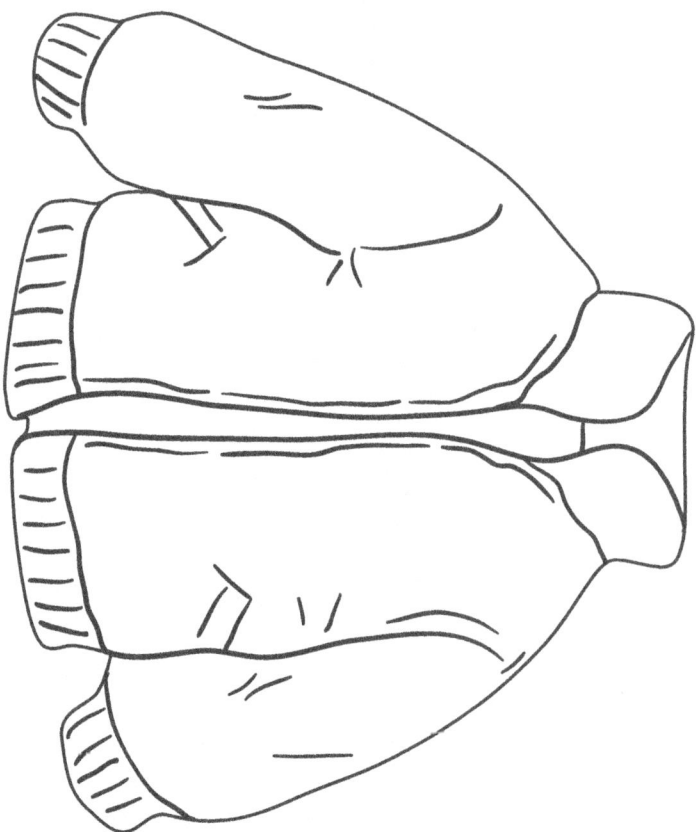

J wie Jacke

j wie Kajak

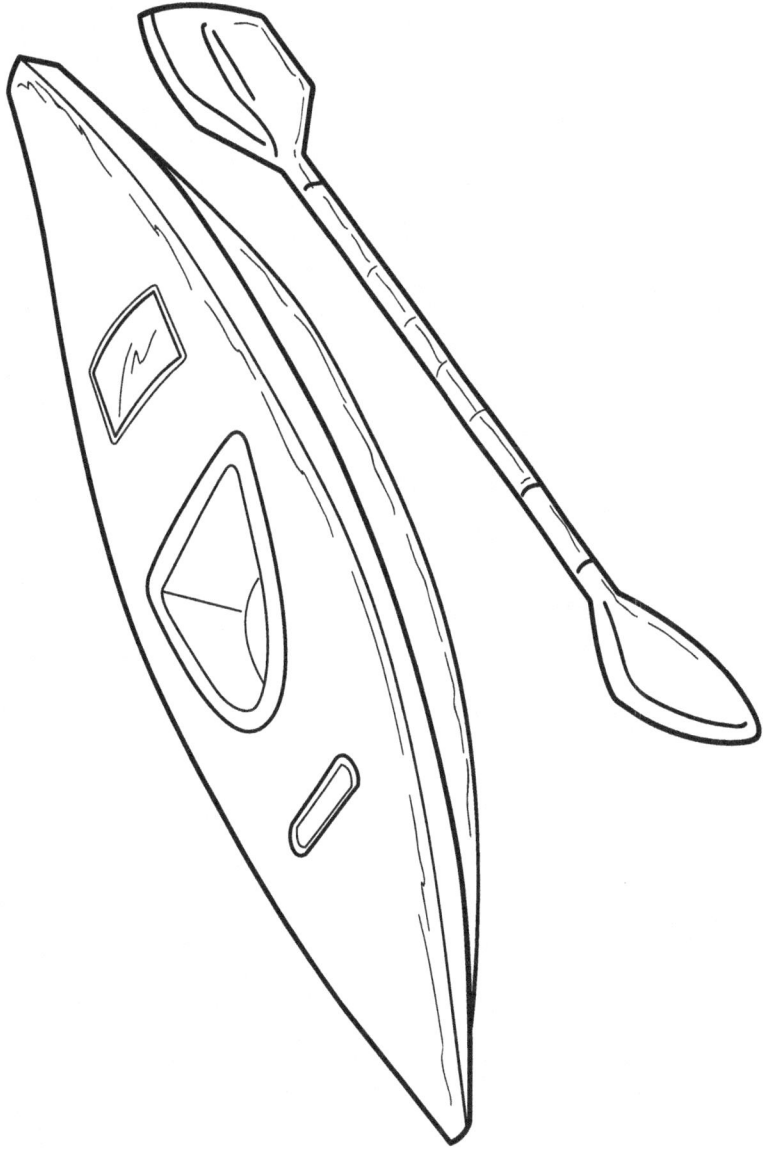

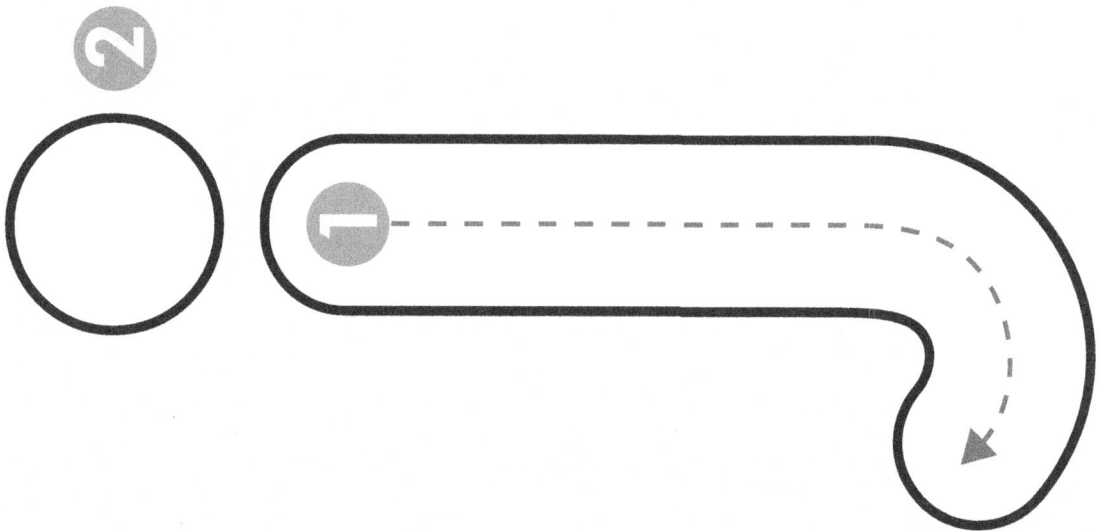

Mit dem Finger nachfahren

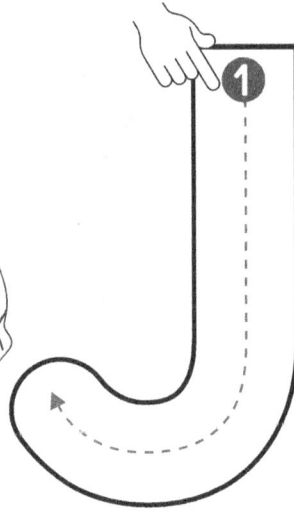

schreiben

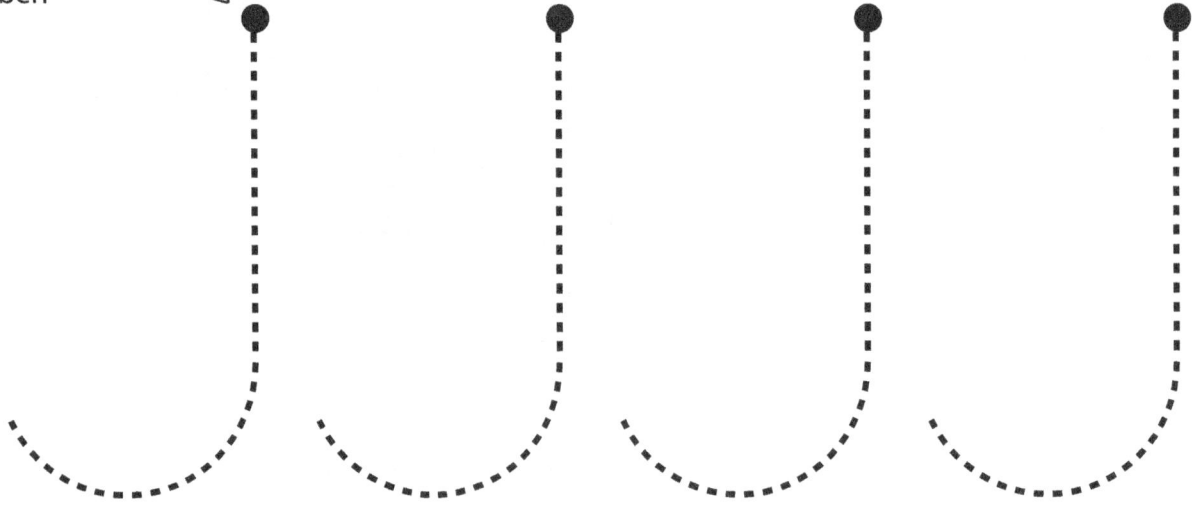

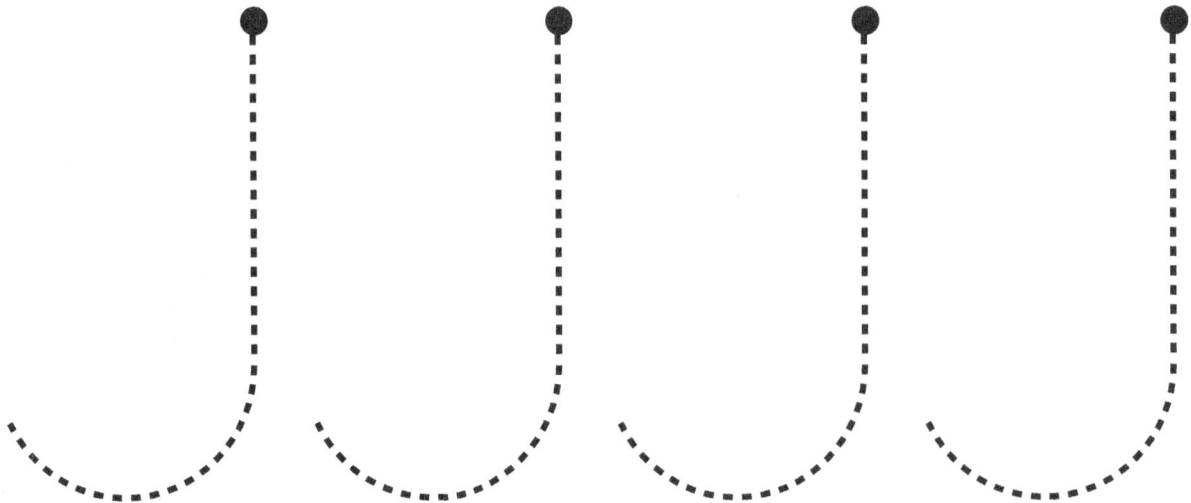

Mit dem Finger nachfahren

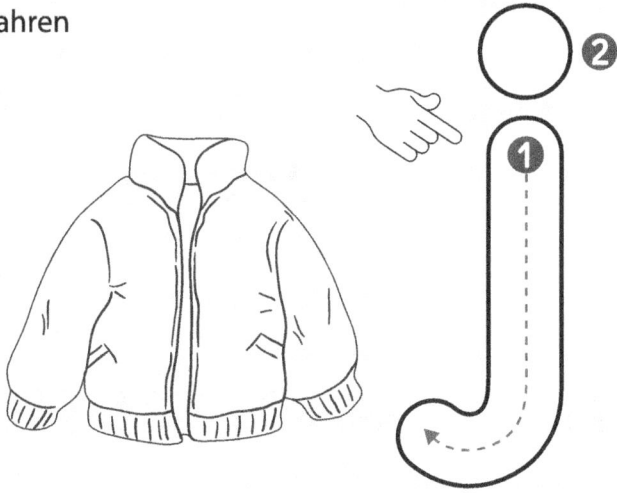

schreiben

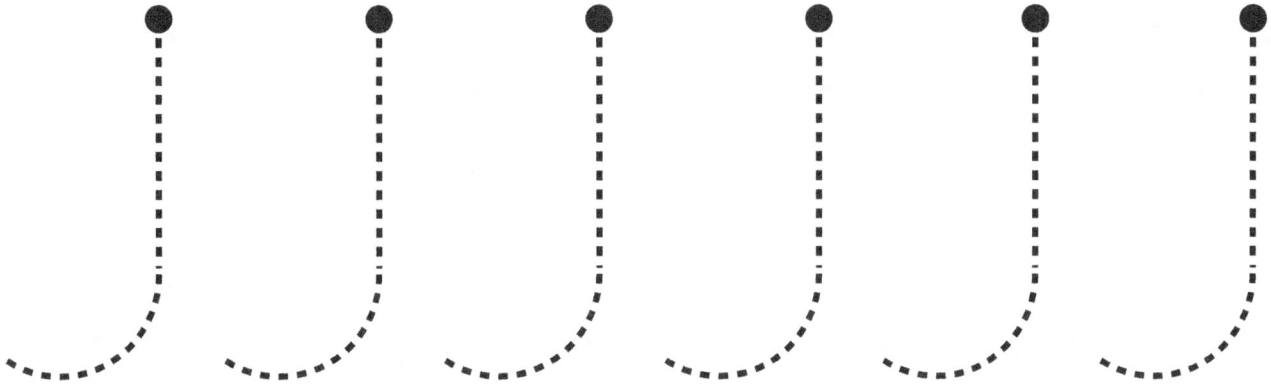

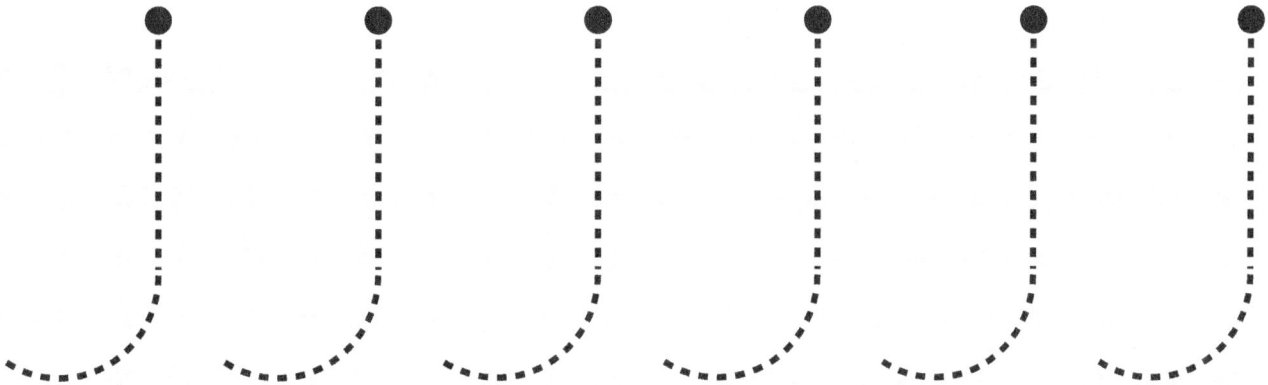

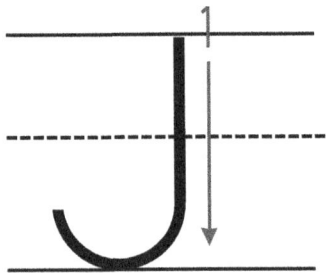

Jacke

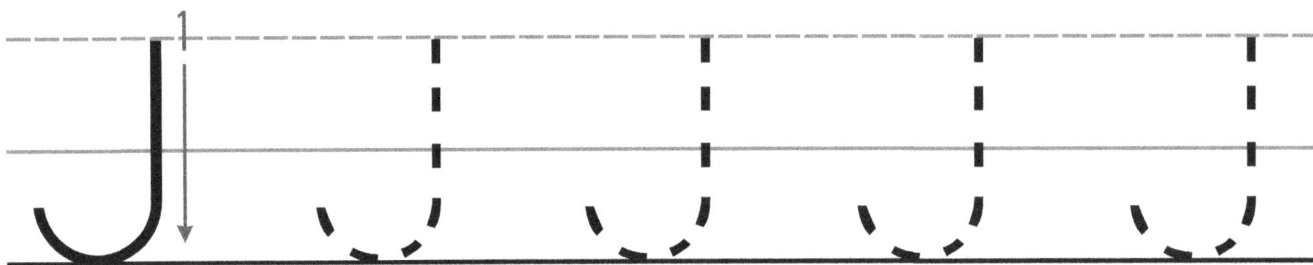

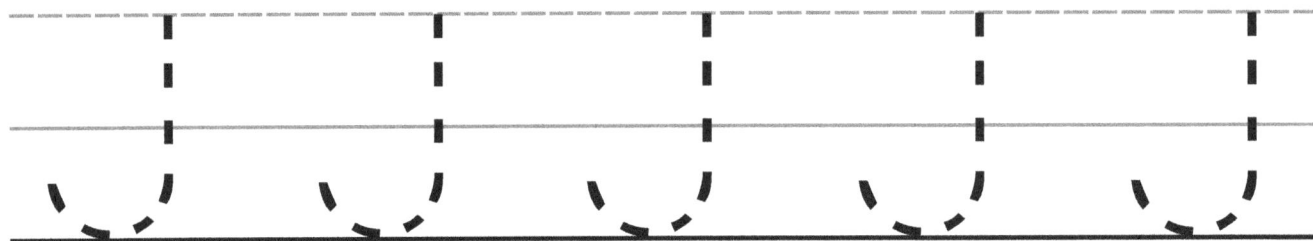

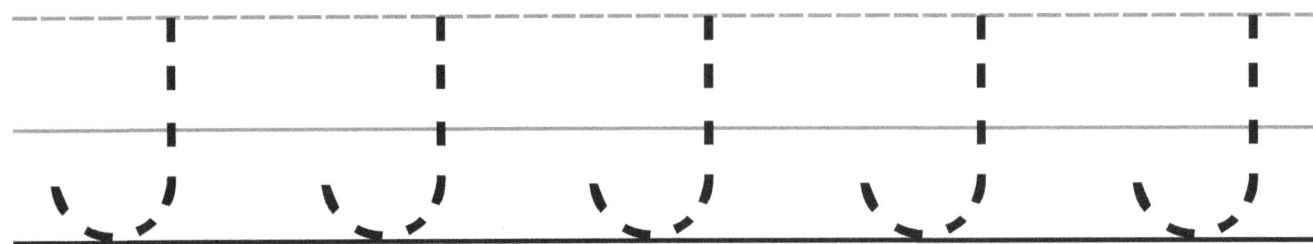

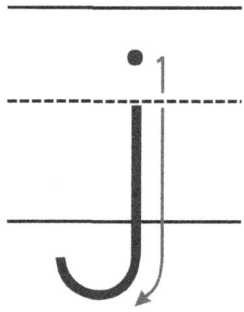

j J

Kajak

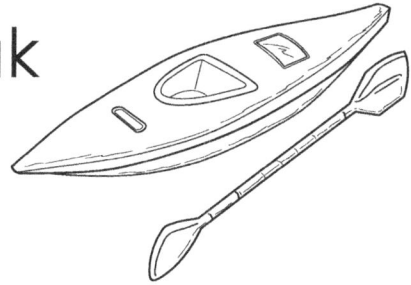

abcdefghi**j**klmnopqrstuvwxyz

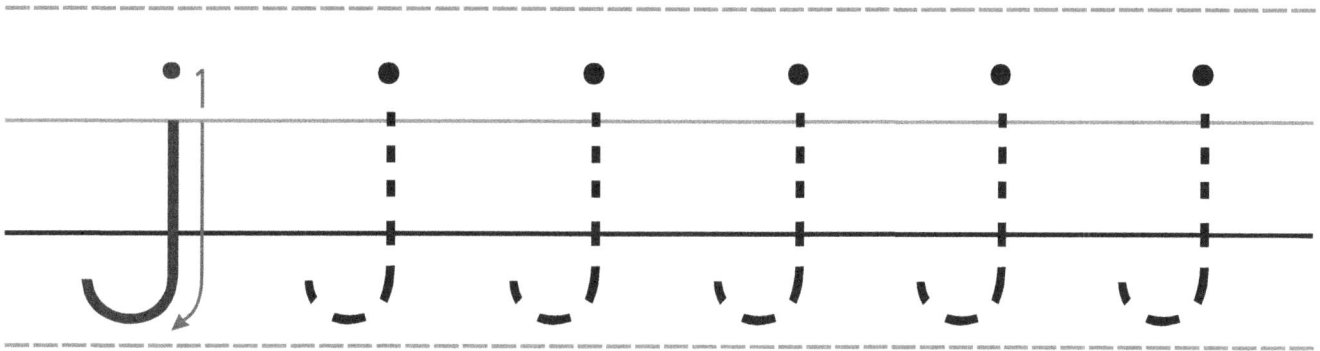

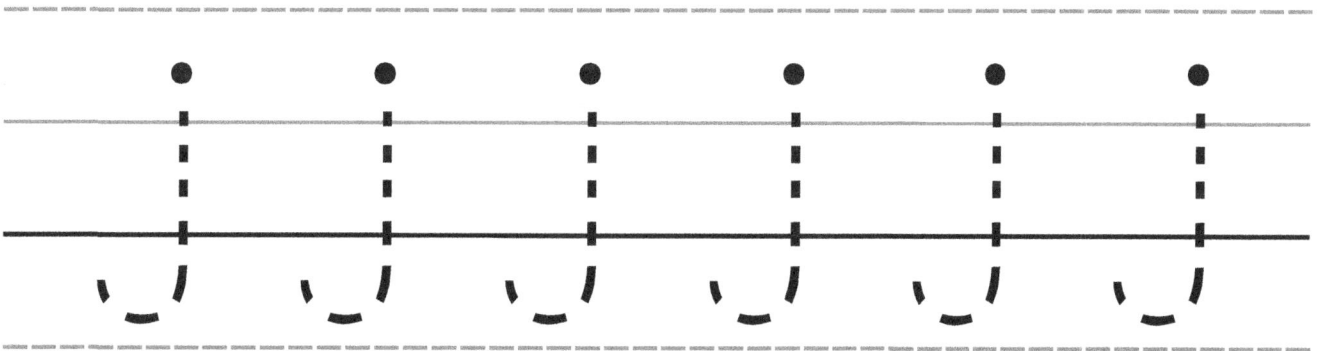

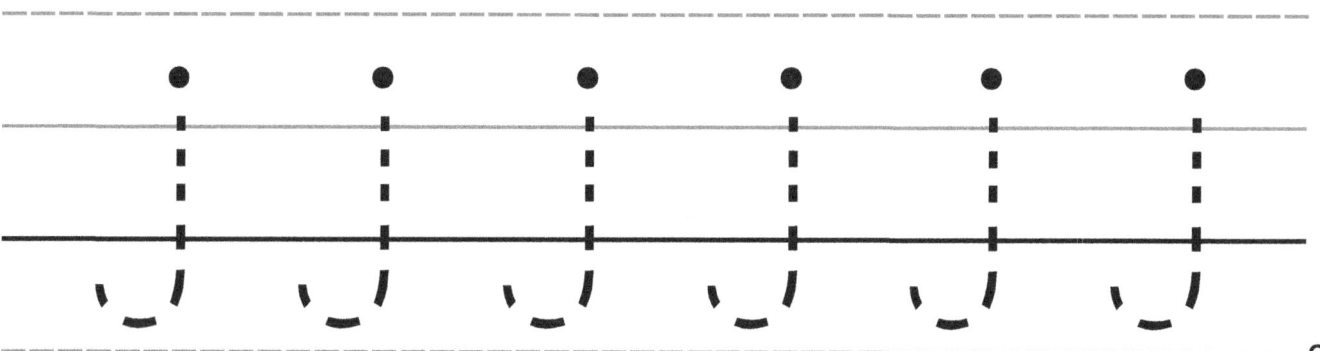

j

Schreibe den Buchstaben

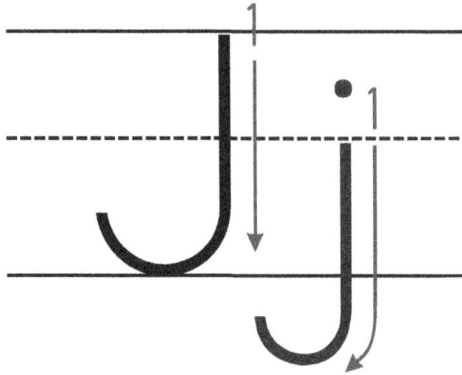

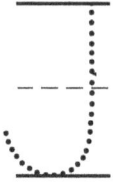

Kk

Katze

ABC Twiggi

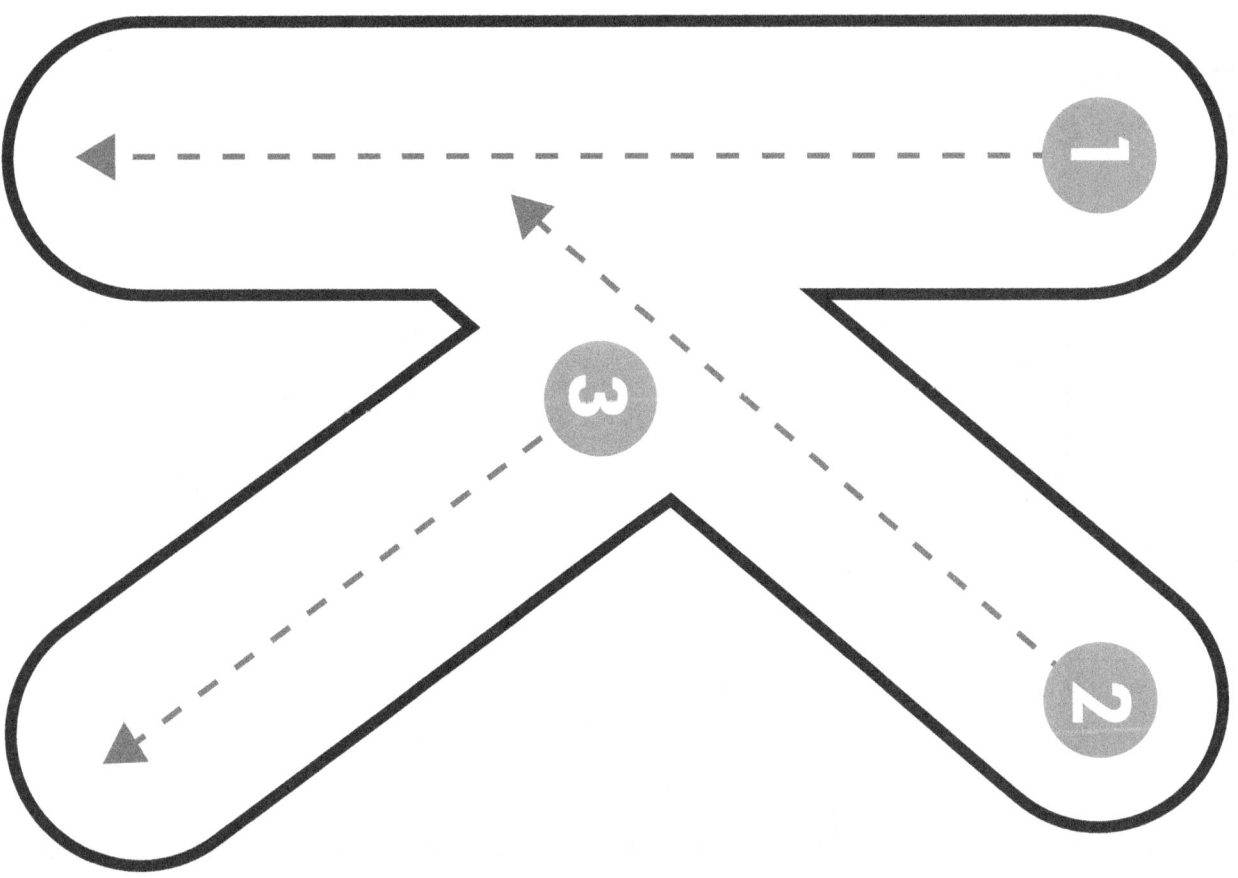

K wie Katze

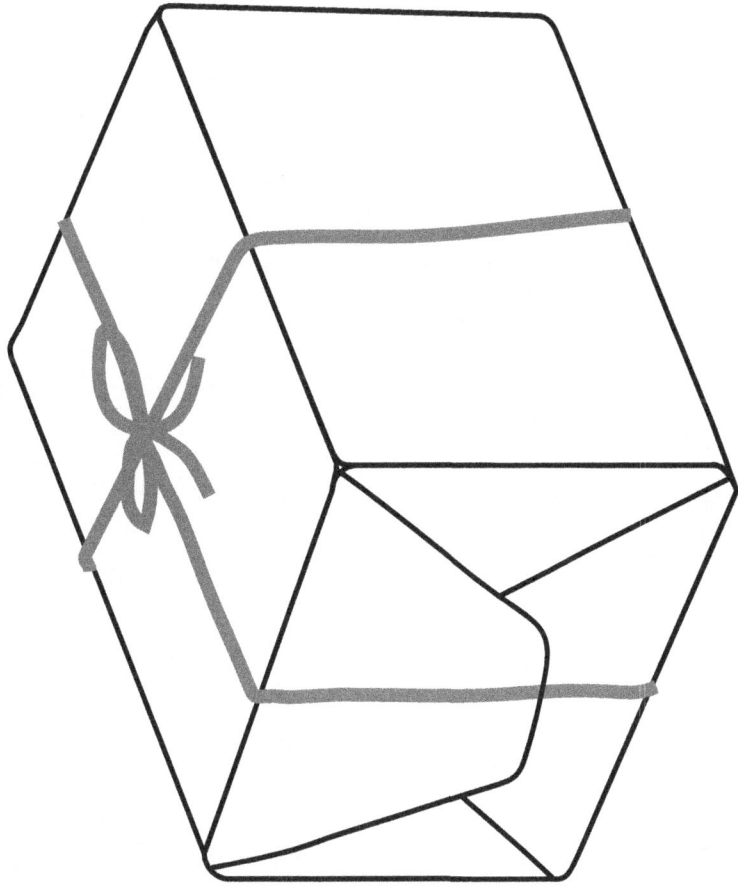

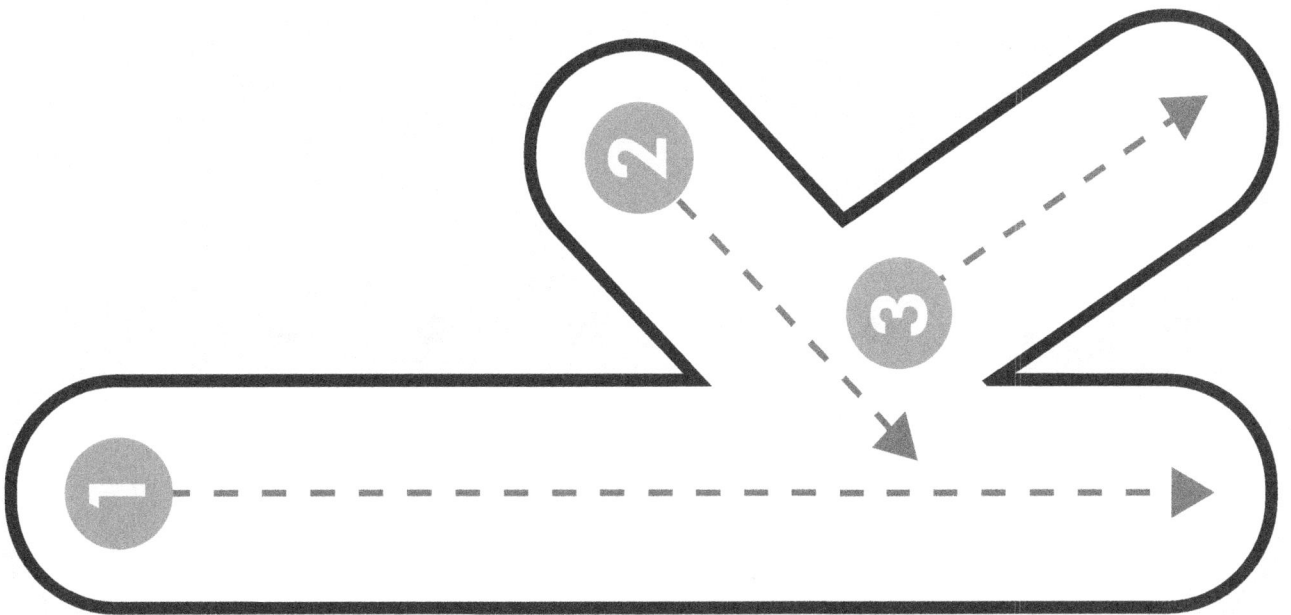

Mit dem Finger nachfahren

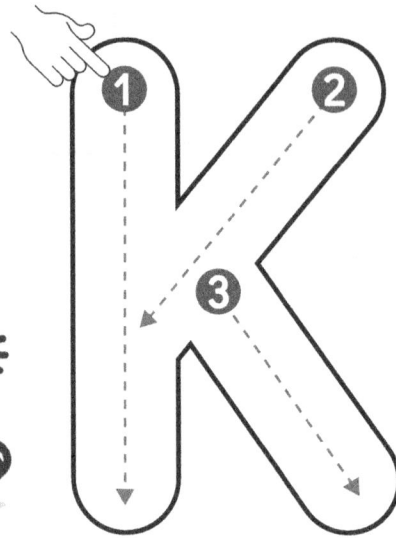

schreiben

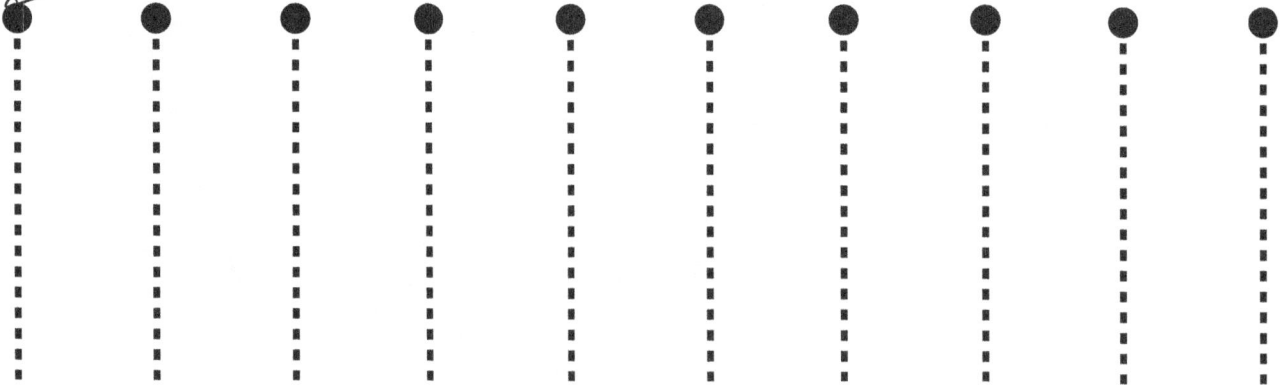

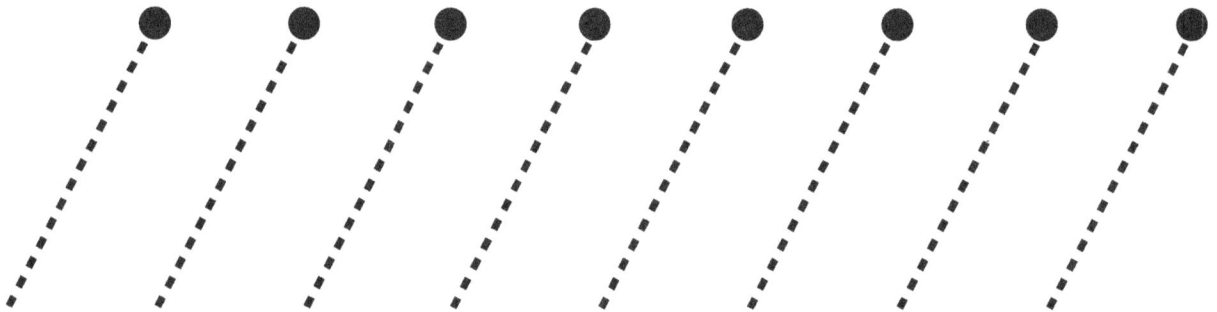

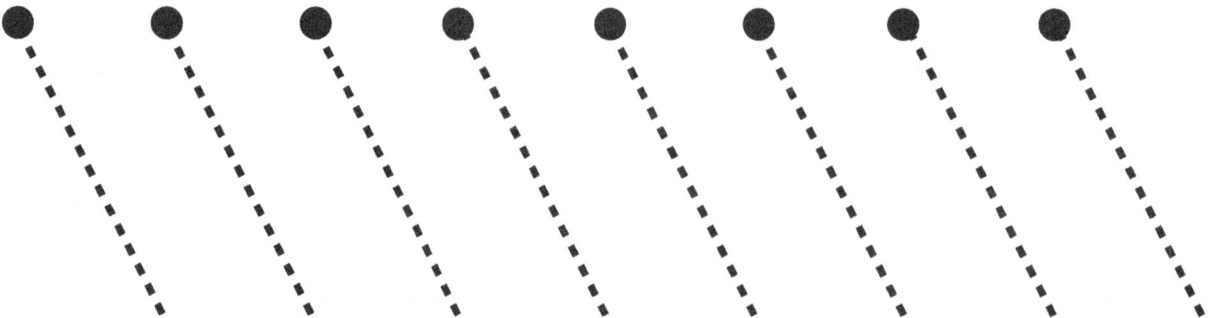

© KidsSoup, Inc.   ABC Twiggi

Mit dem Finger nachfahren

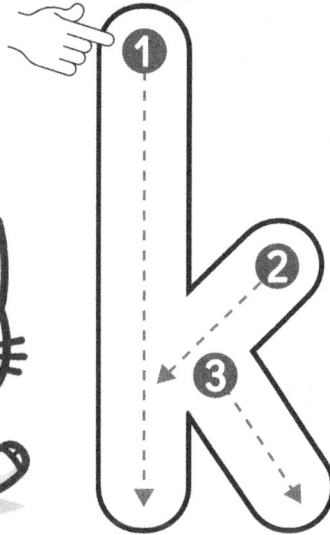

schreiben

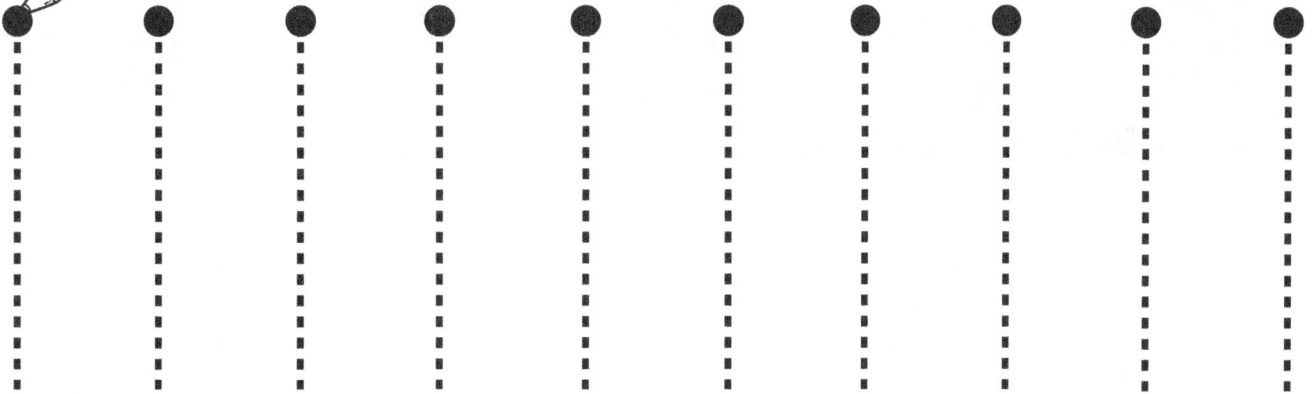

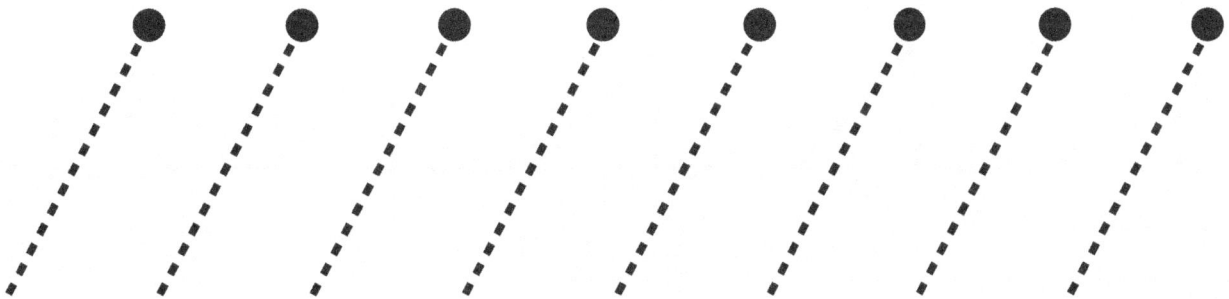

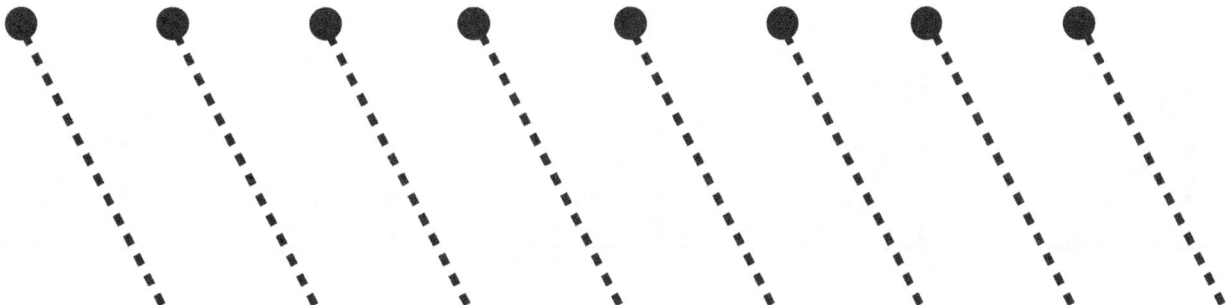

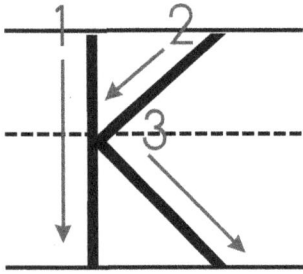

Katze

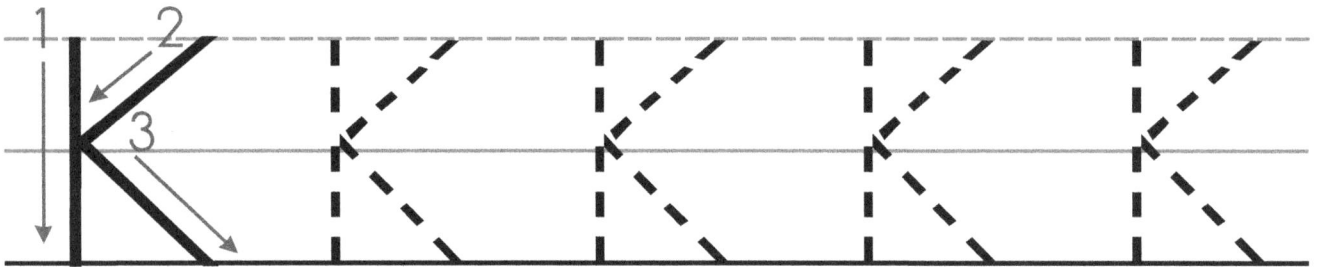

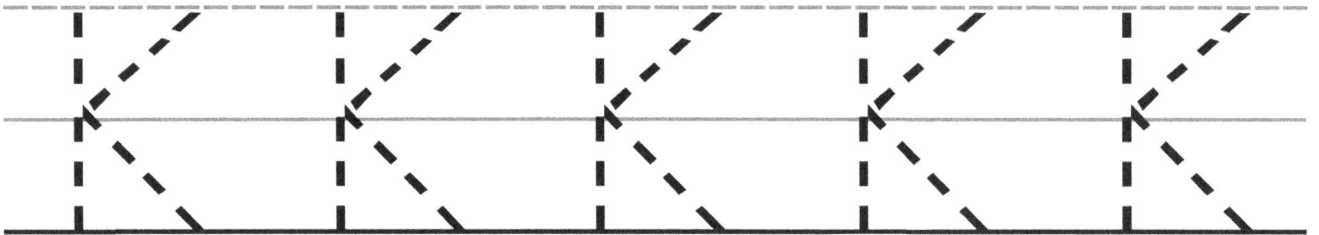

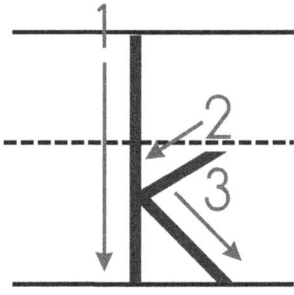

Pa**k**et

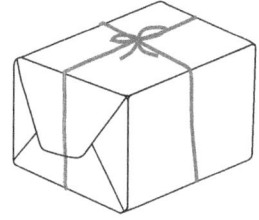

abcdefghij**k**lmnopqrstuvwxyz

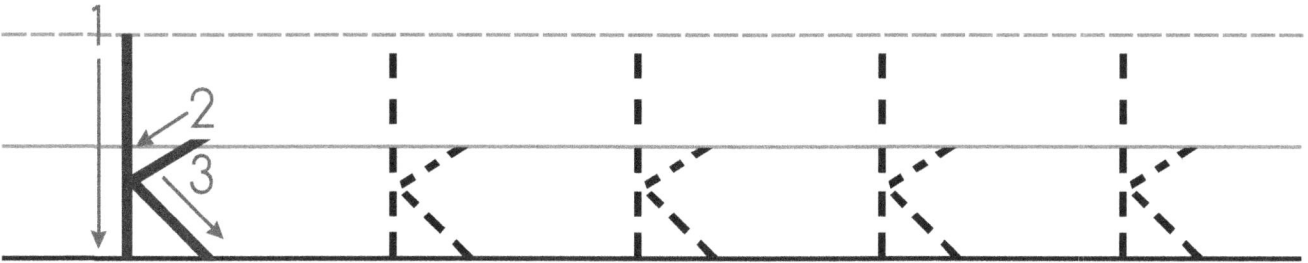

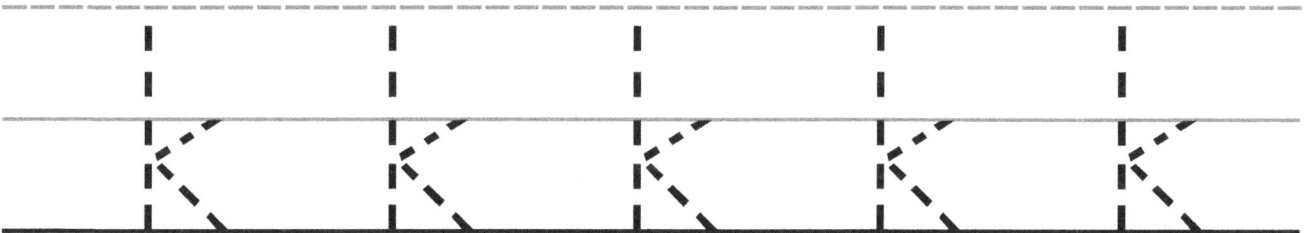

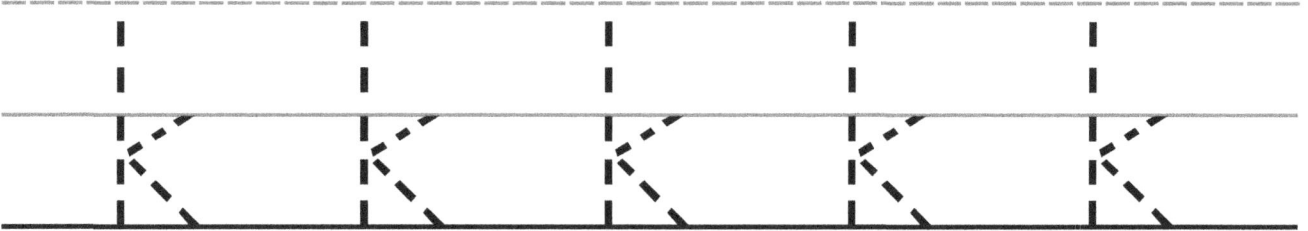

© KidsSoup, Inc.   ABC Twiggi

Schreibe den Buchstaben

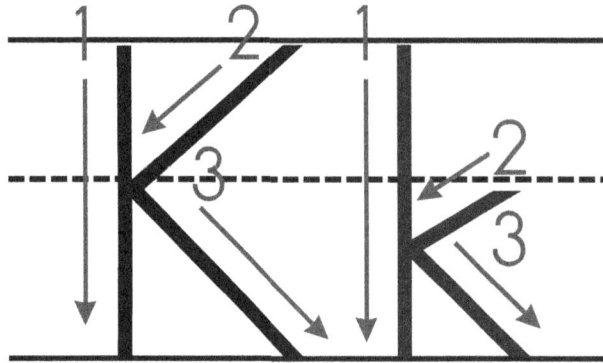

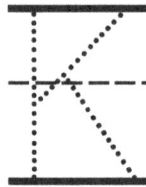

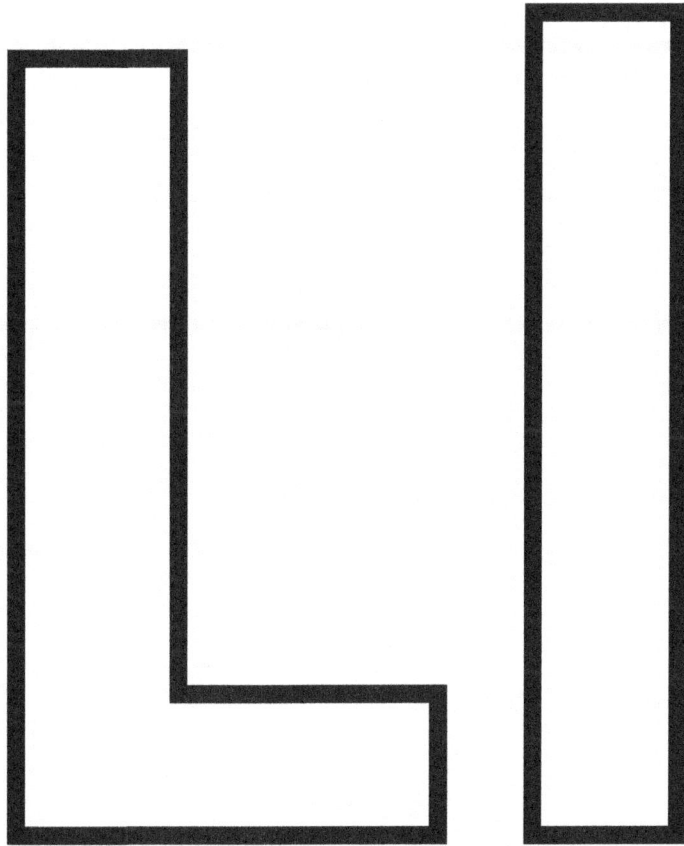

Löwe

ABC Twiggi 93

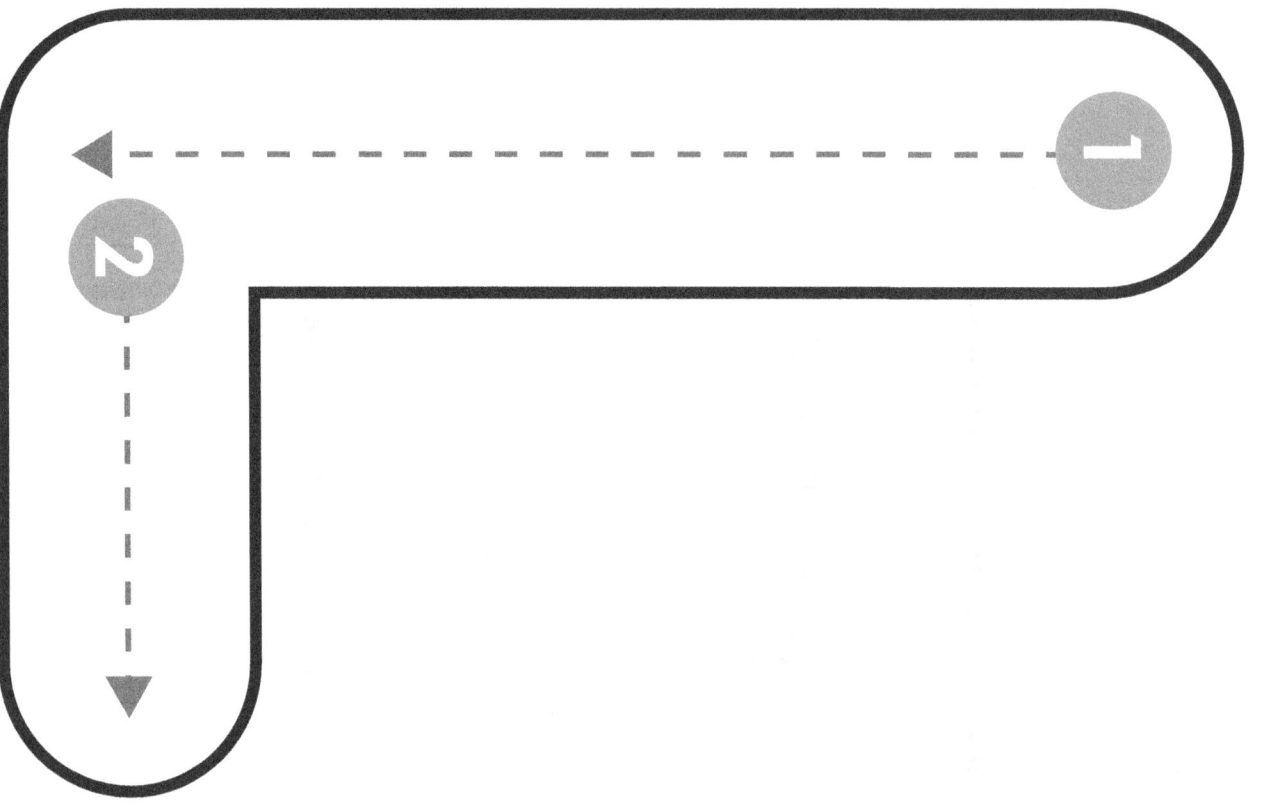

1

2

L wie in Löwe

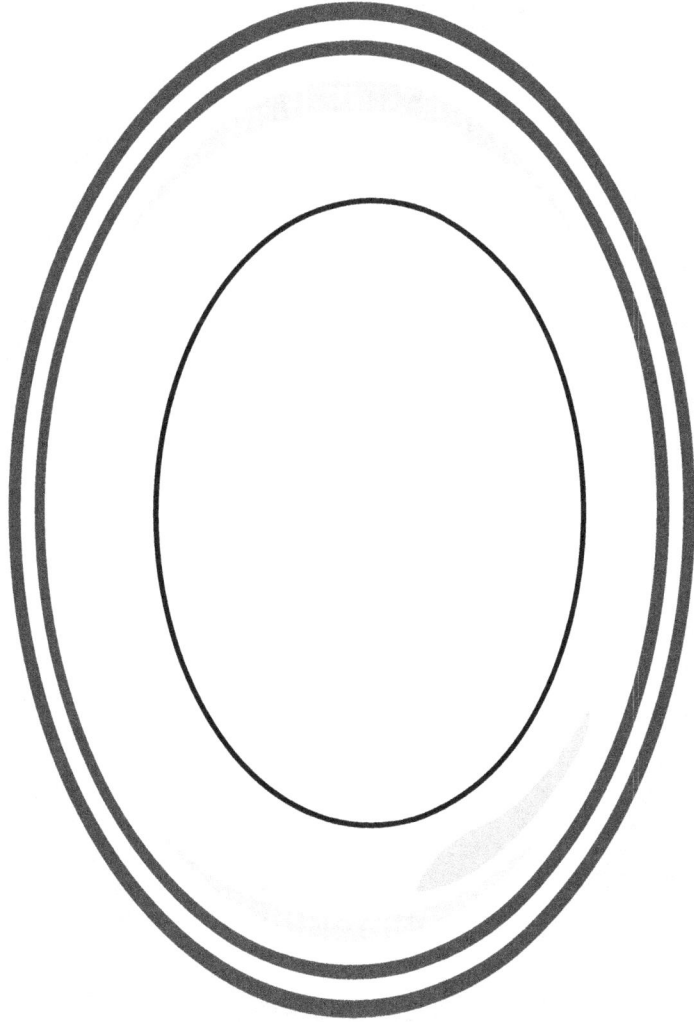

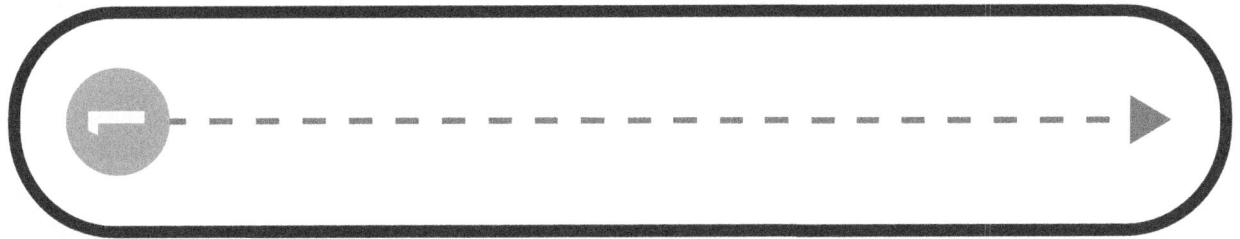

Mit dem Finger nachfahren

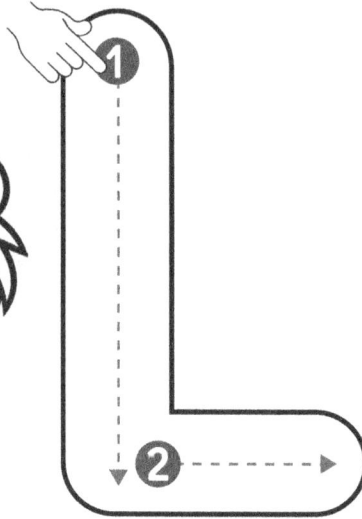

schreiben

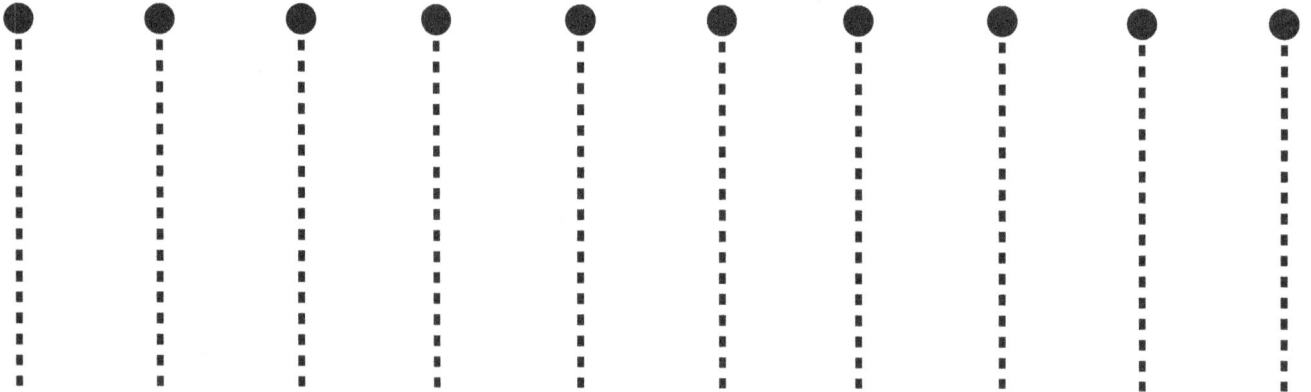

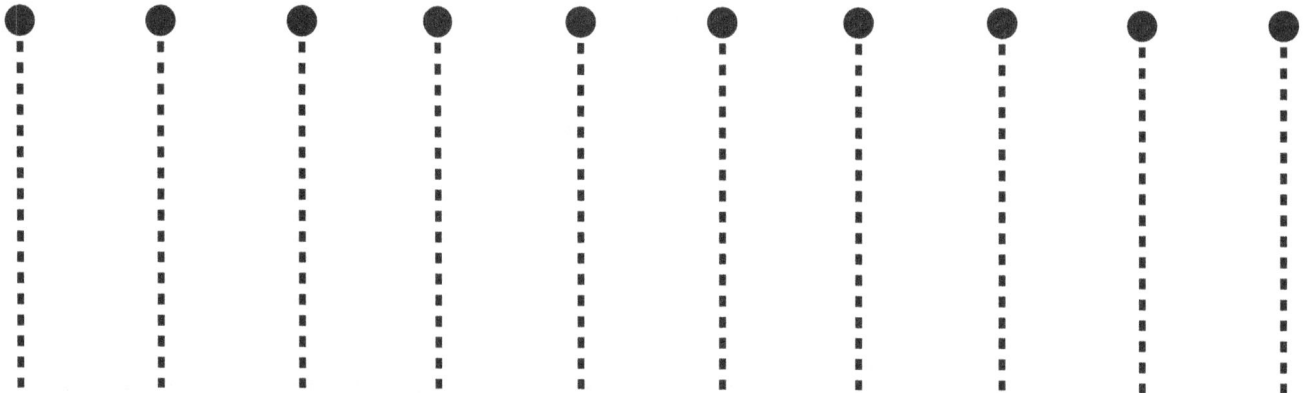

Mit dem Finger nachfahren

schreiben

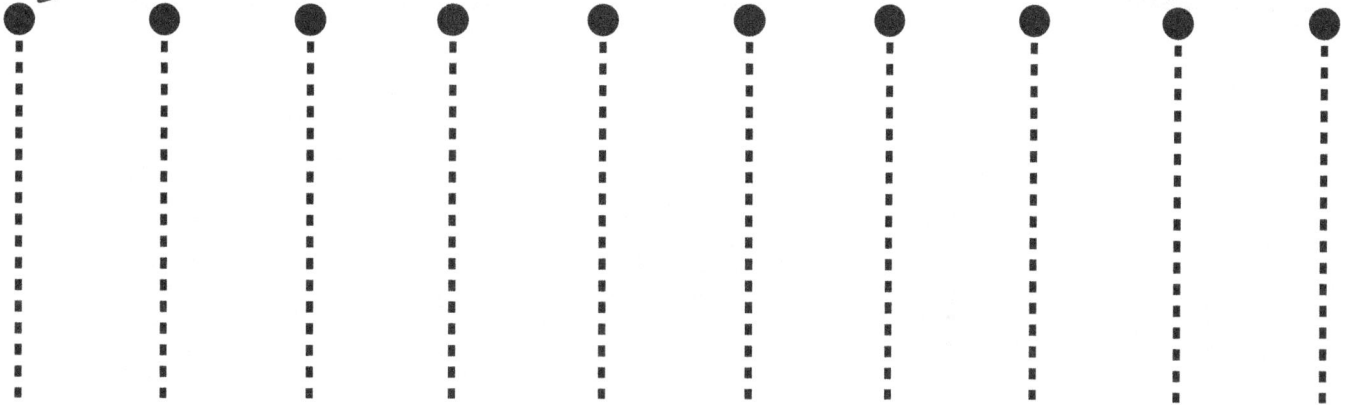

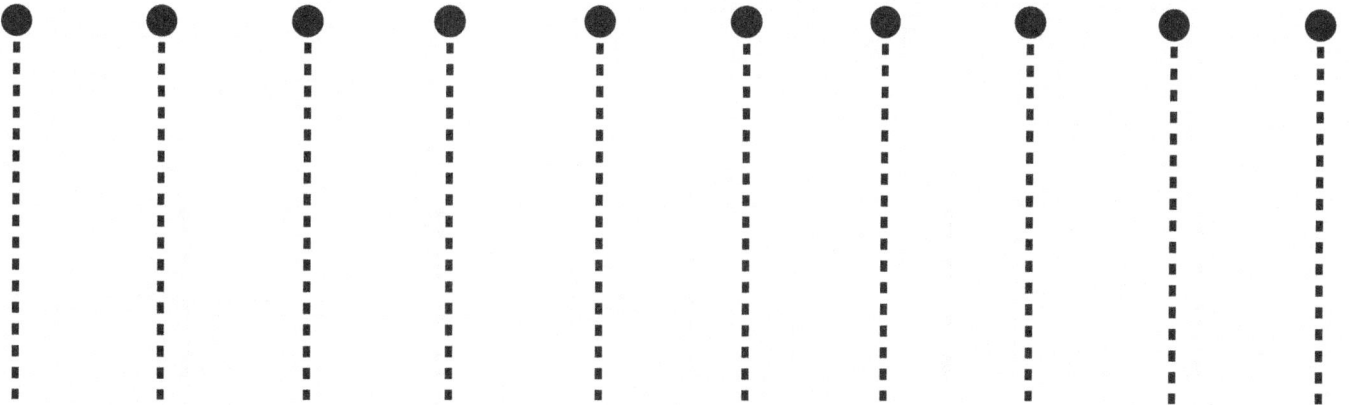

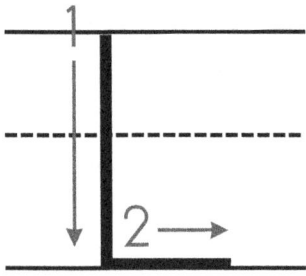

Löwe

A B C D E F G H I J K **L** M N O P Q R S T U V W X Y Z

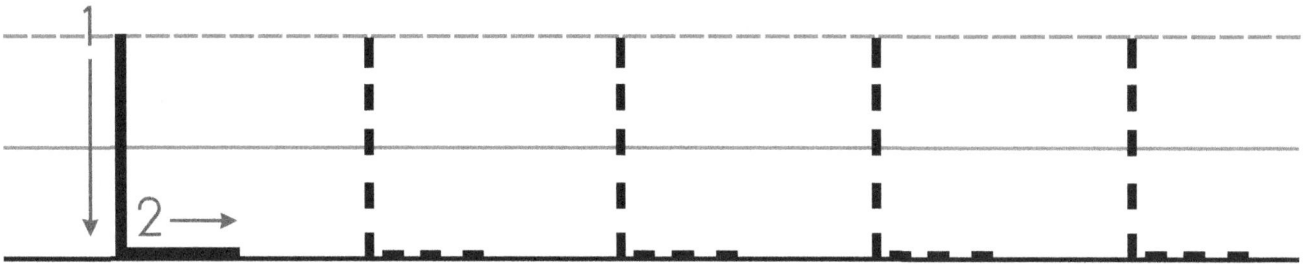

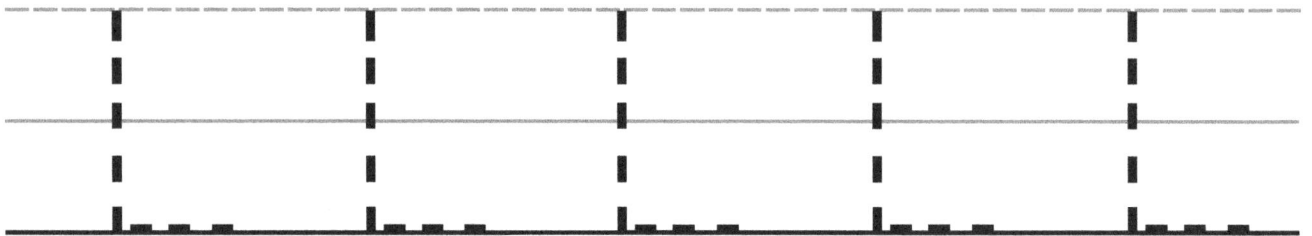

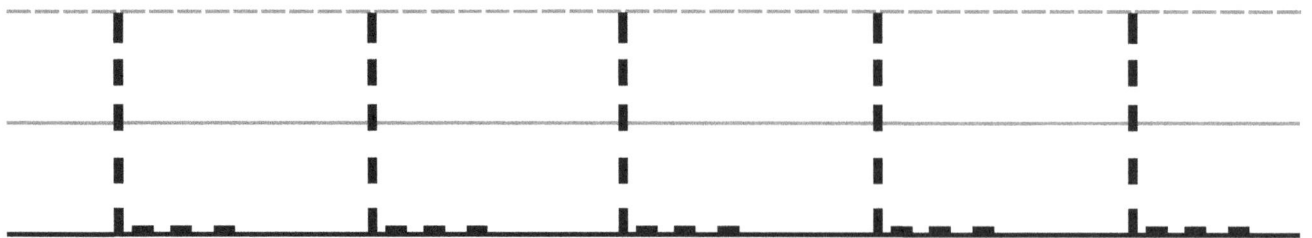

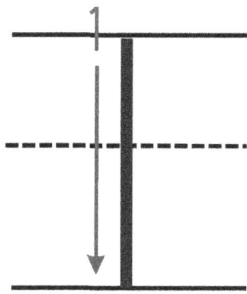

Teller

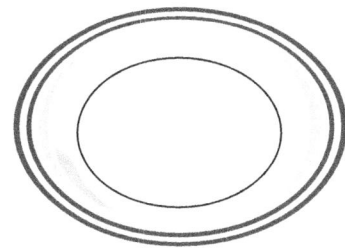

abcdefghijk**l**mnopqrstuvwxyz

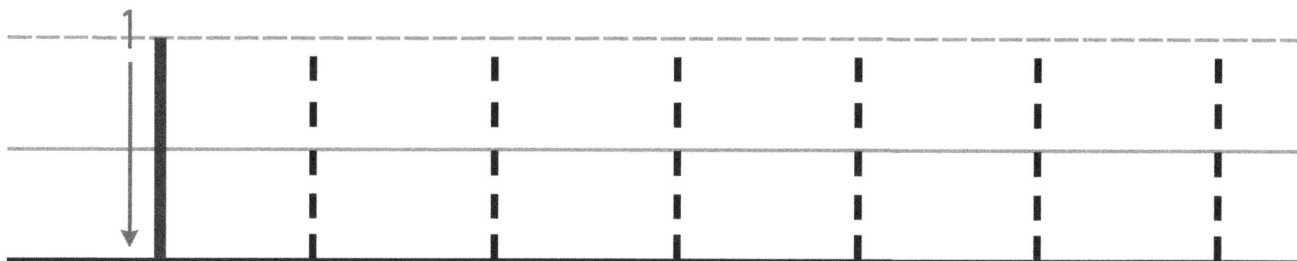

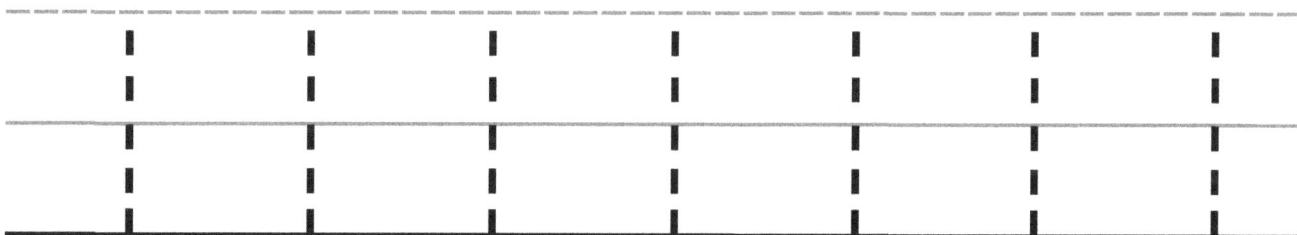

Schreibe den Buchstaben

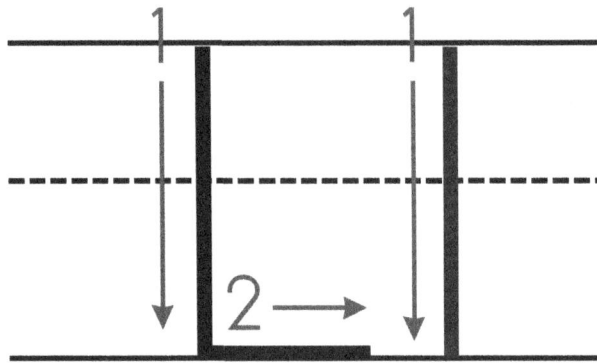

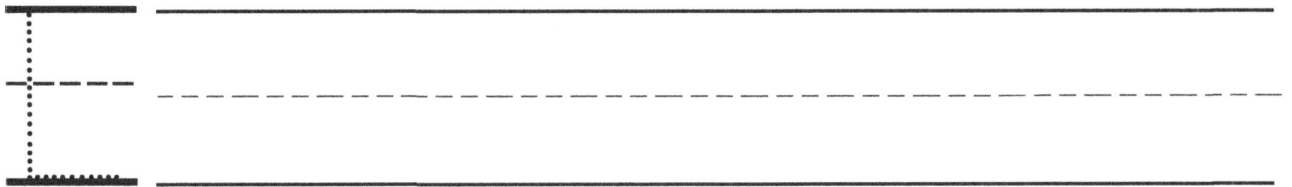

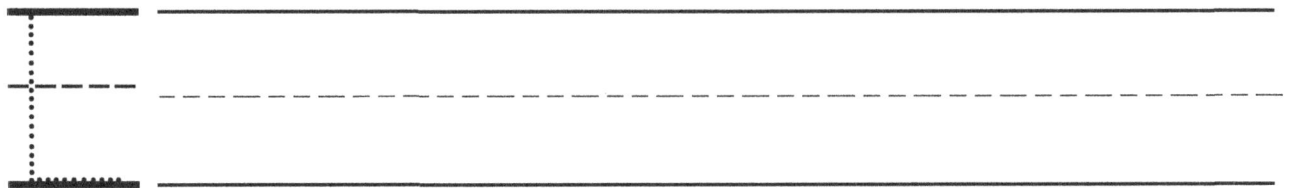

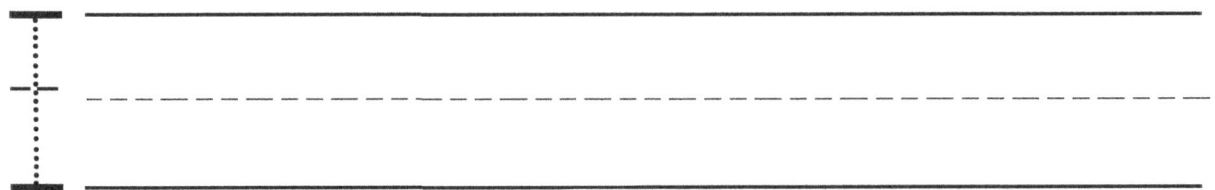

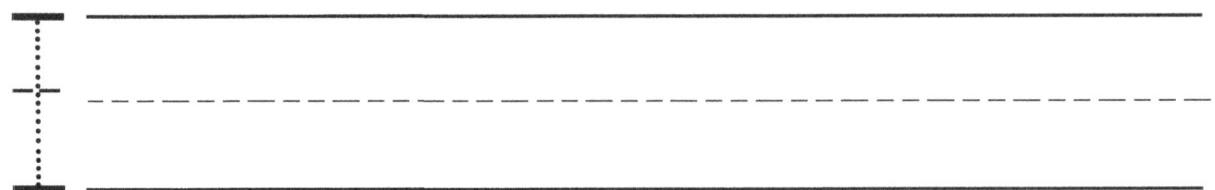

Mm

Maus

ABC Twiggi 101

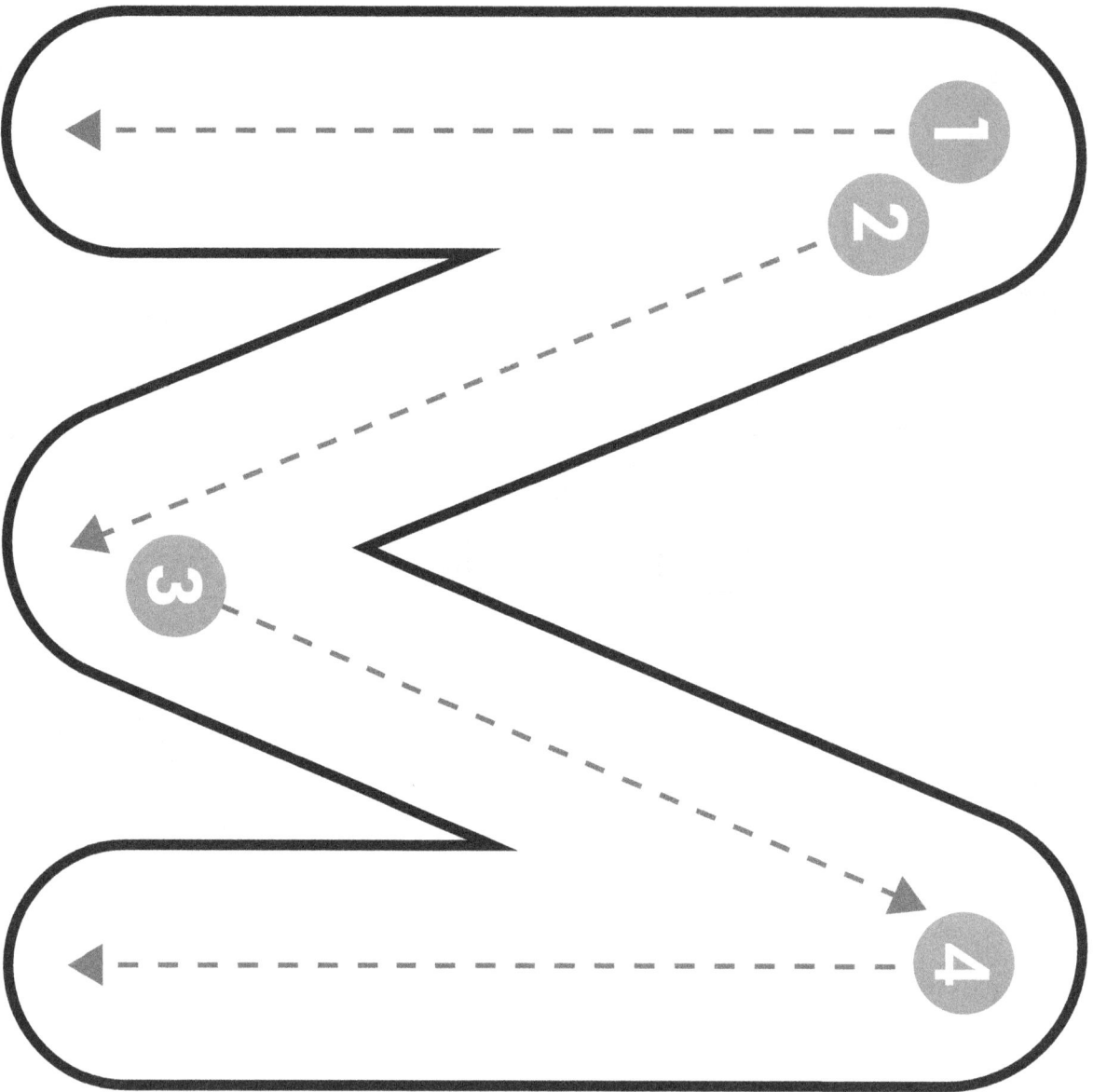

M wie Maus

m wie in Schirm

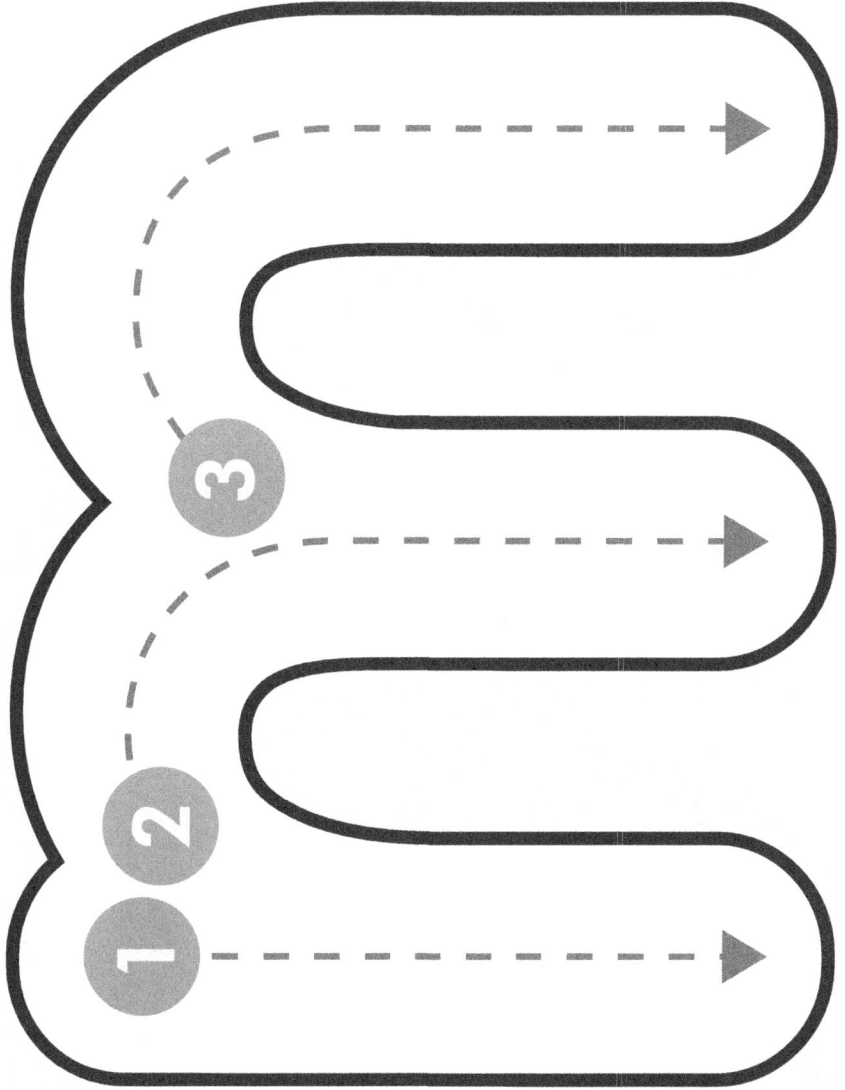

Mit dem Finger nachfahren

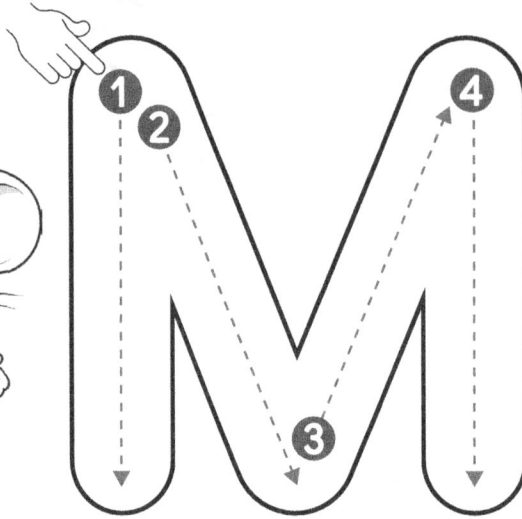

schreiben

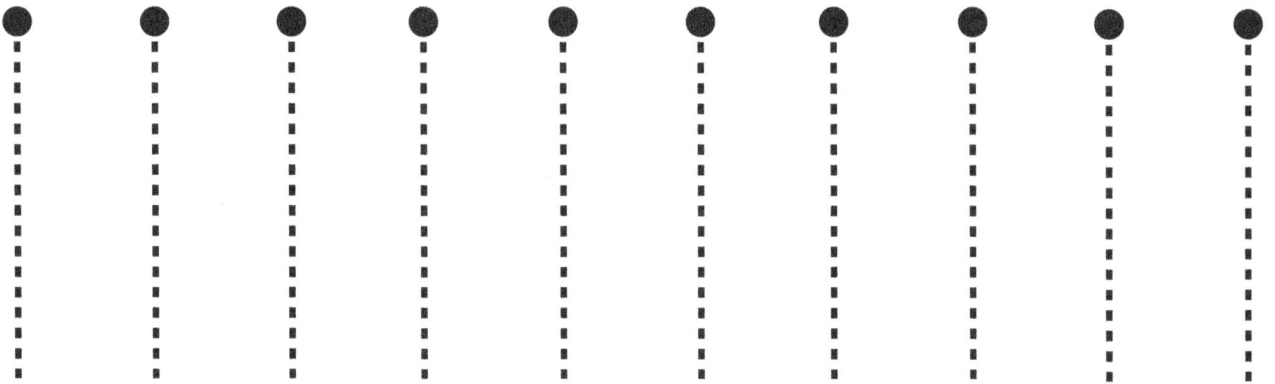

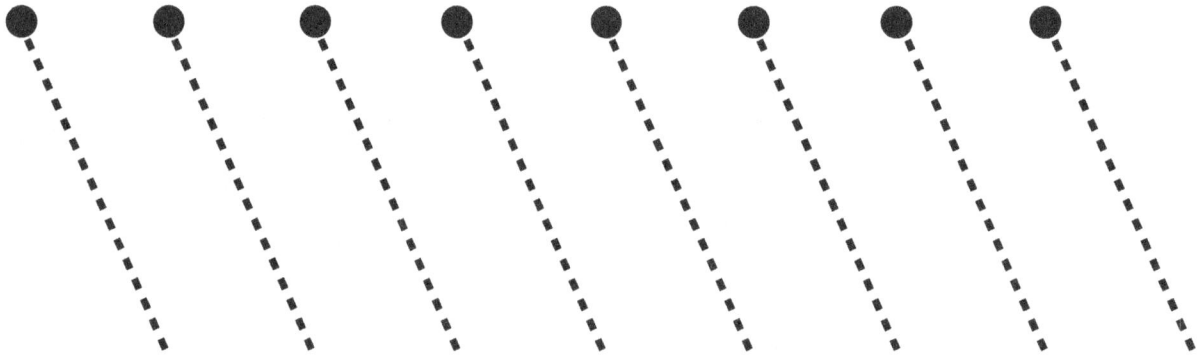

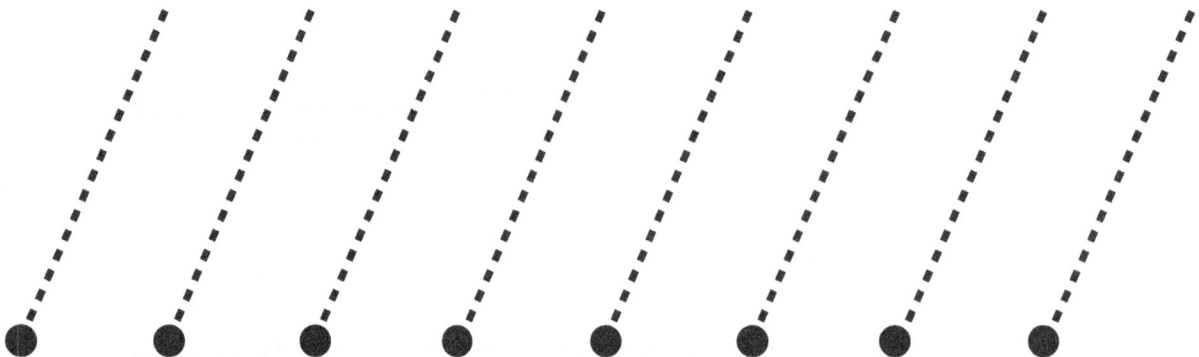

Mit dem Finger nachfahren

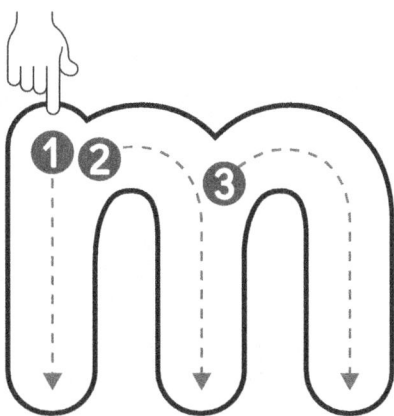

schreiben

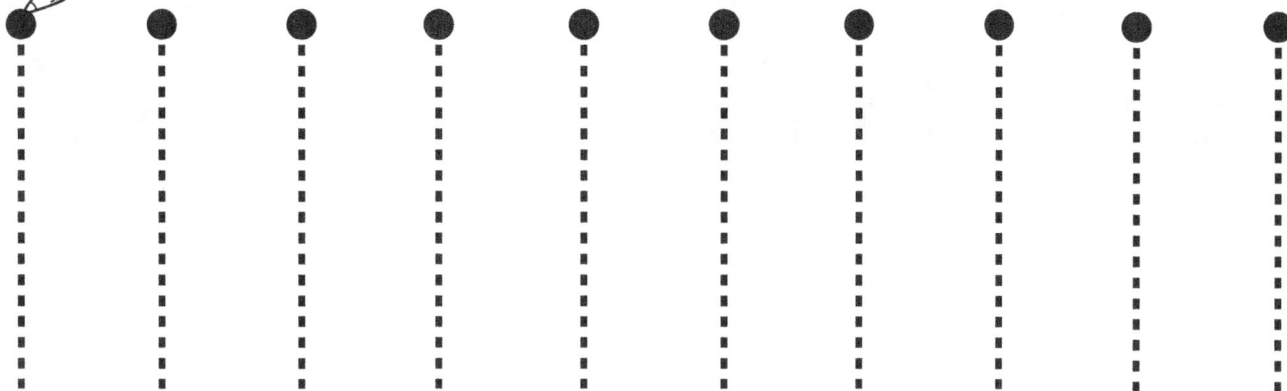

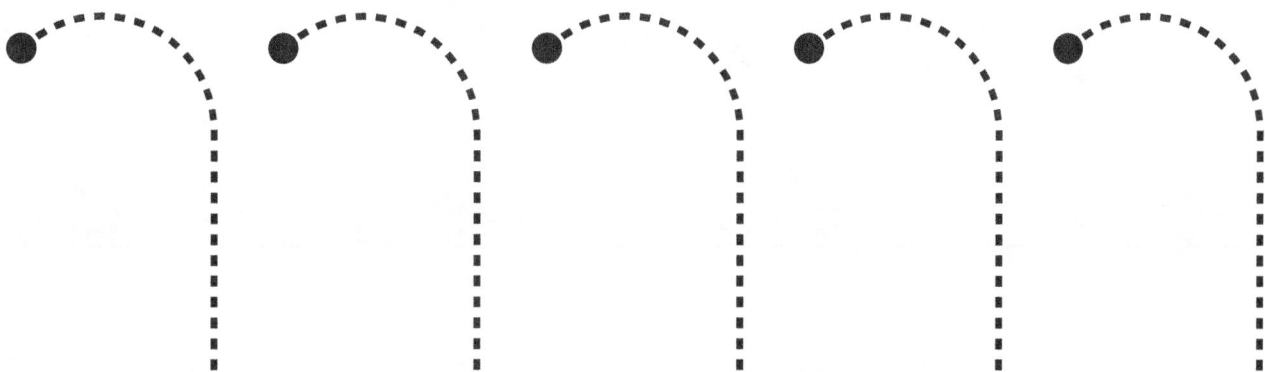

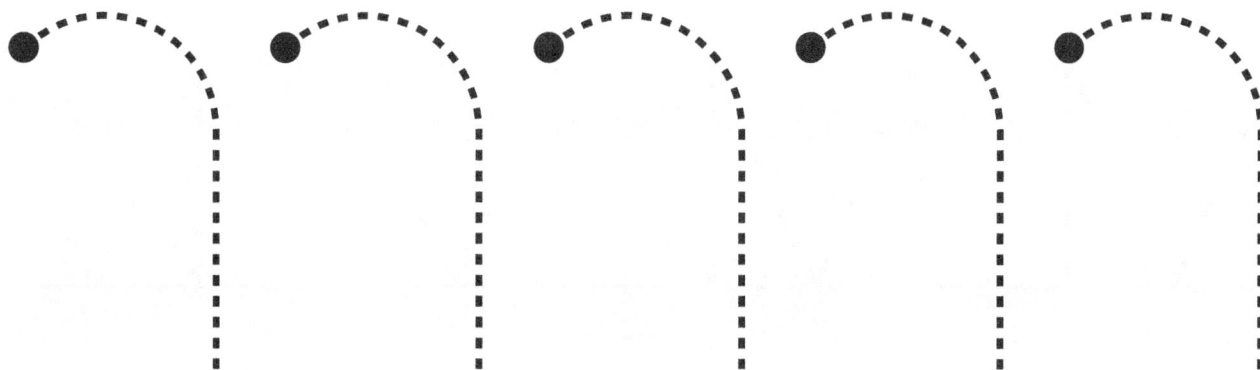

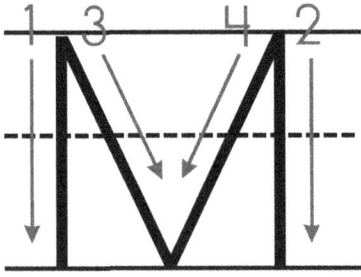

Maus

ABCDEFGHIJKL**M**NOPQRSTUVWXYZ

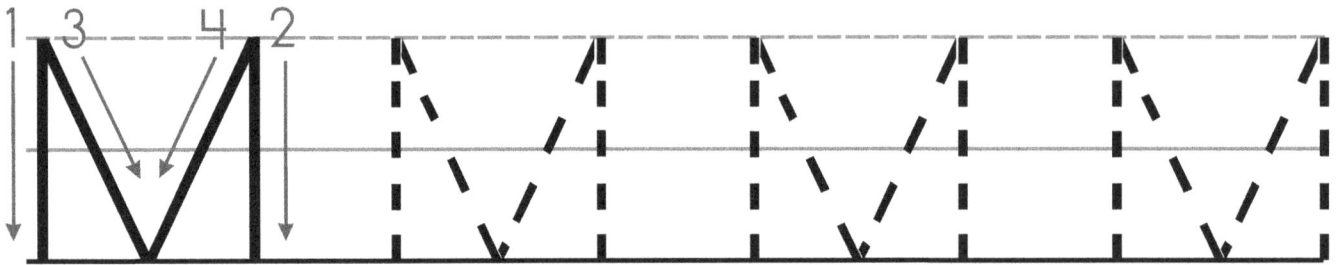

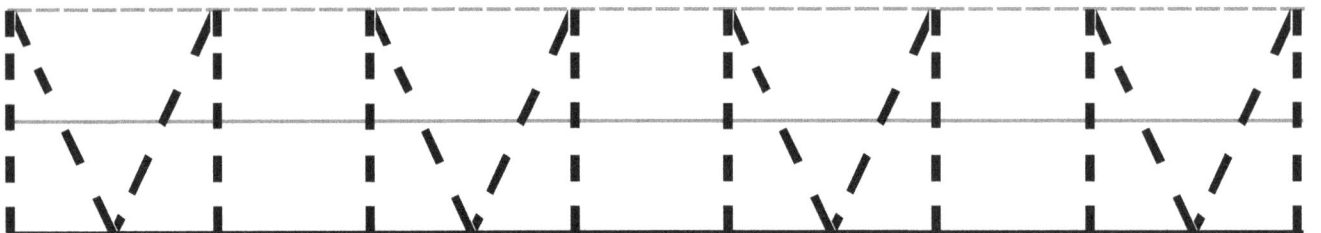

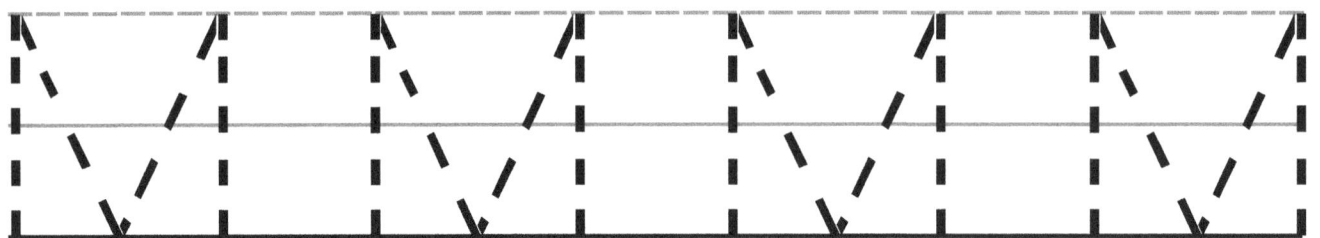

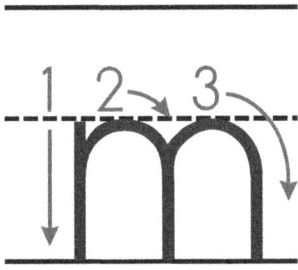

m

Schir**m**

abcdefghijkl**m**nopqrstuvwxyz

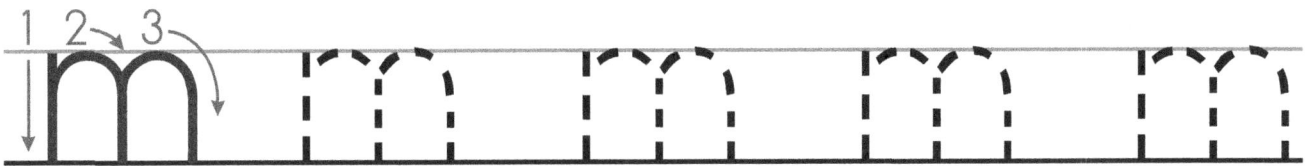

© KidsSoup, Inc.   ABC Twiggi

Schreibe den Buchstaben

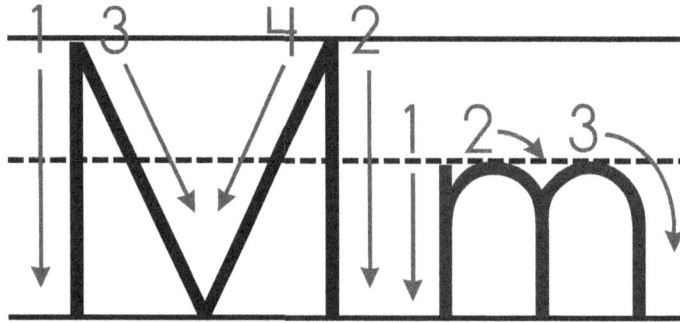

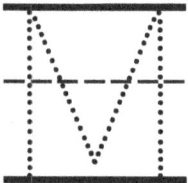

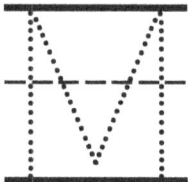

108

Nn

Nilpferd

ABC Twiggi 109

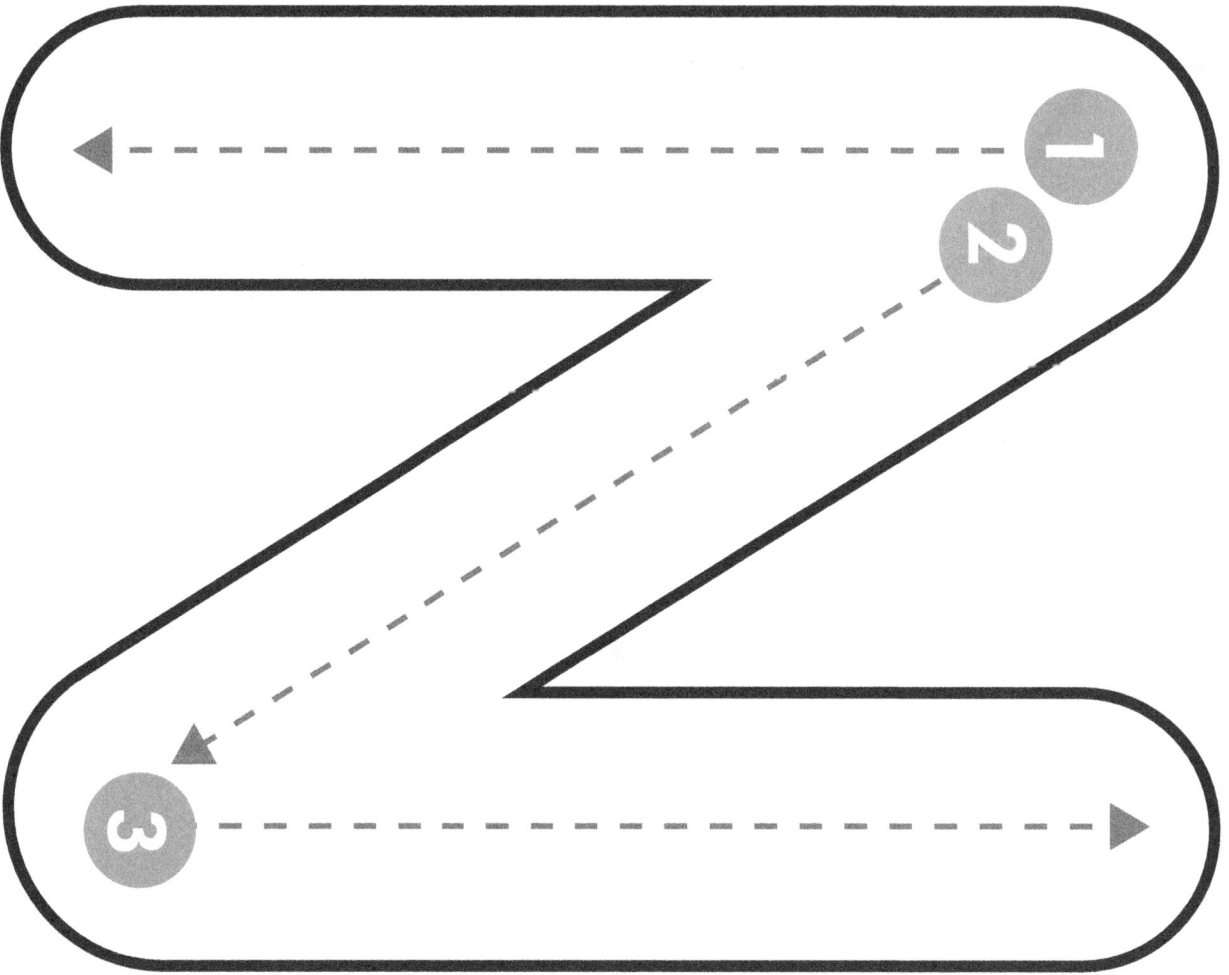

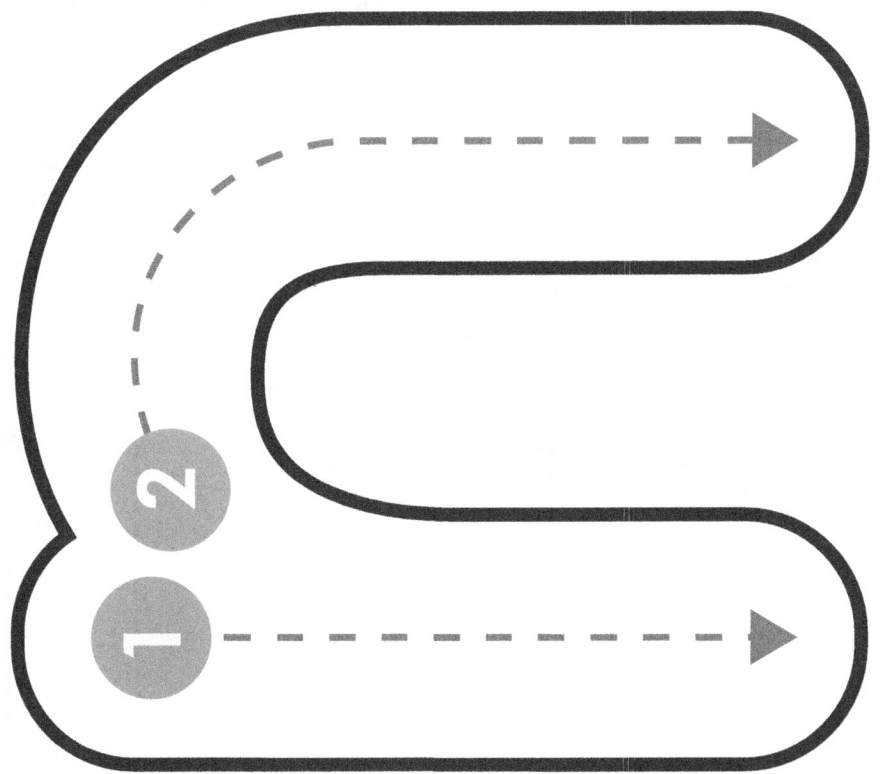

Mit dem Finger nachfahren

schreiben

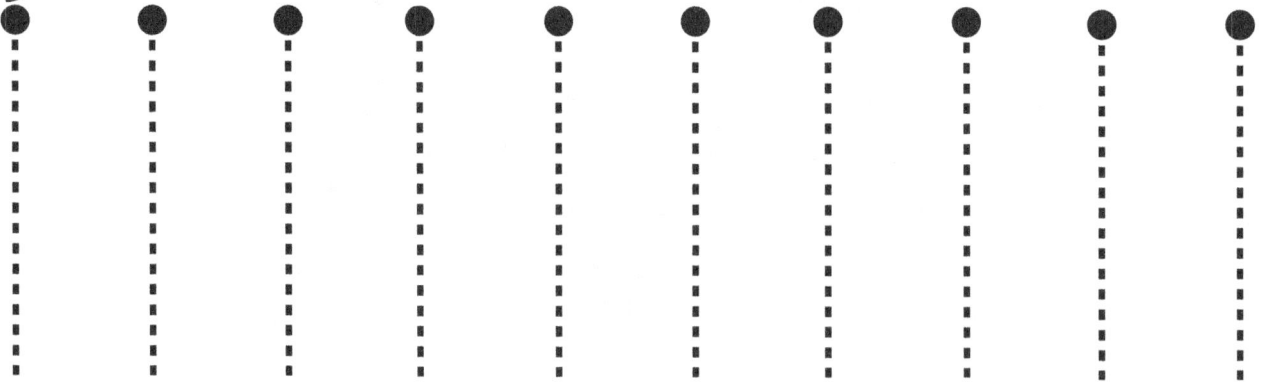

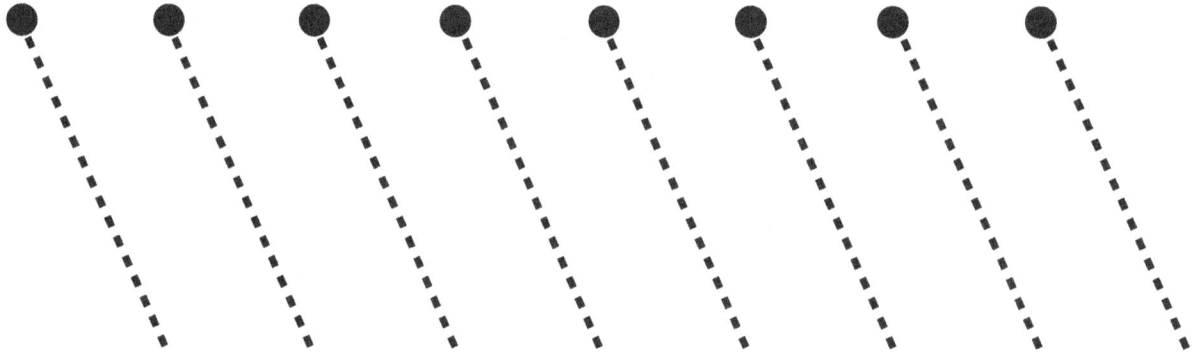

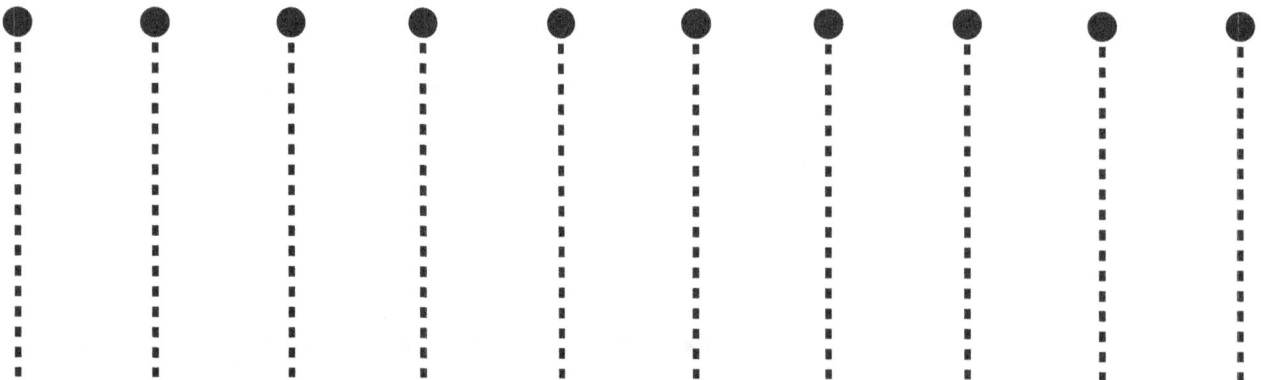

© KidsSoup, Inc.   ABC Twiggi

Mit dem Finger nachfahren

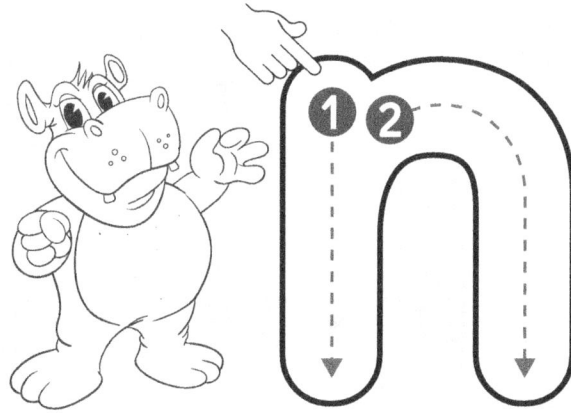

schreiben

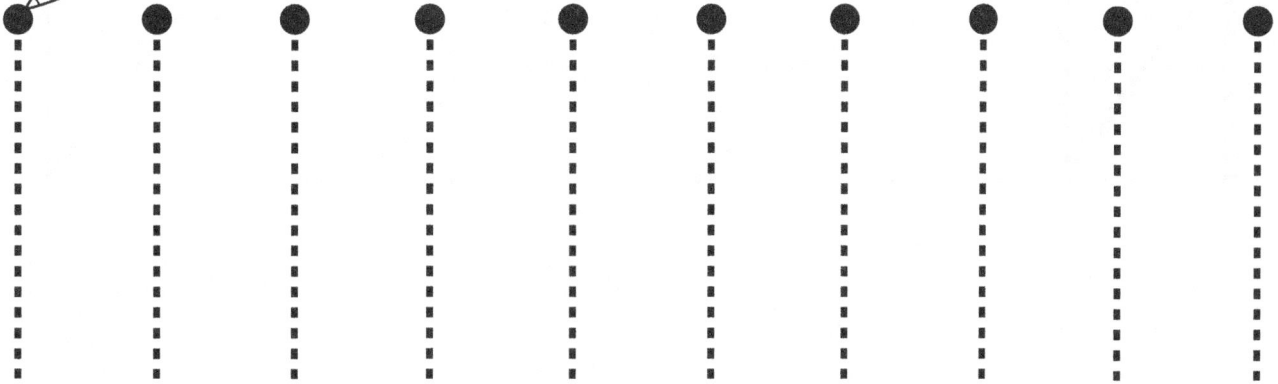

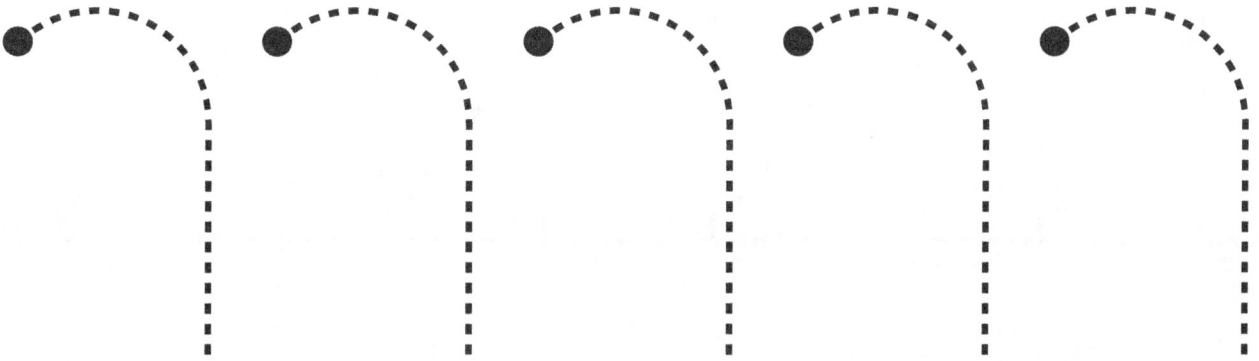

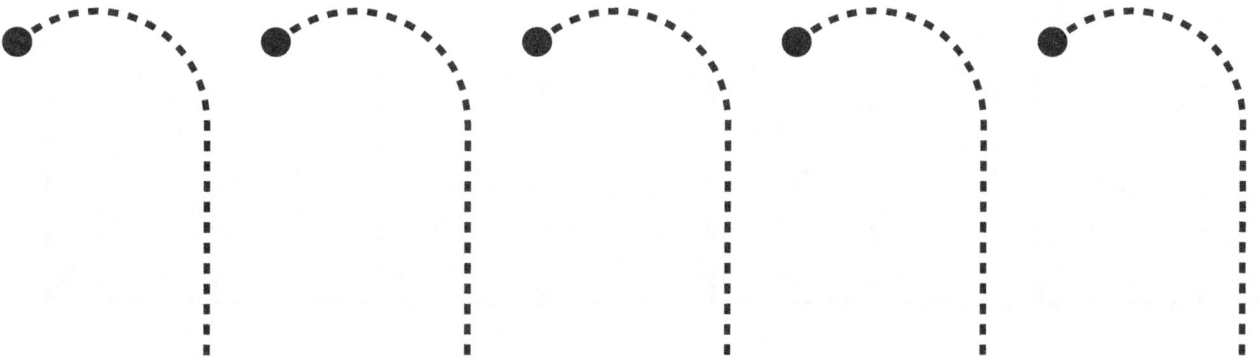

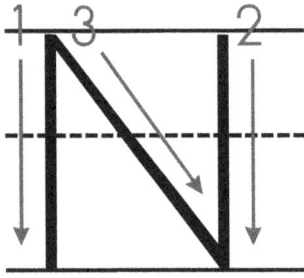

Nest

A B C D E F G H I J K L M **N** O P Q R S T U V W X Y Z

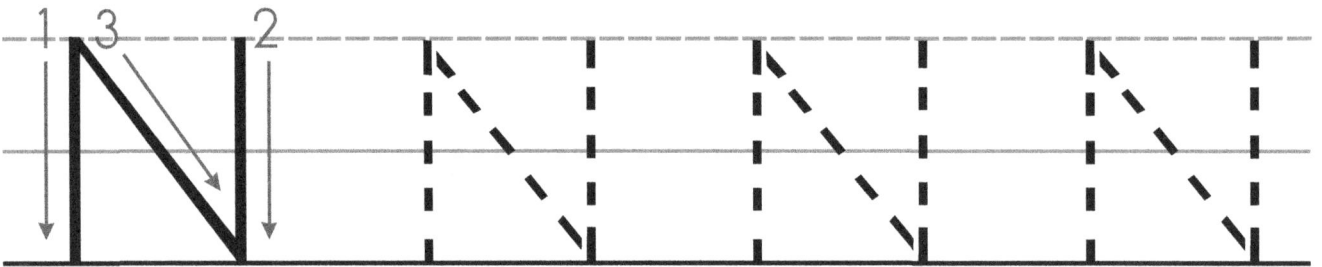

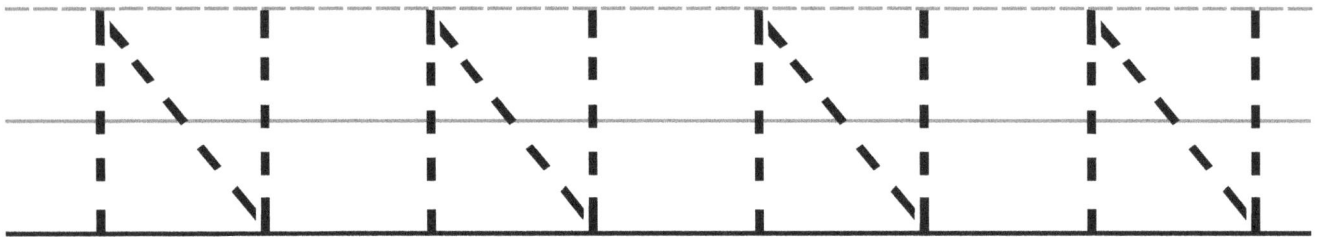

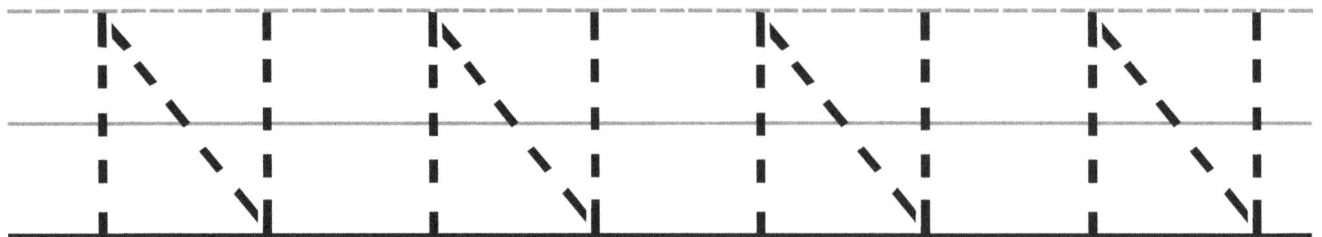

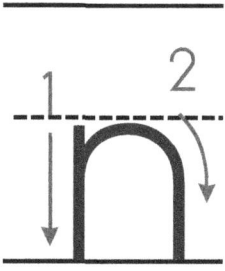

So**nn**e

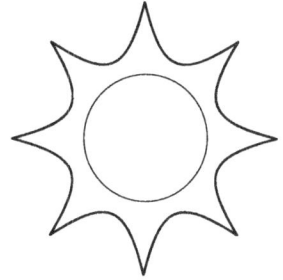

a b c d e f g h i j k l m **n** o p q r s t u v w x y z

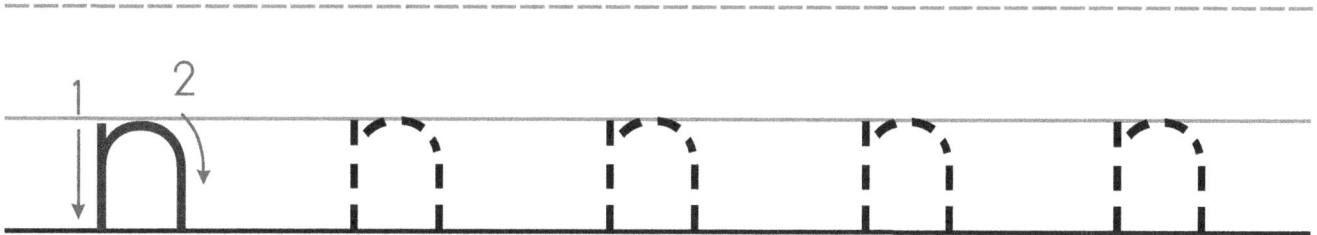

Schreibe den Buchstaben

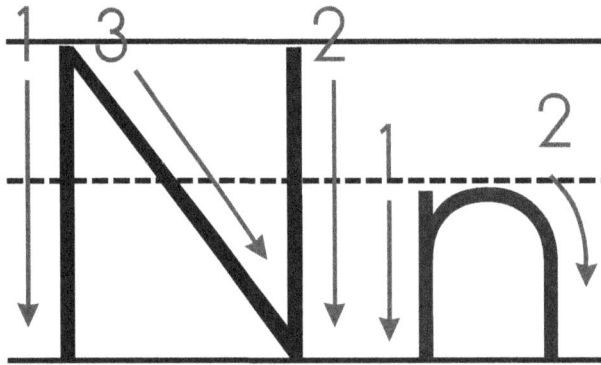

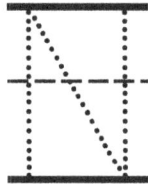

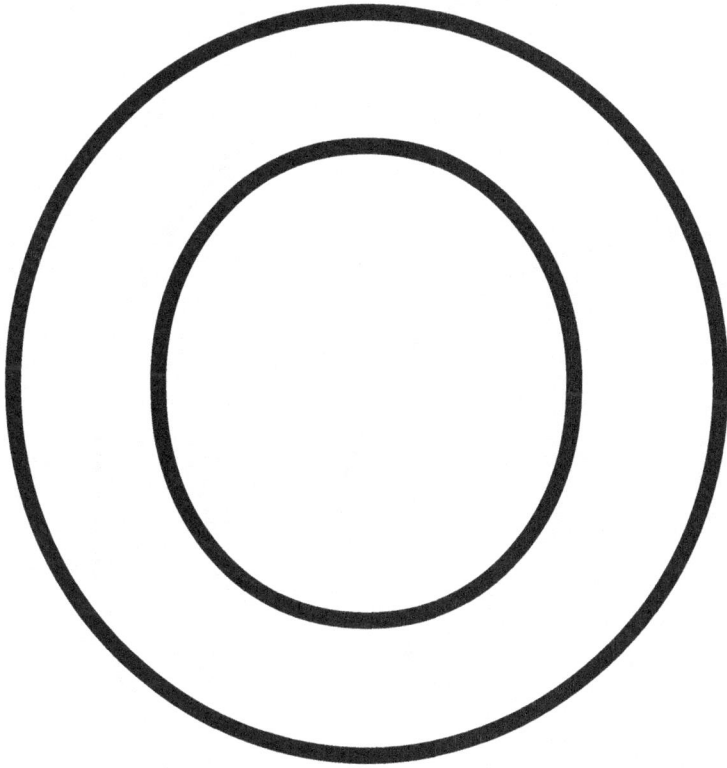

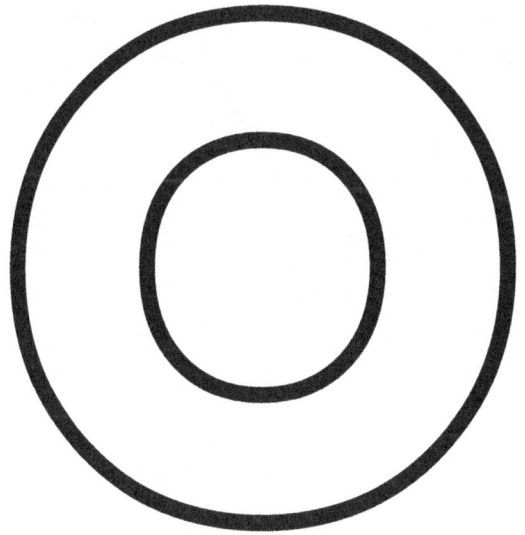

O o

Otter

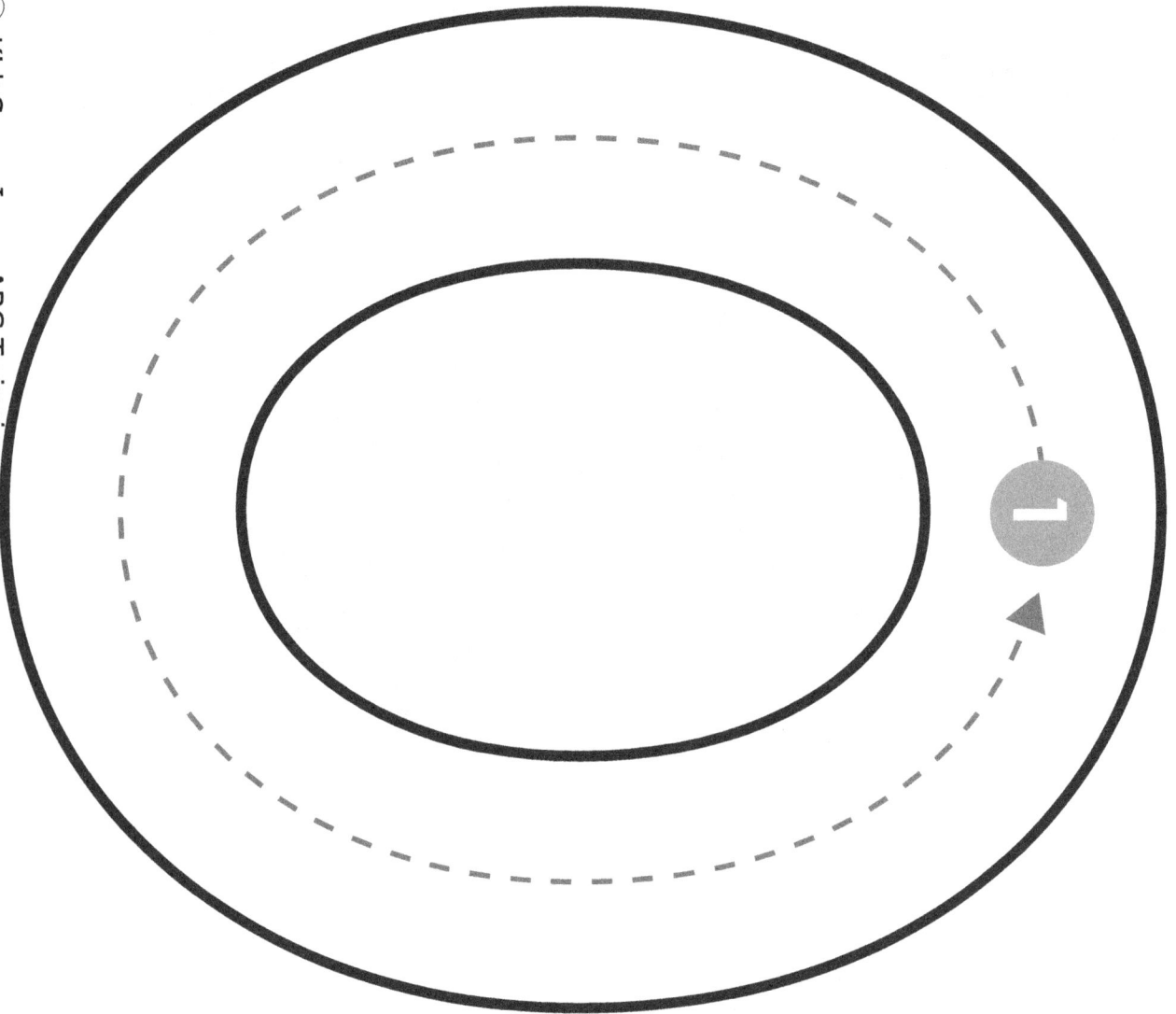

1

O wie Otter

o wie in Vogel

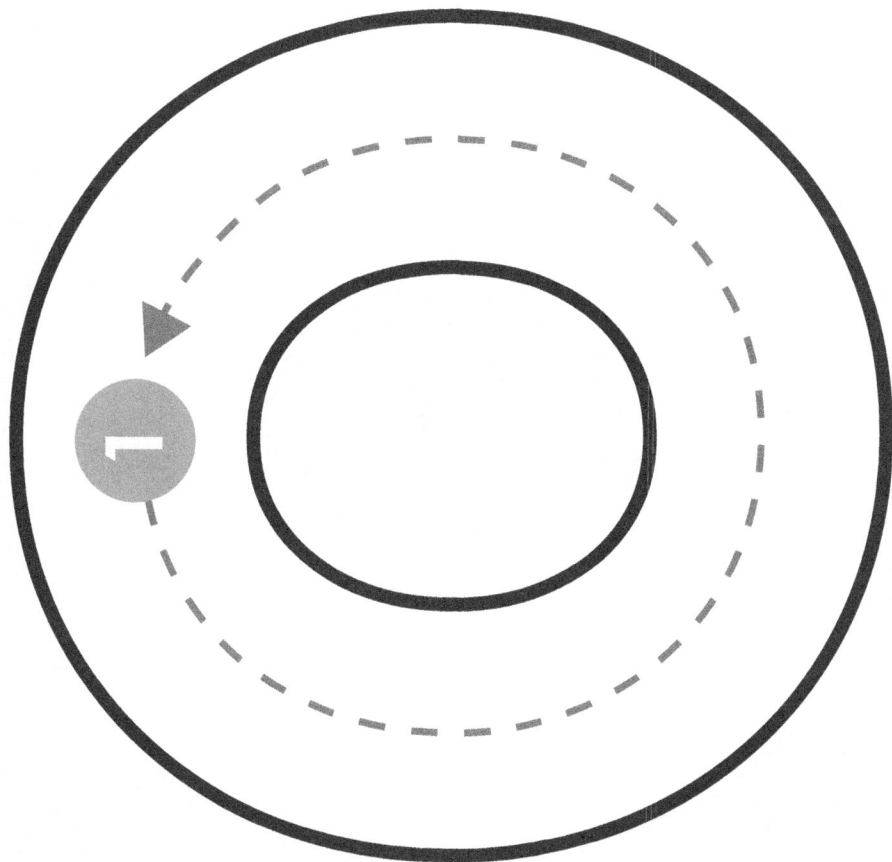

Mit dem Finger nachfahren

schreiben

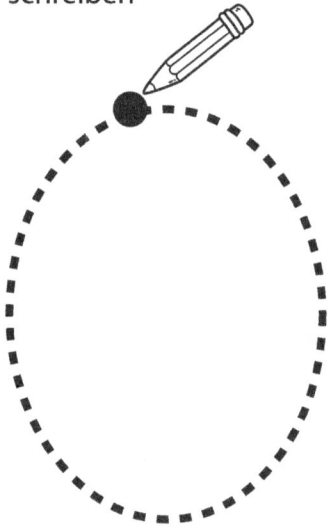 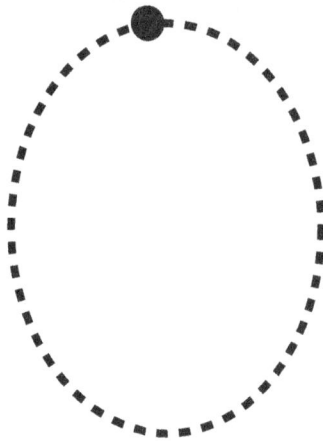 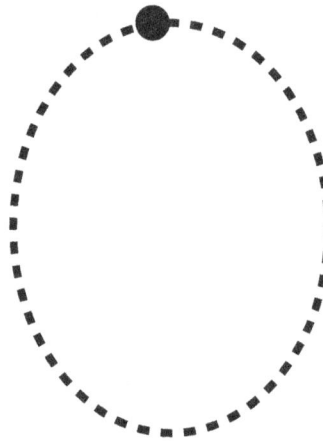 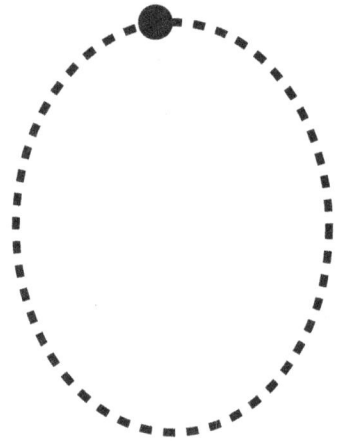

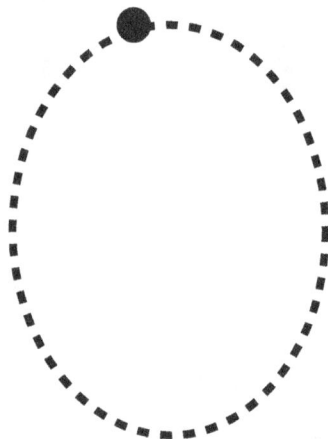 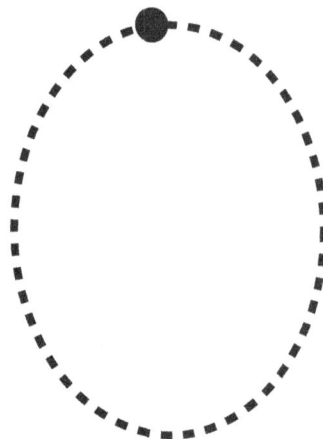 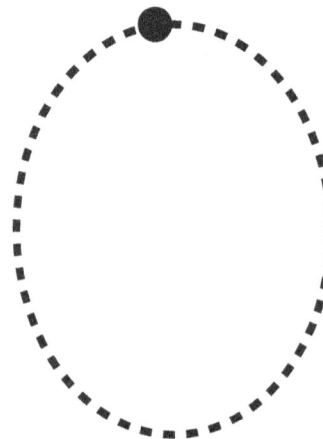 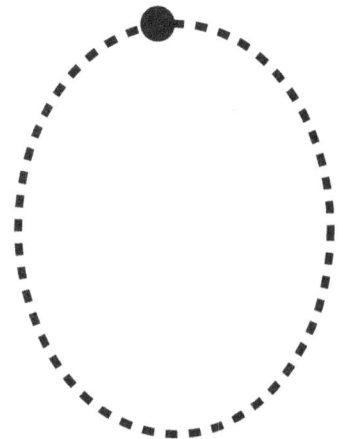

Mit dem Finger nachfahren

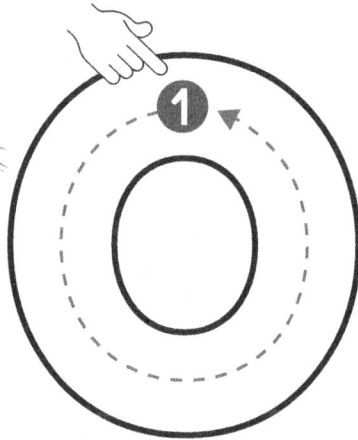

schreiben

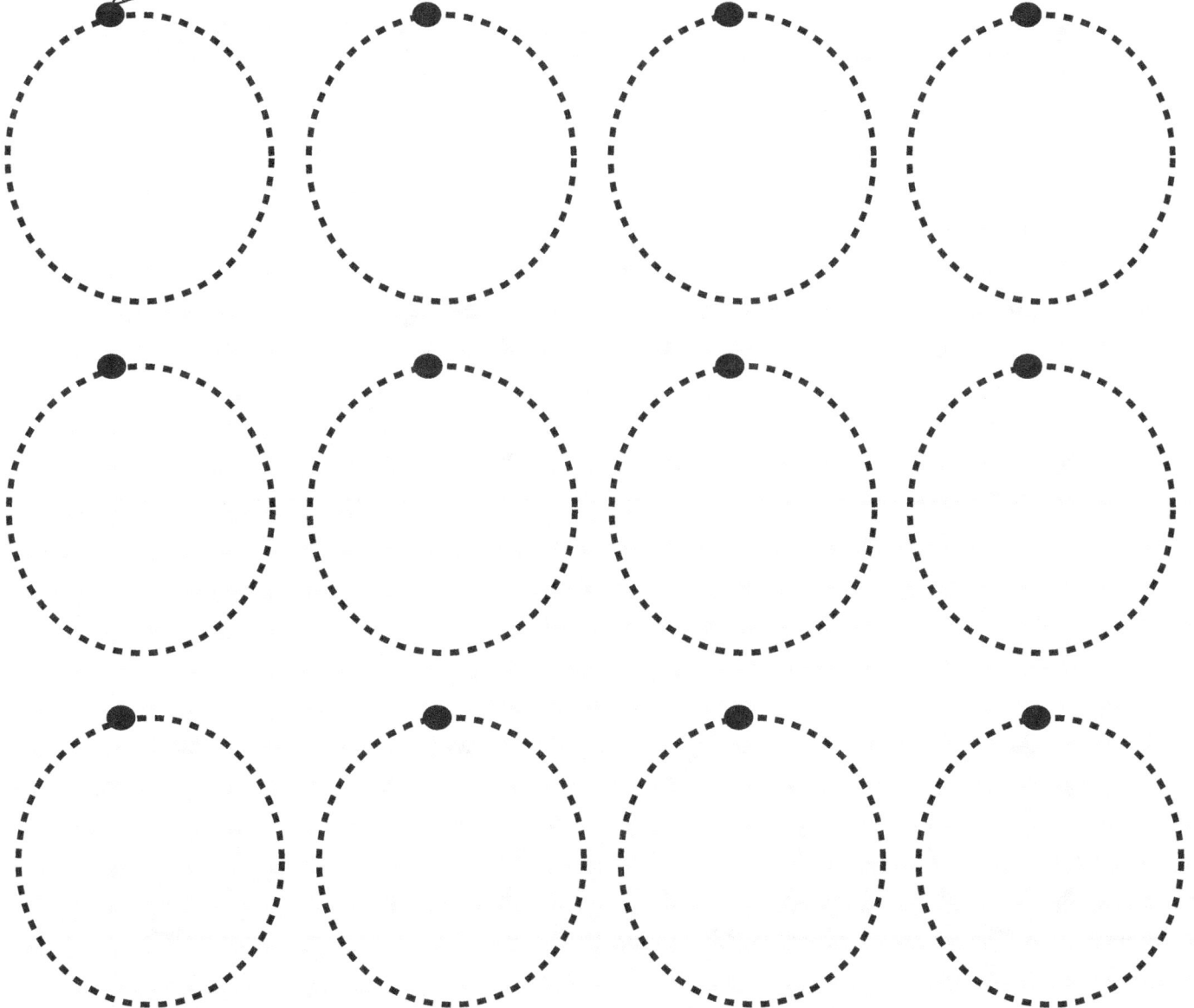

Otter

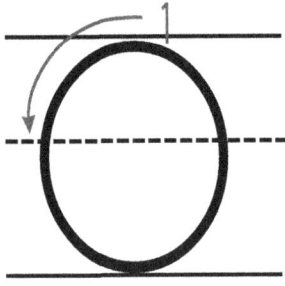

A B C D E F G H I J K L M N **O** P Q R S T U V W X Y Z

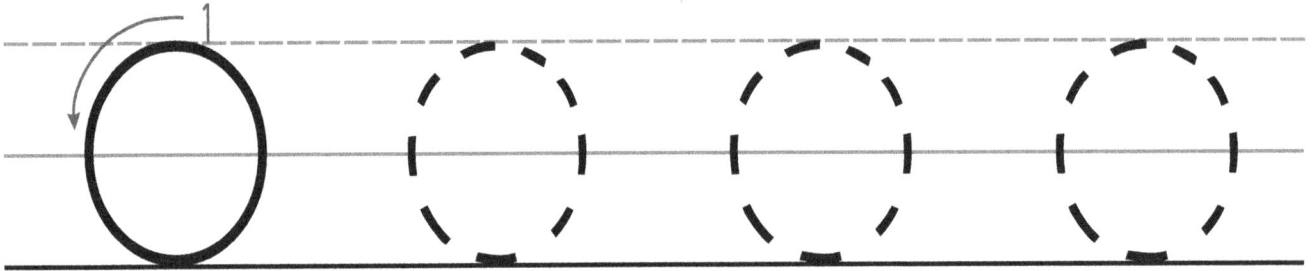

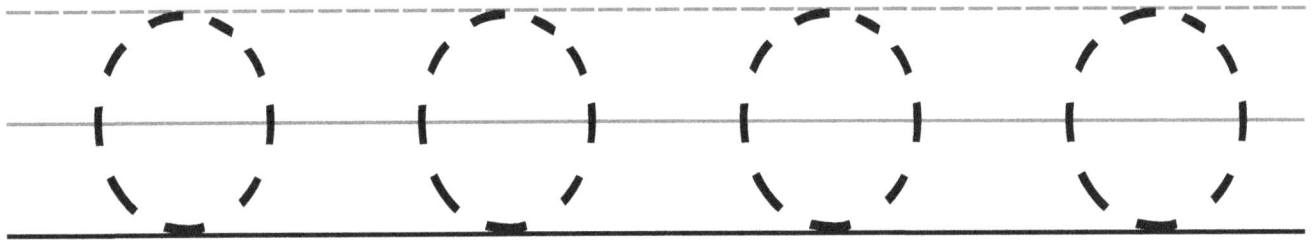

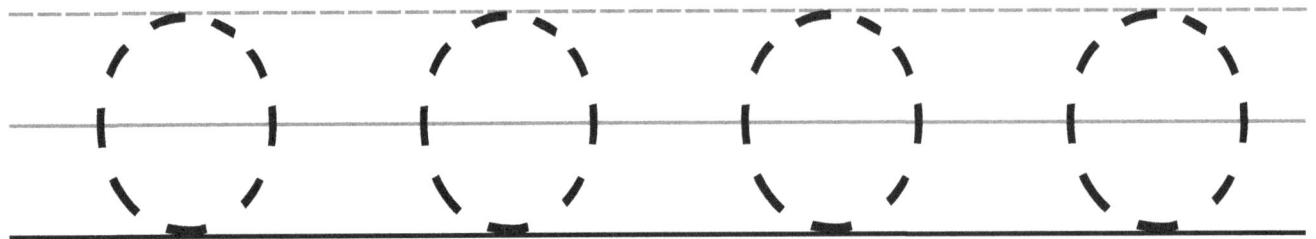

122

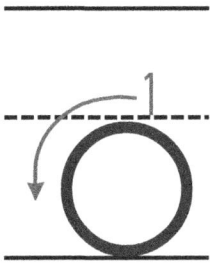

V**o**gel

abcdefghijklmn**o**pqrstuvwxyz

Schreibe den Buchstaben

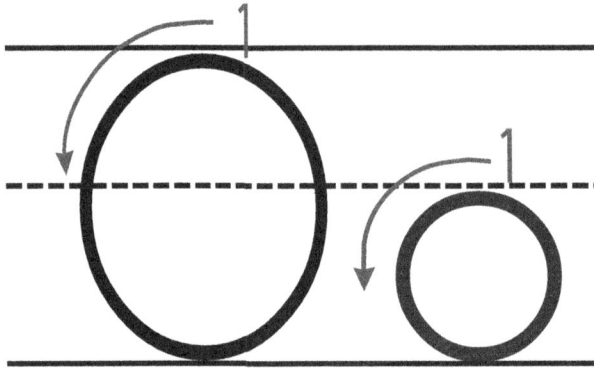

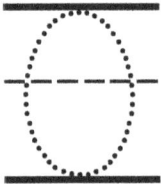

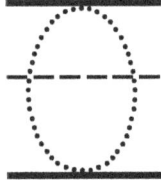

P p

Papagei

ABC Twiggi 125

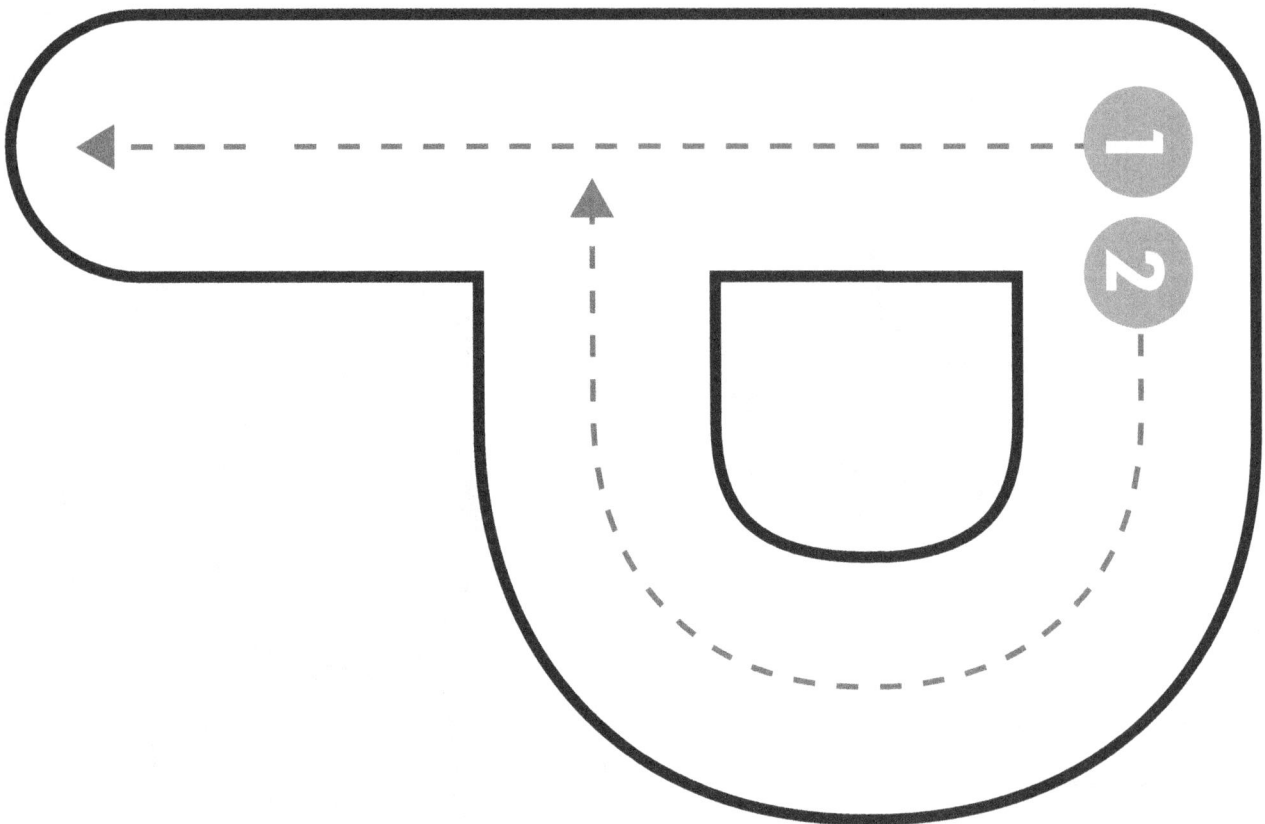

P wie Papagei

p wie in Lampe

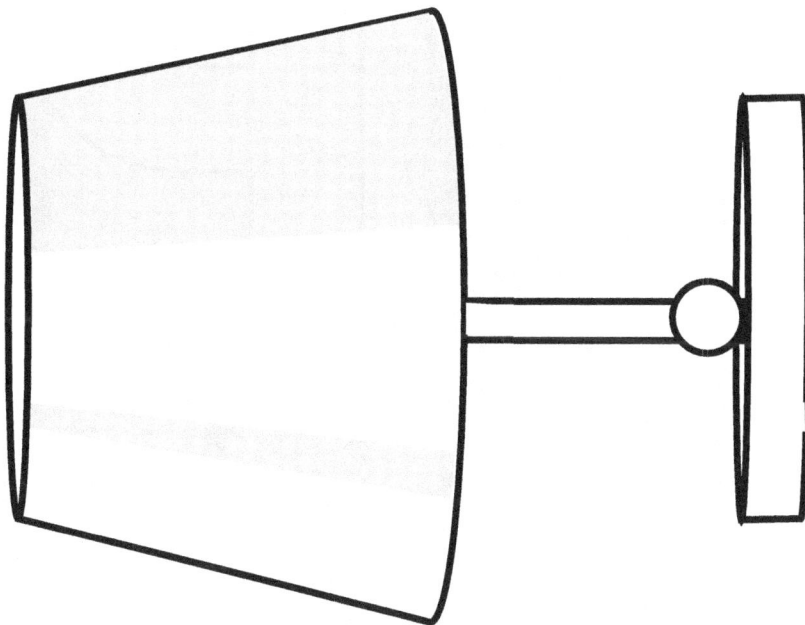

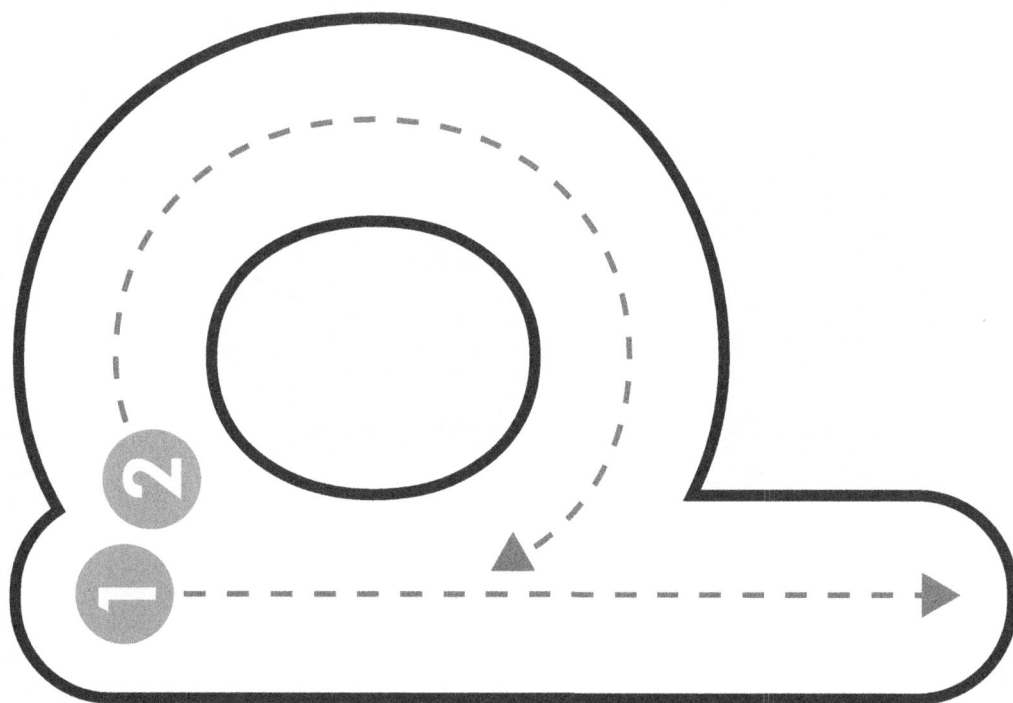

Mit dem Finger nachfahren

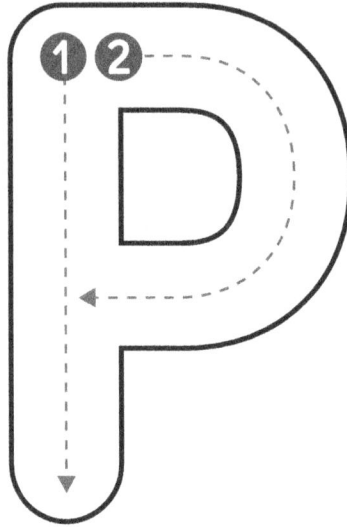

schreiben

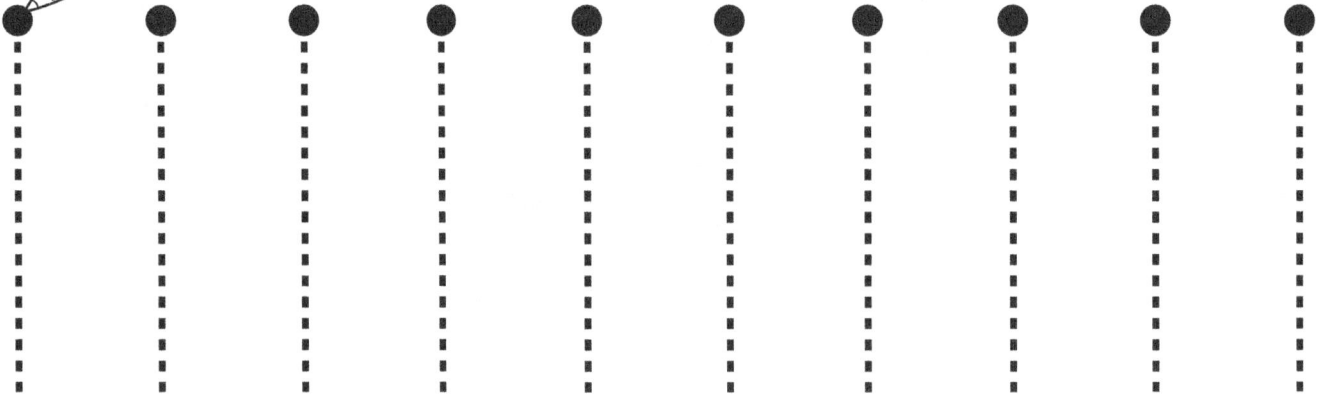

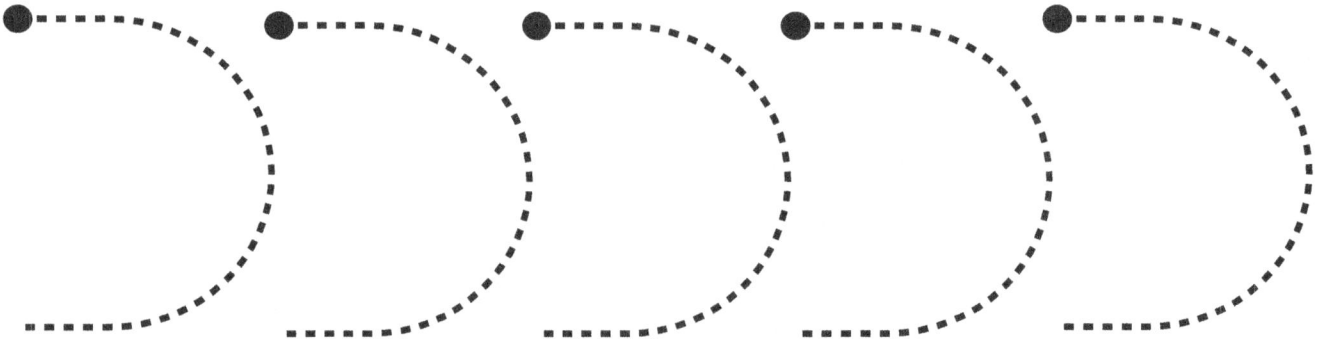

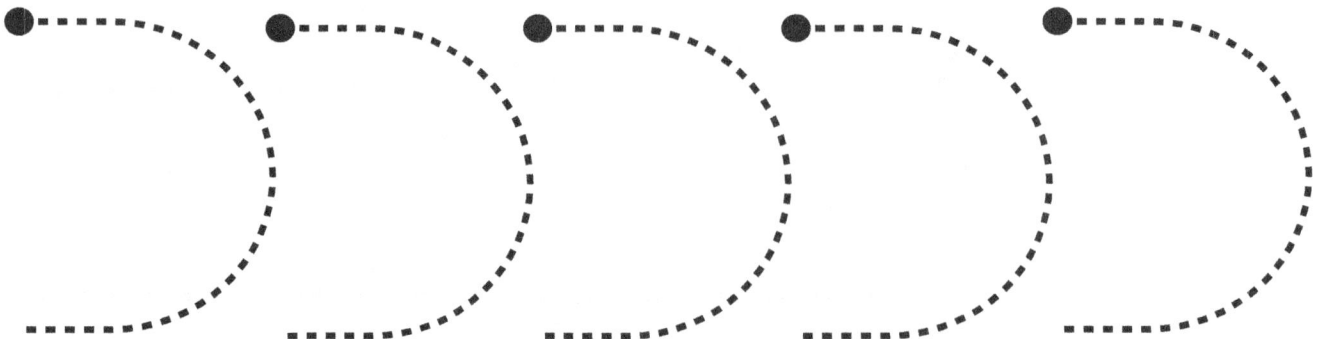

© KidsSoup, Inc.   ABC Twiggi

Mit dem Finger nachfahren

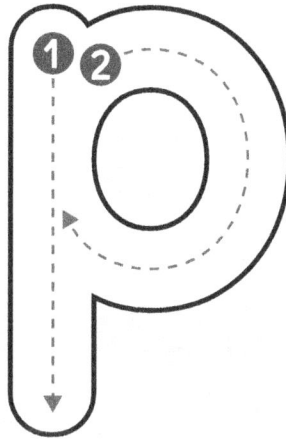

schreiben

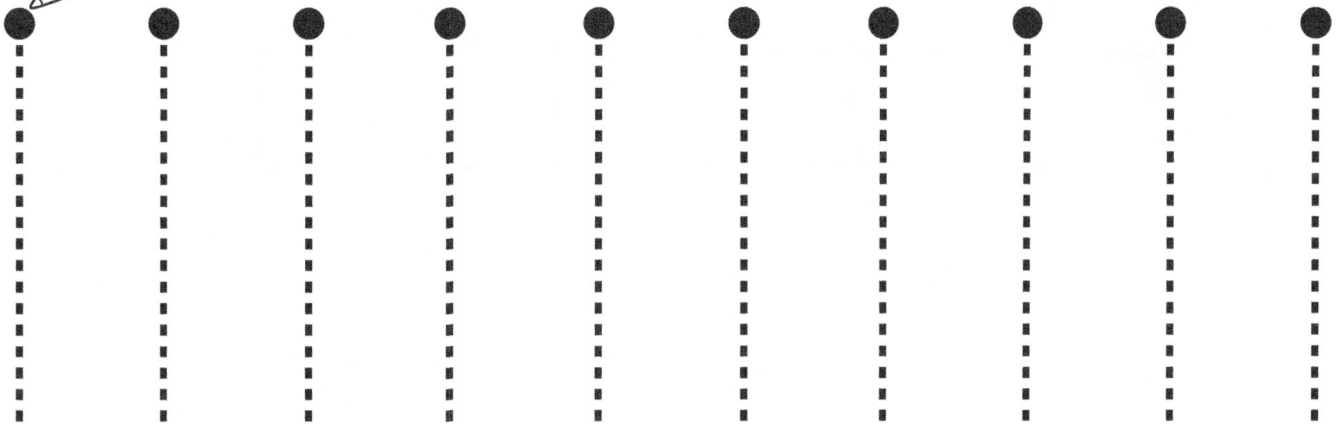

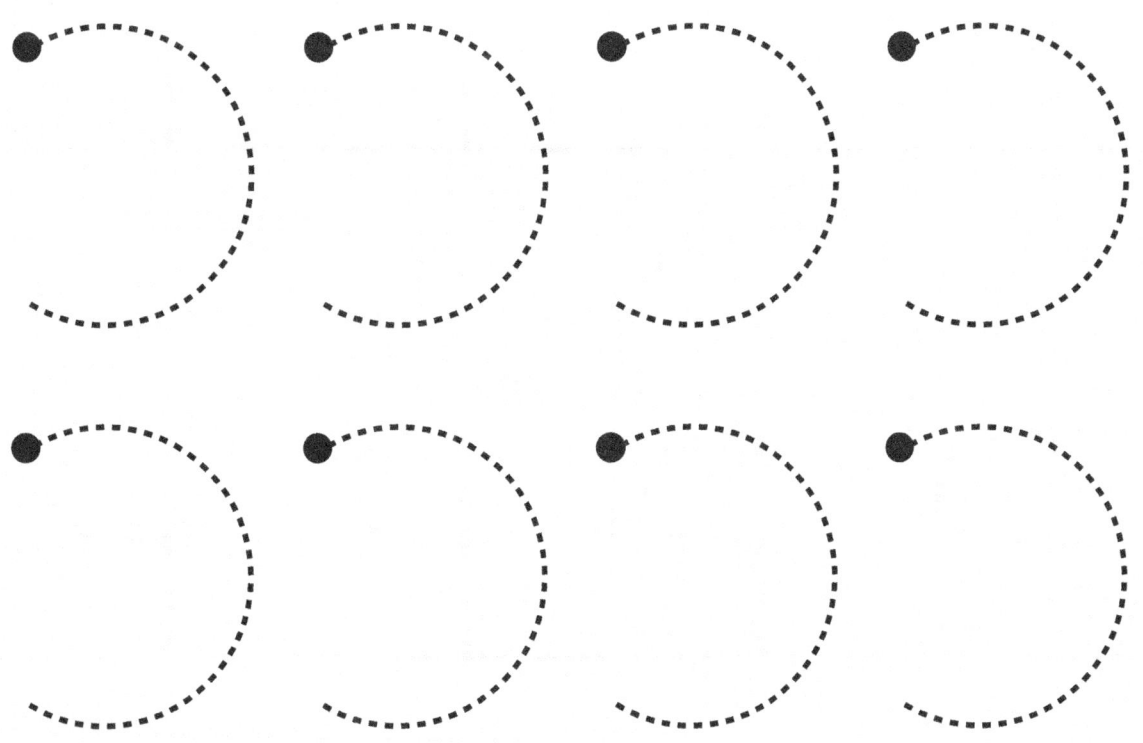

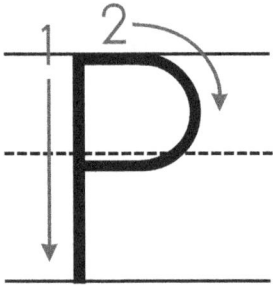

P

Papagei

A B C D E F G H I J K L M N O **P** Q R S T U V W X Y Z

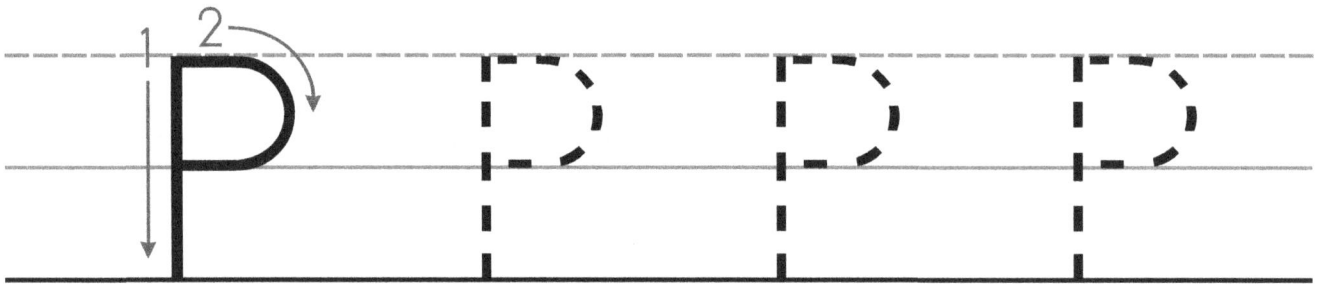

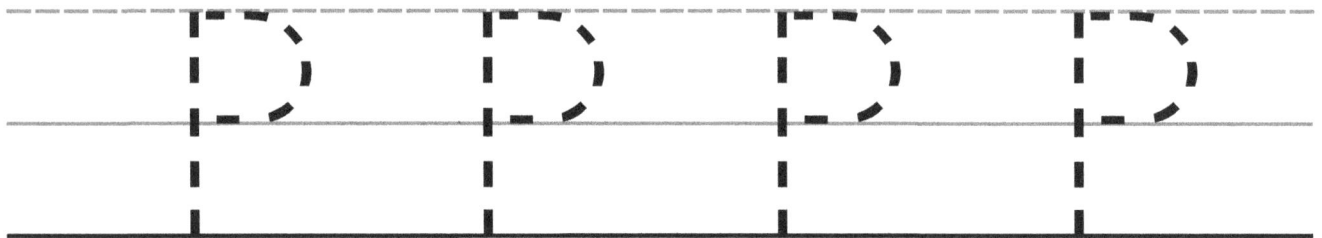

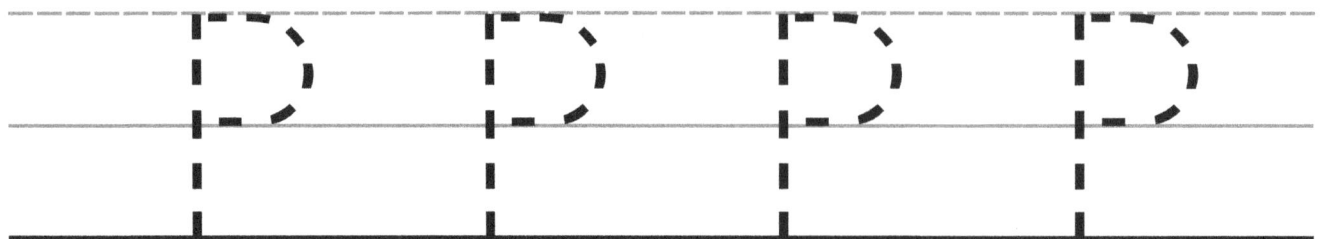

P P P P

P P P P

P P P P

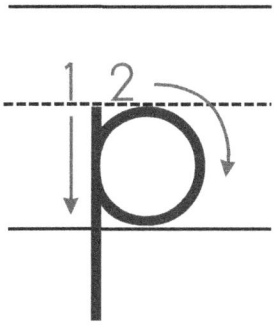

Lam**p**e

abcdefghijklmno**p**qrstuvwxyz

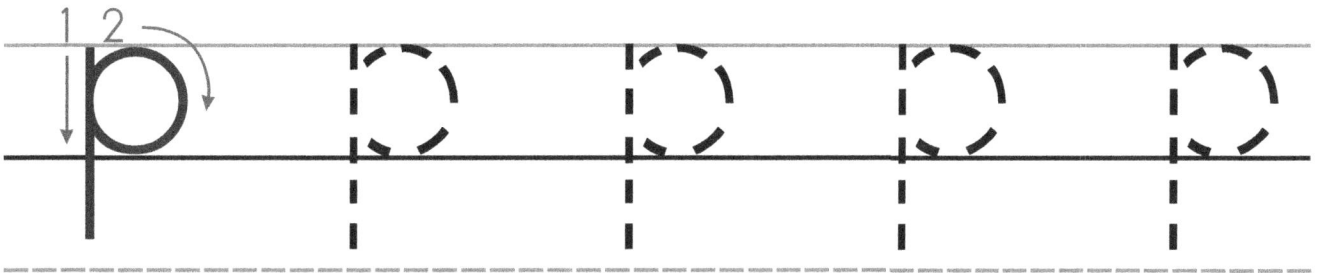

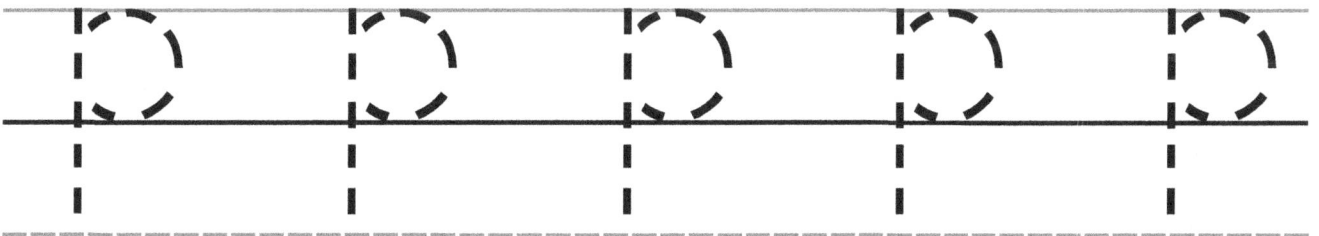

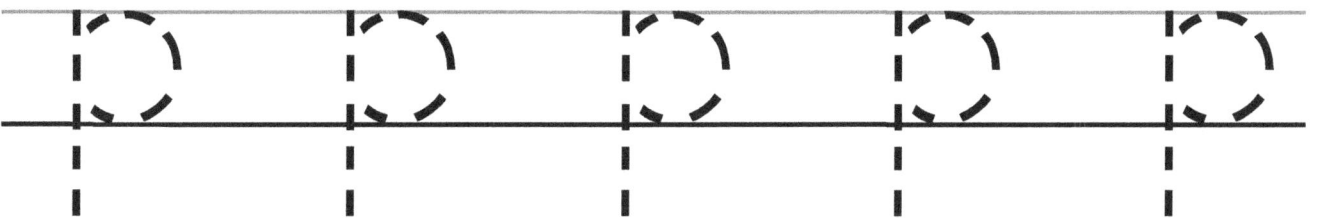

Schreibe den Buchstaben

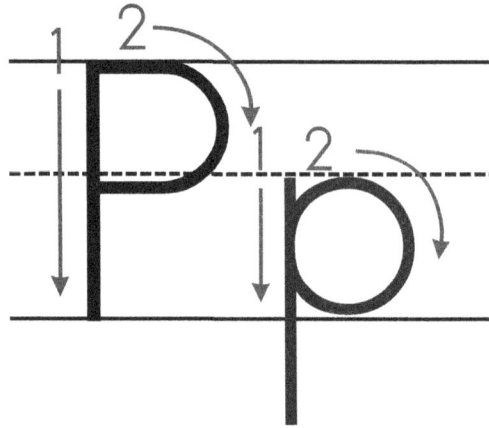

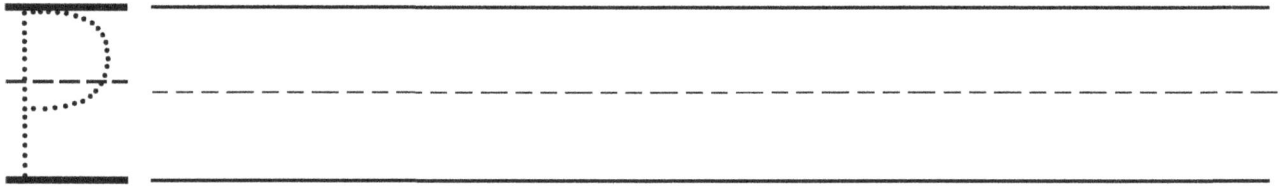

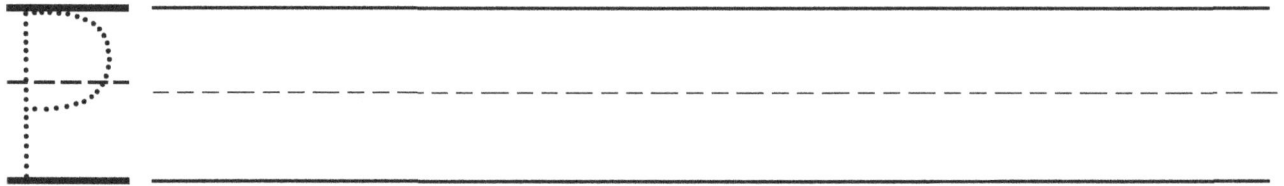

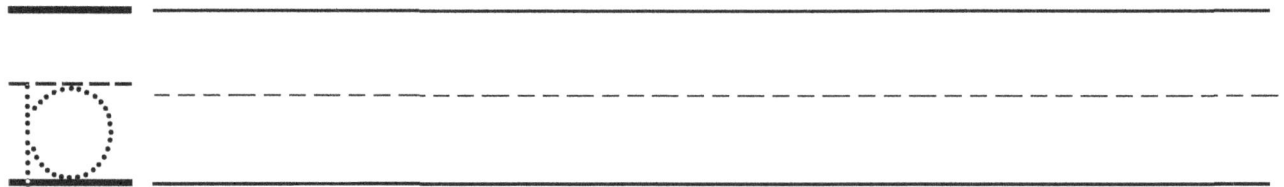

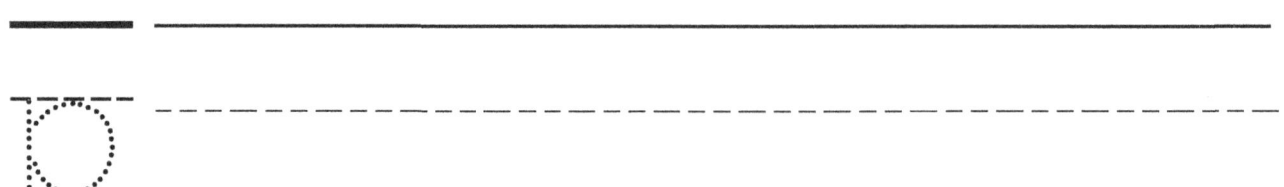

P p

Qq

Qualle

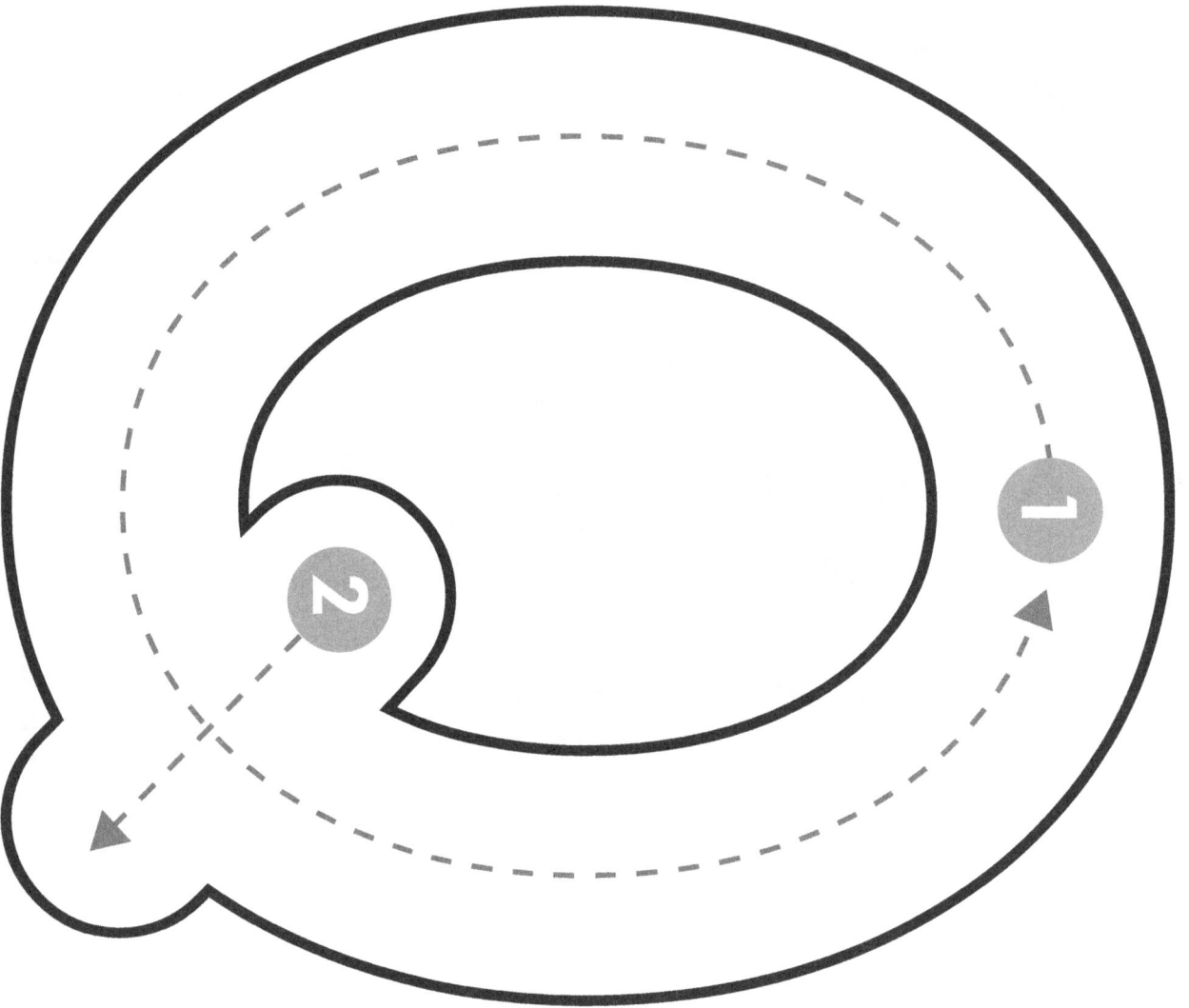

Q wie Qualle

q wie in quaken

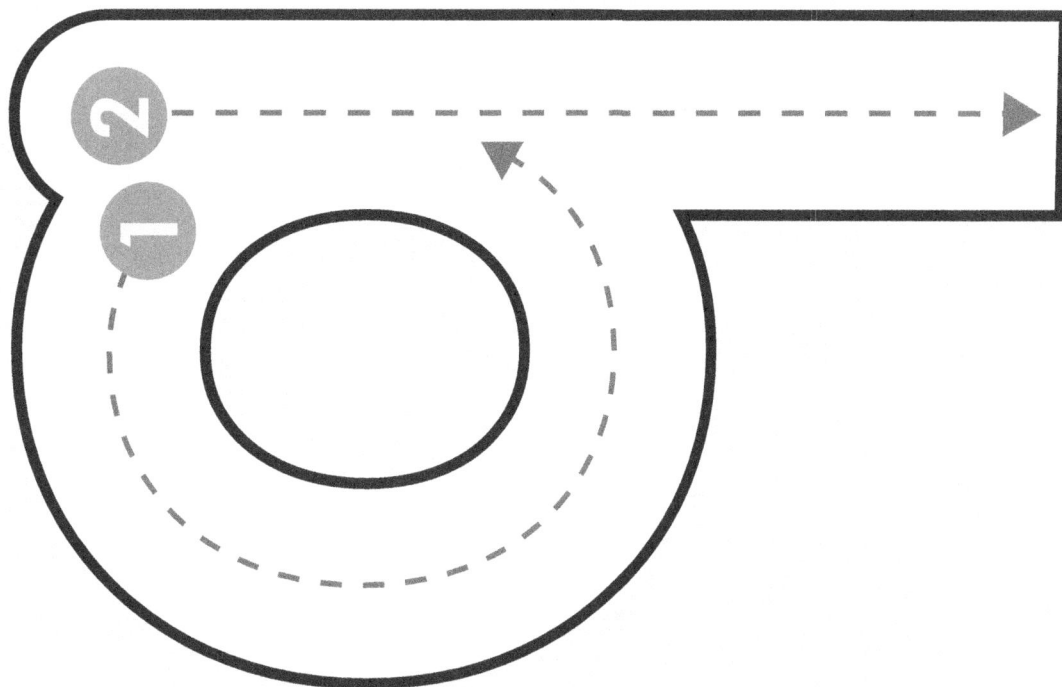

quak
quak
quak

1
2
1

Mit dem Finger nachfahren

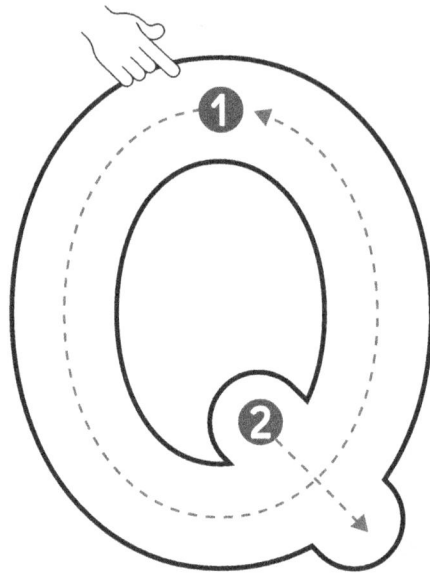

schreiben

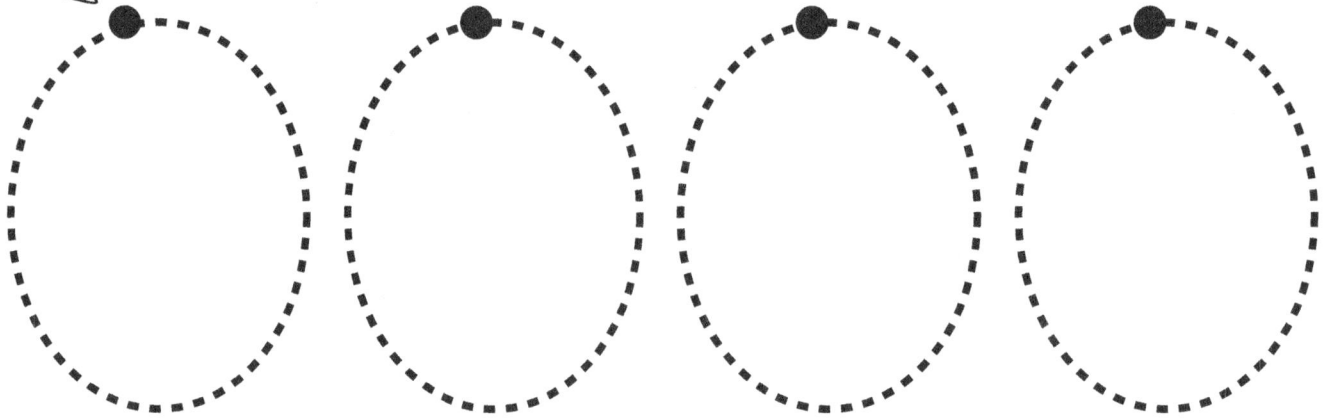

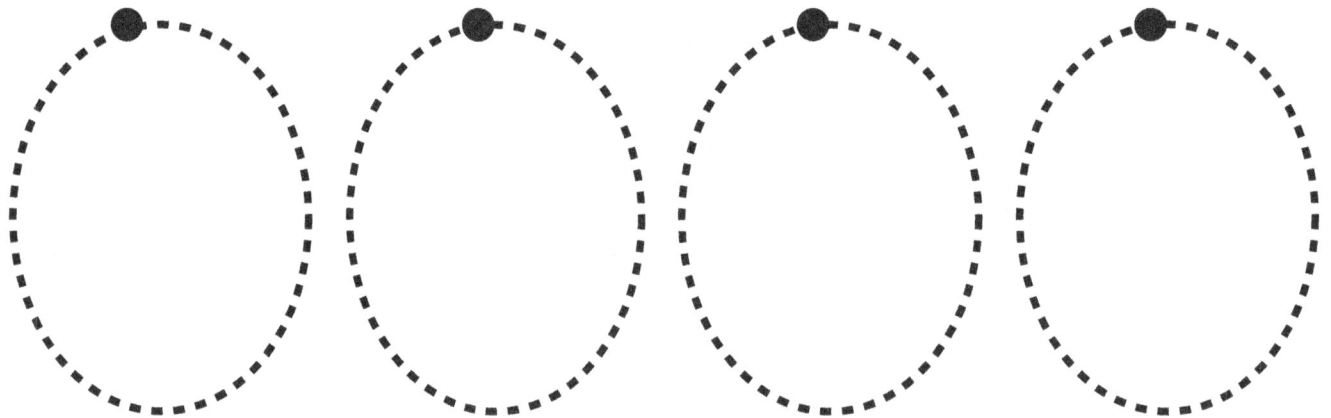

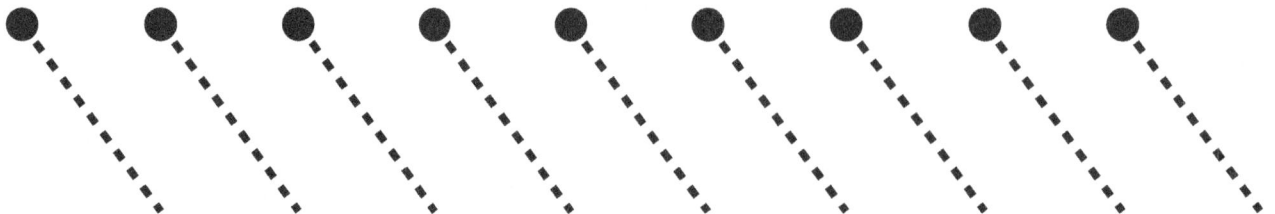

Mit dem Finger nachfahren

 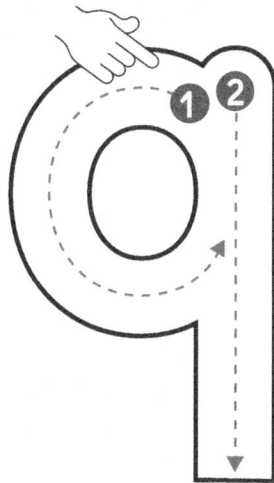 

schreiben

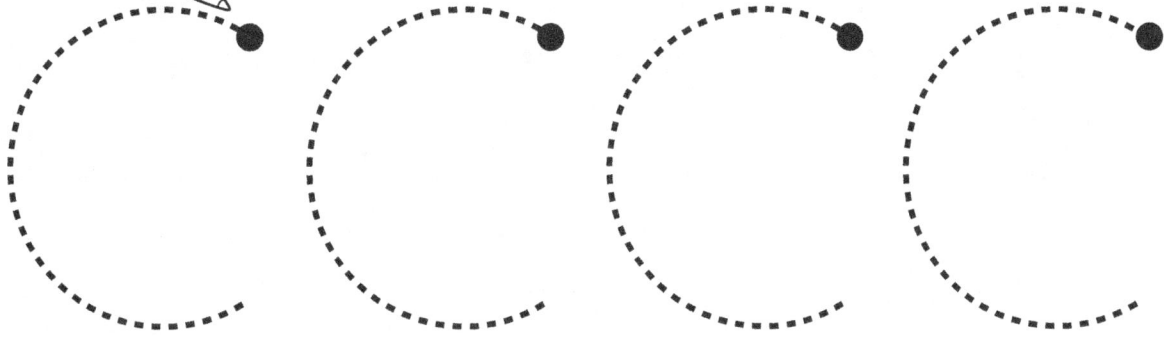

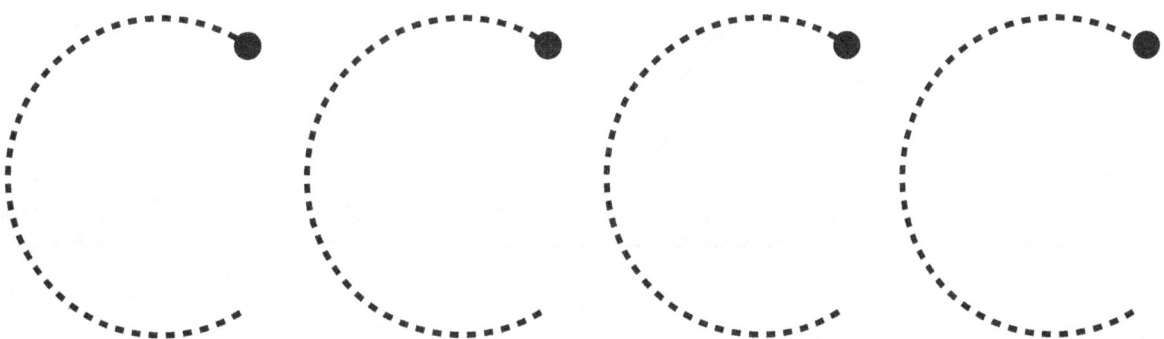

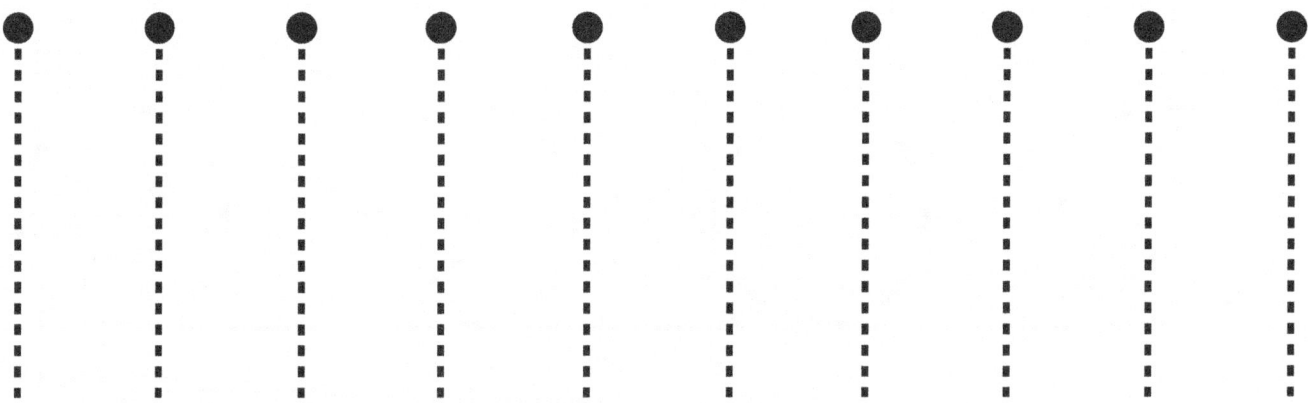

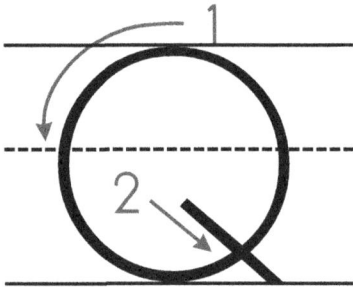

Qualle

ABCDEFGHIJKLMNOP**Q**RSTUVWXYZ

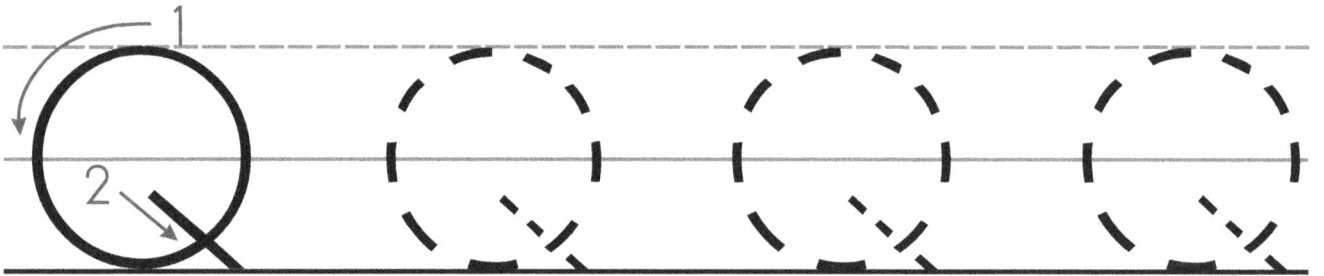

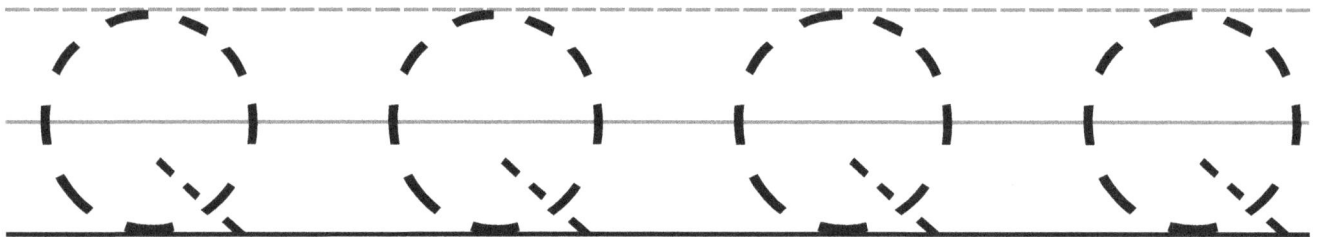

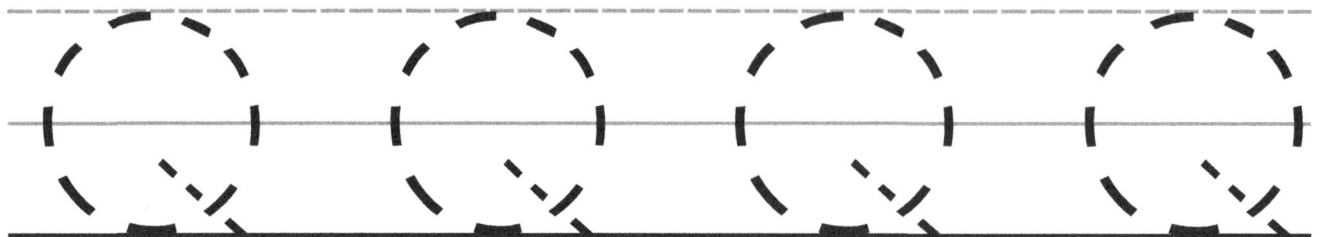

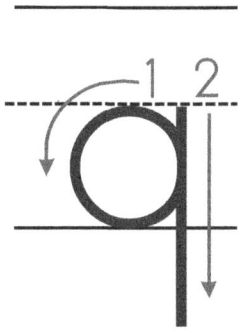

quaken

abcdefghijklmnop**q**rstuvwxyz

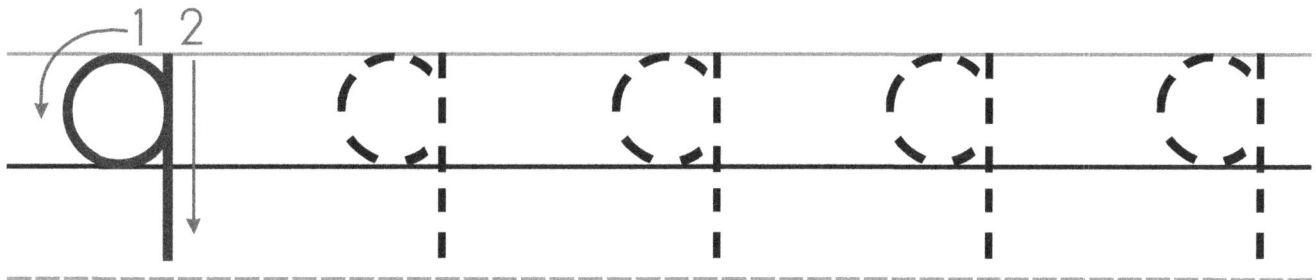

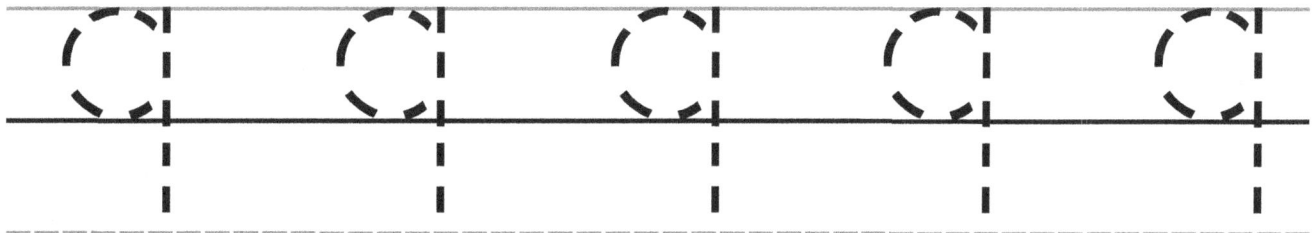

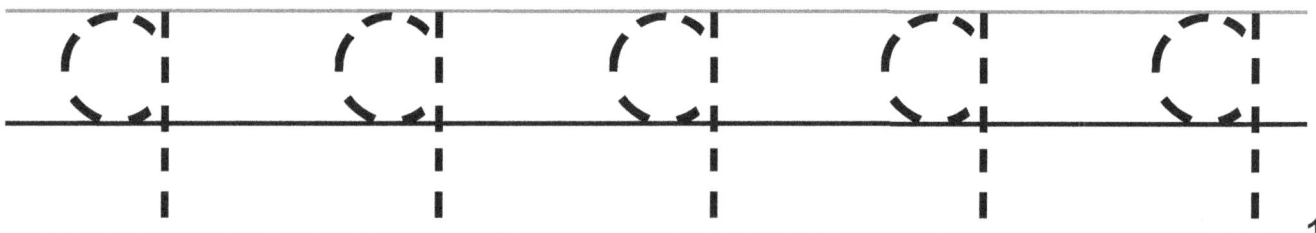

Schreibe den Buchstaben

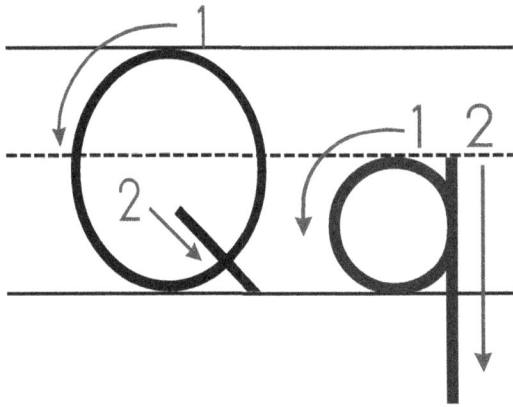

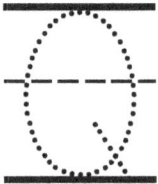

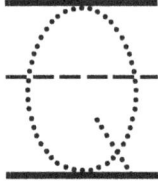

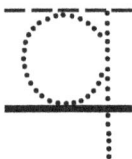

Rr

Roboter

ABC Twiggi 141

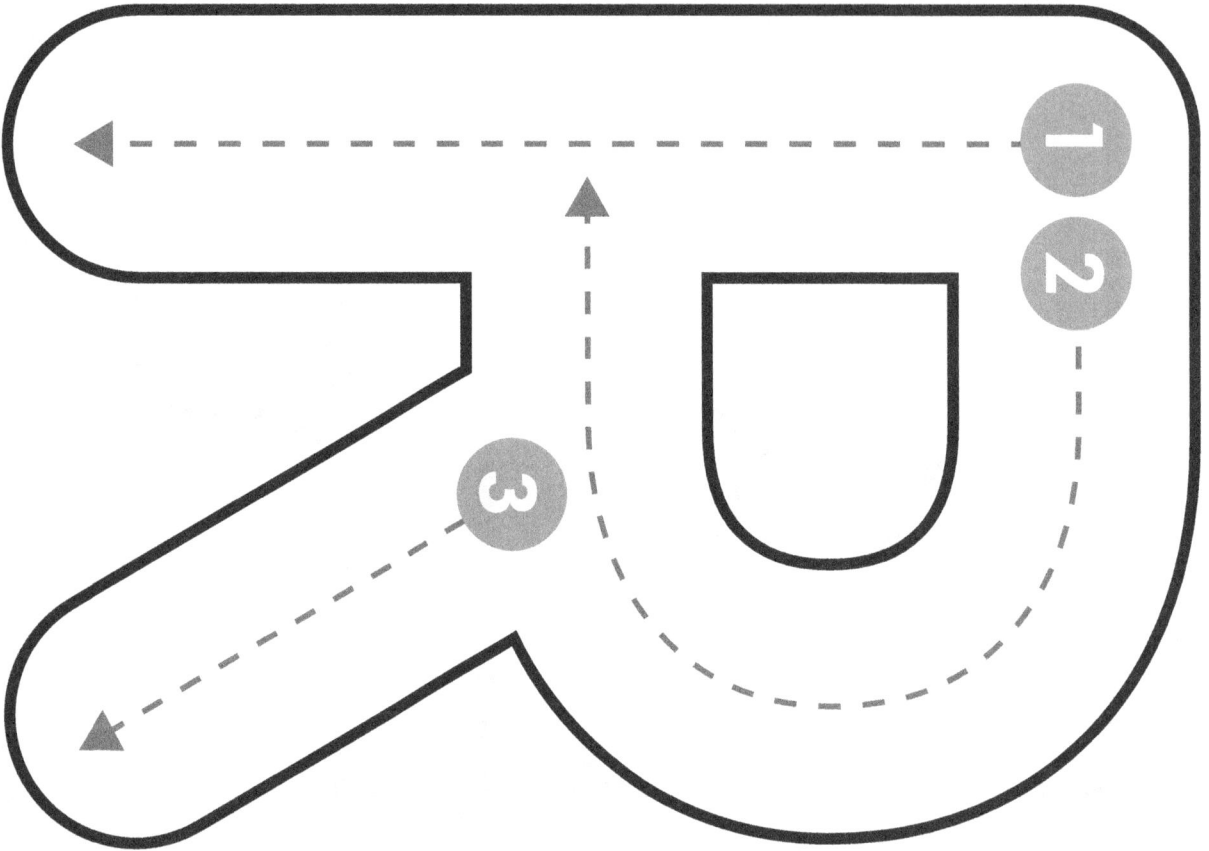

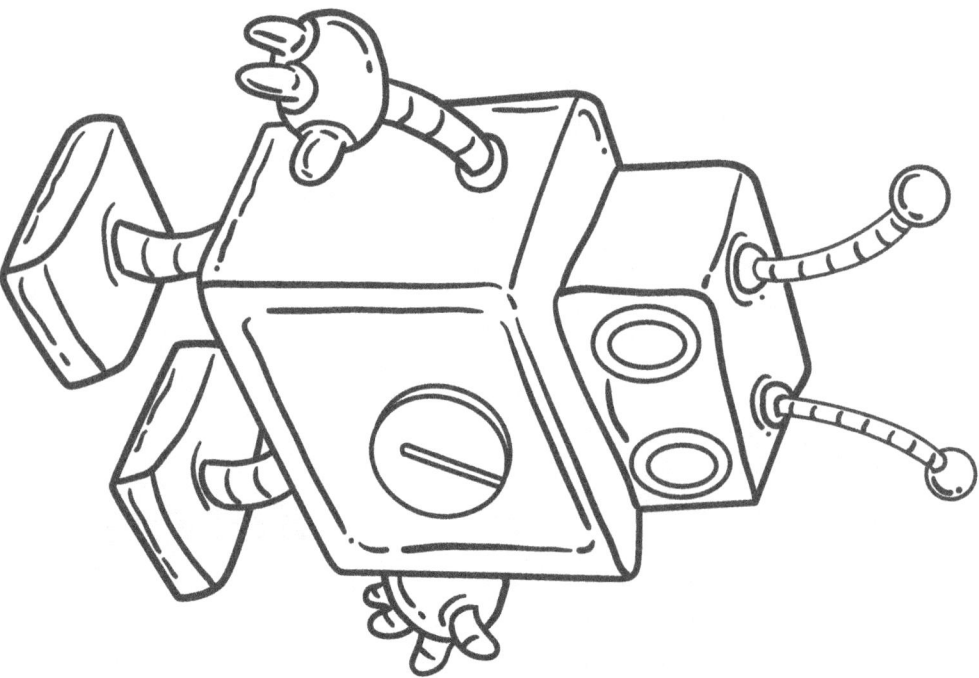

R **wie** **Roboter**

r wie in Pirat

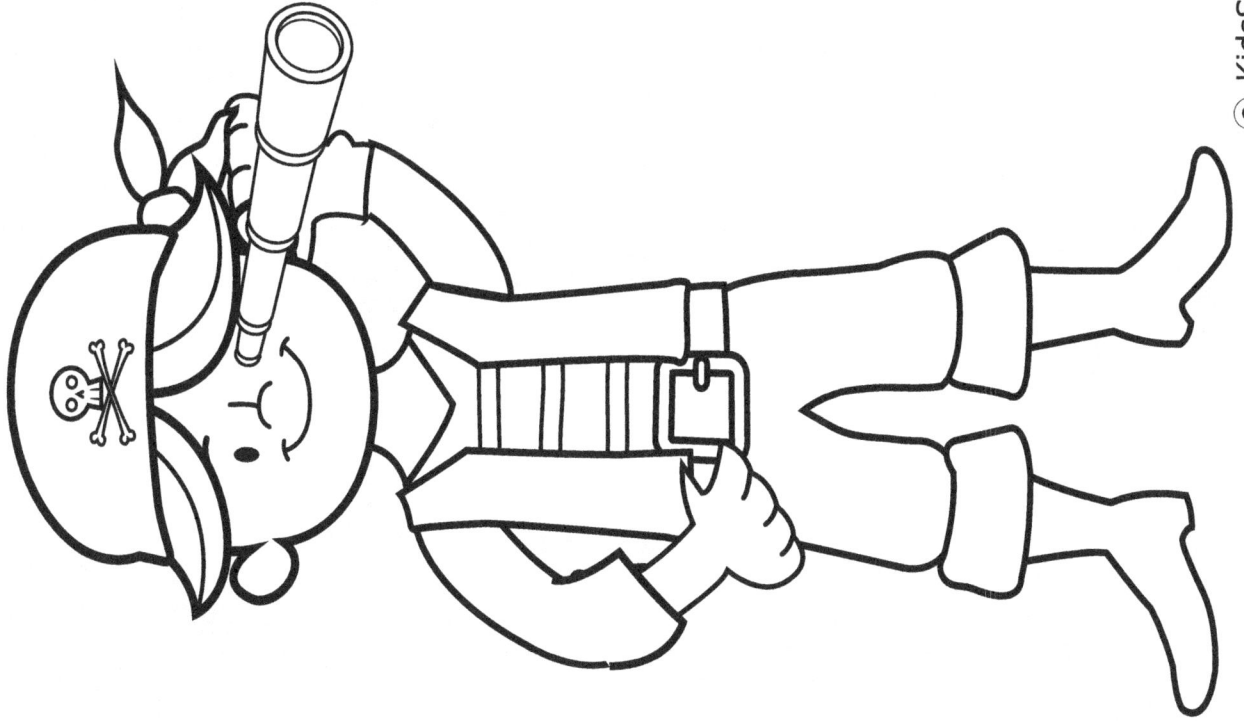

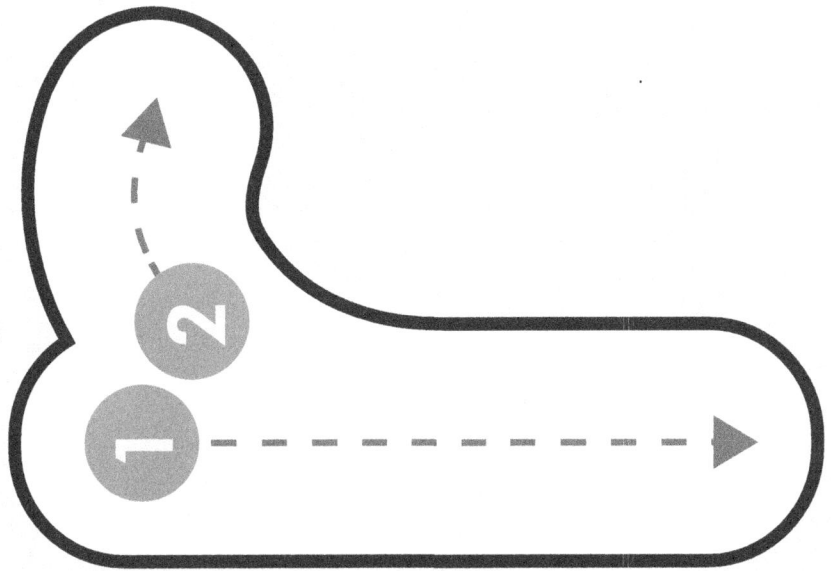

Mit dem Finger nachfahren

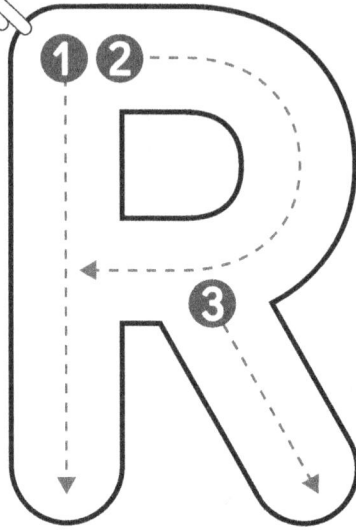

schreiben

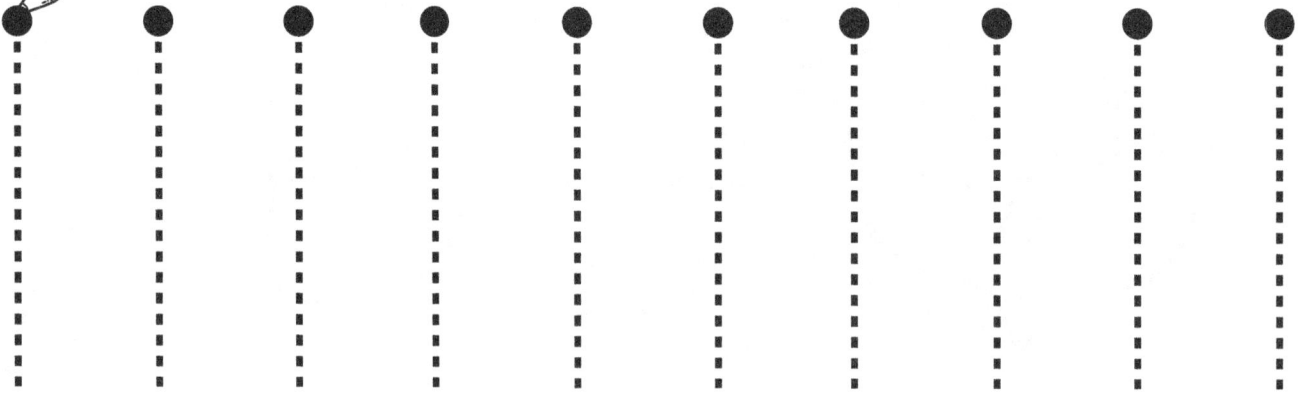

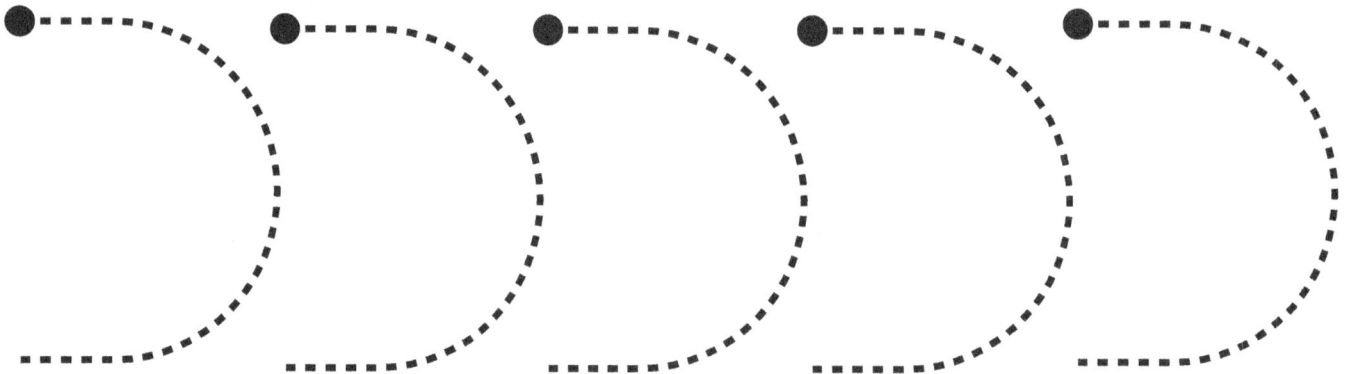

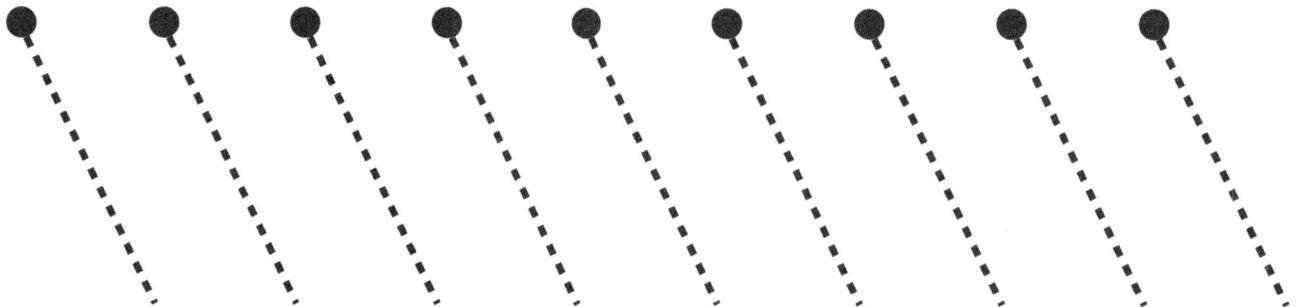

Mit dem Finger nachfahren

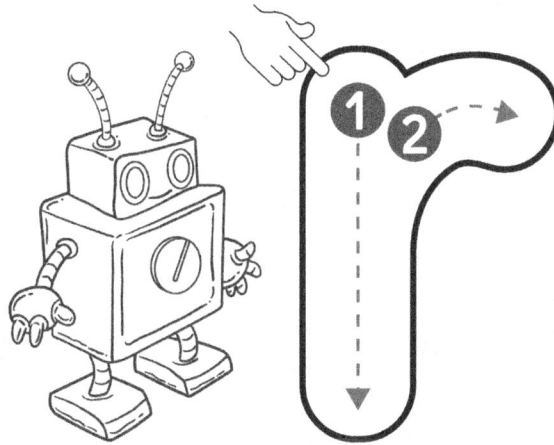

schreiben

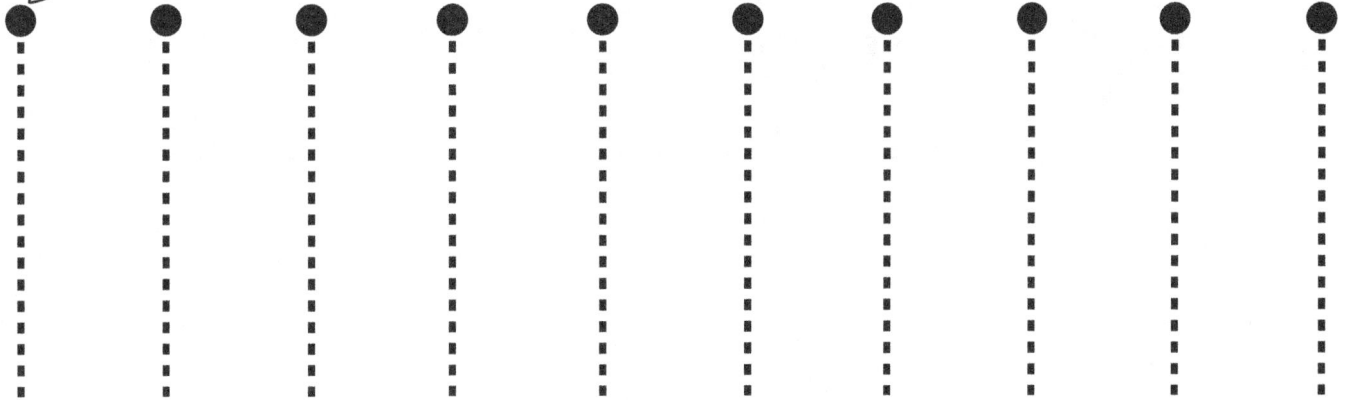

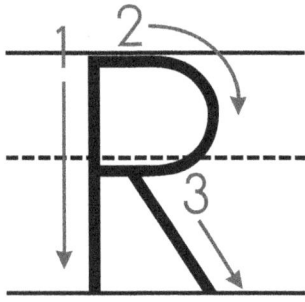

Roboter

ABCDEFGHIJKLMNOPQ**R**STUVWXYZ

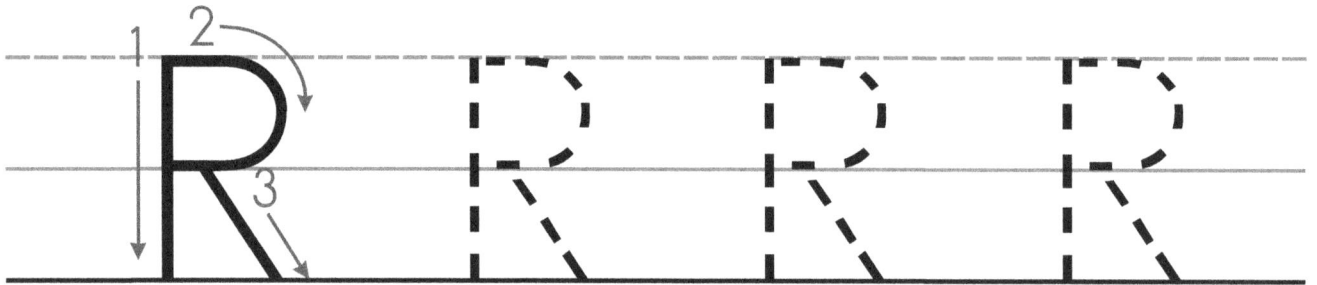

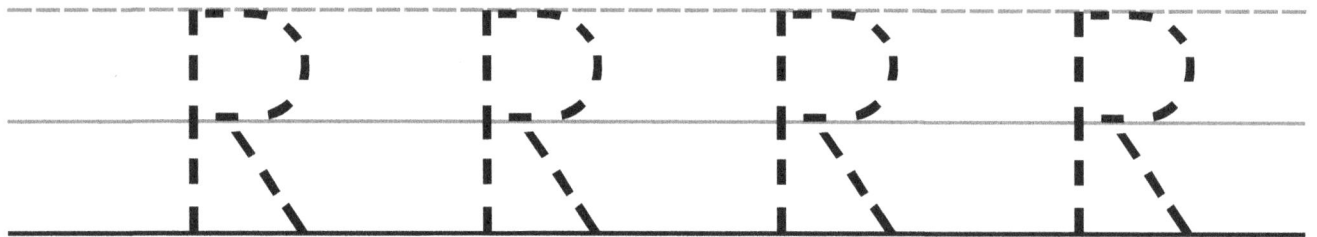

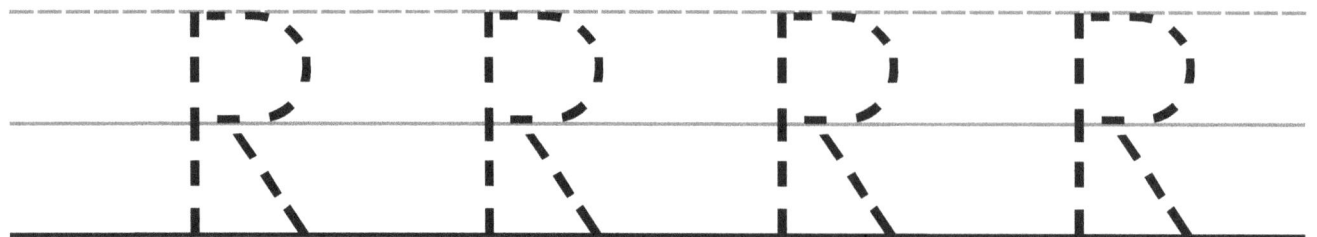

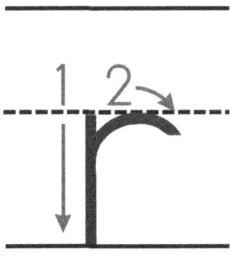

abcdef ghijklmnopq**r**stuvwxyz

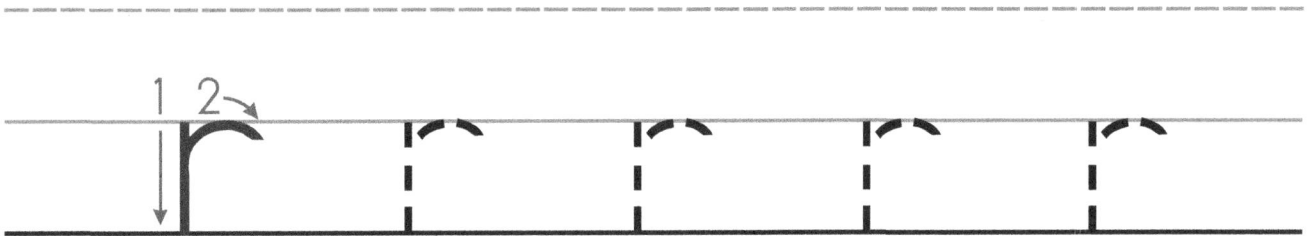

147

Schreibe den Buchstaben

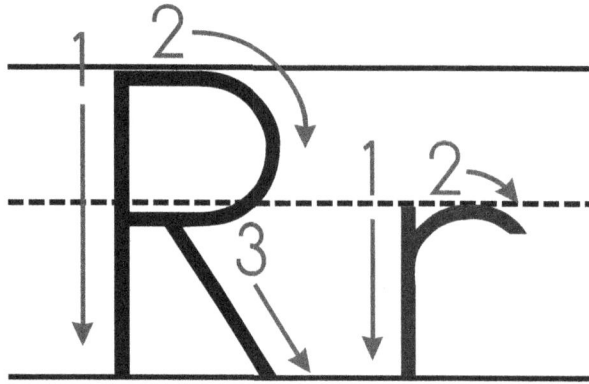

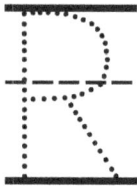

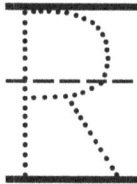

S s

Seehund

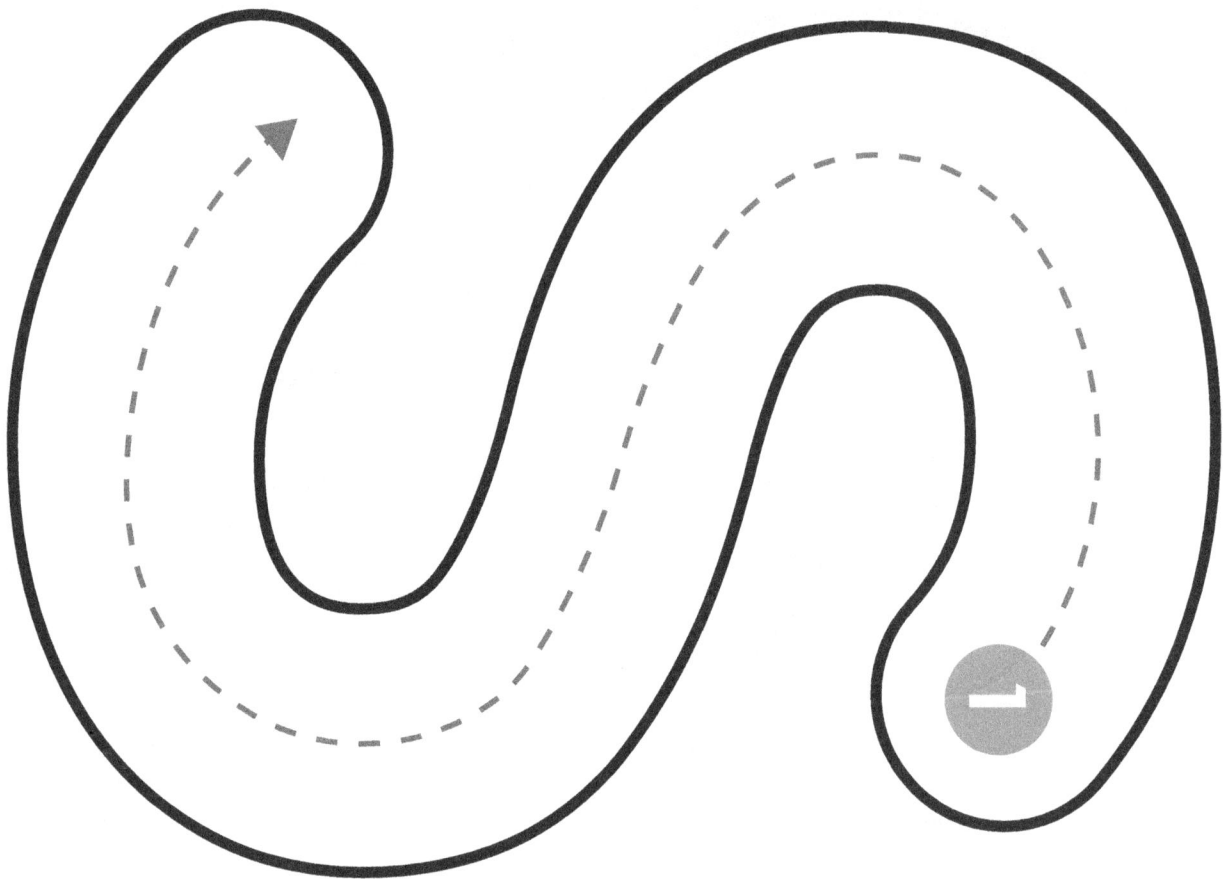

S wie Seehund

s wie in Hase

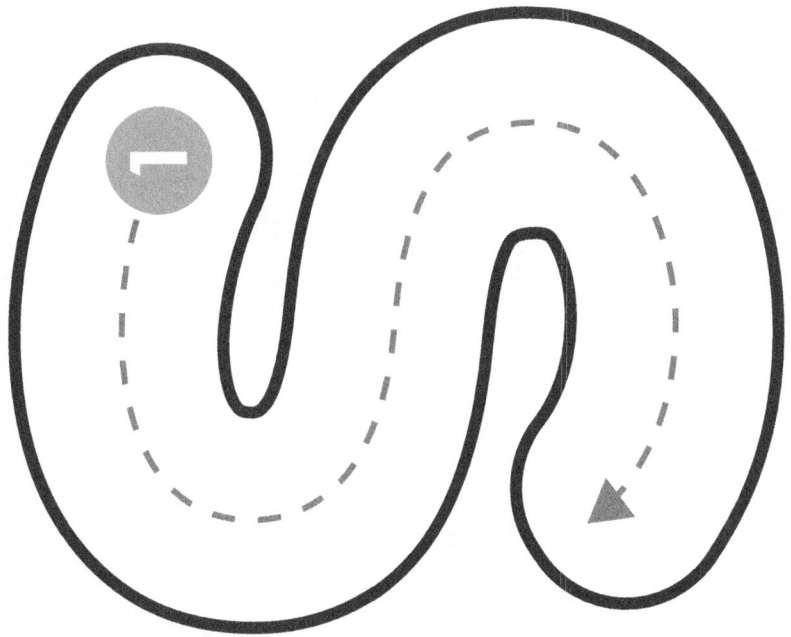

Mit dem Finger nachfahren

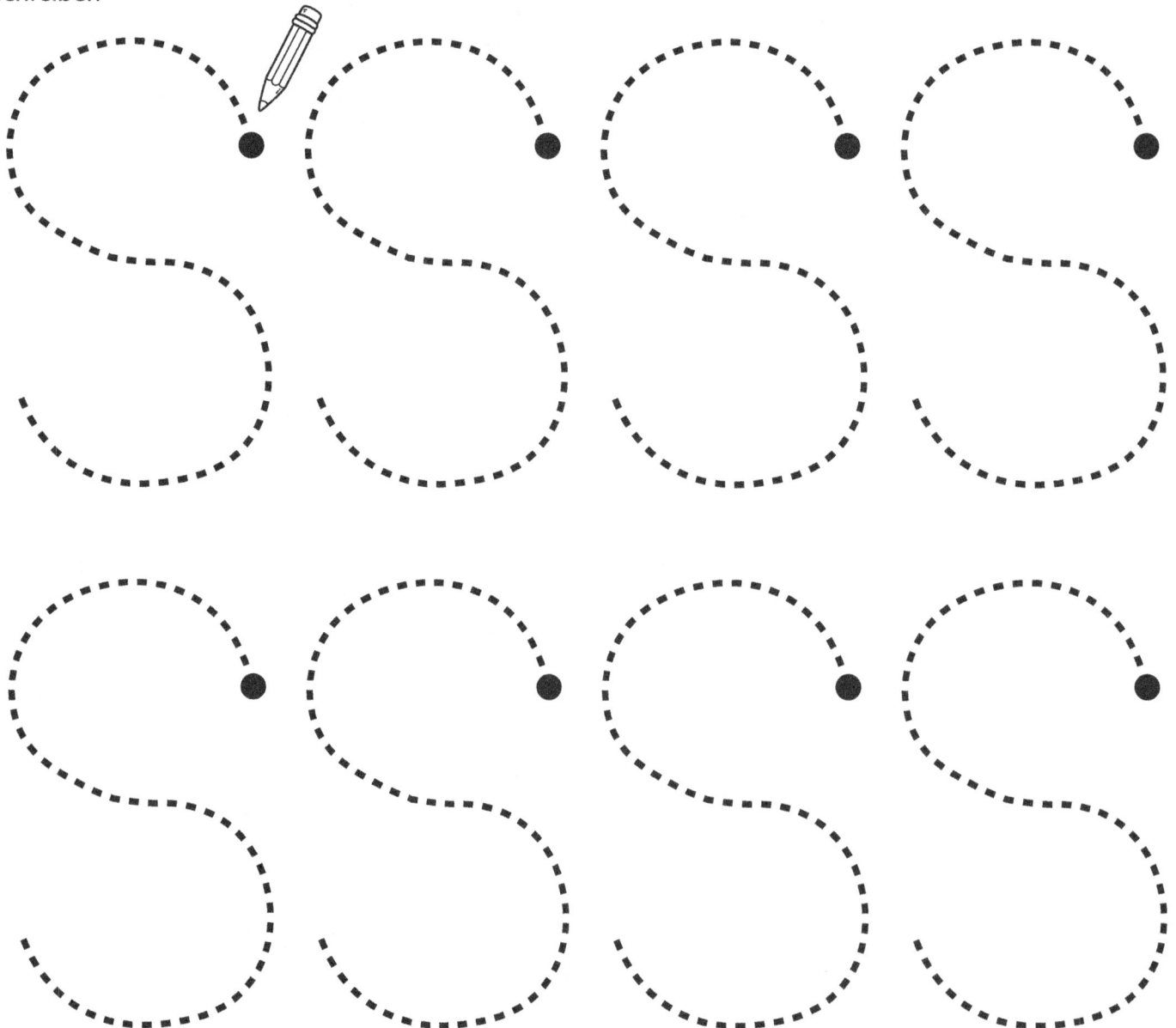

schreiben

© KidsSoup, Inc.   ABC Twiggi

Mit dem Finger nachfahren

schreiben

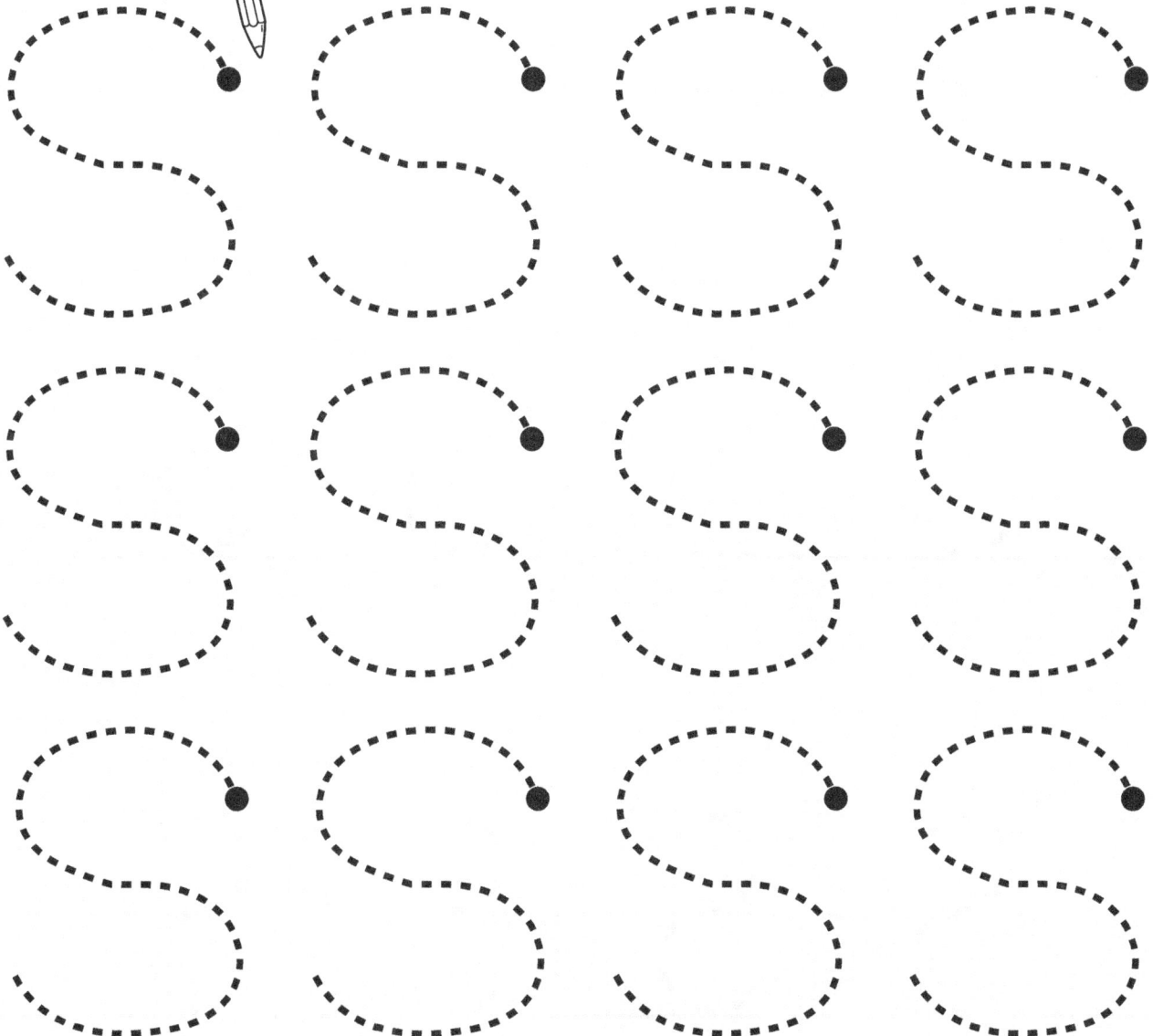

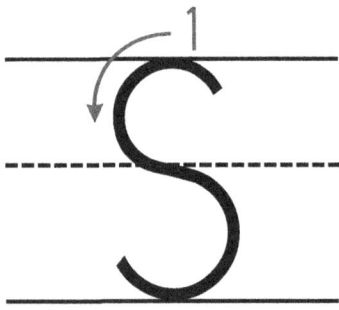

S

ABCDEFGHIJKLMNOPQR**S**TUVWXYZ

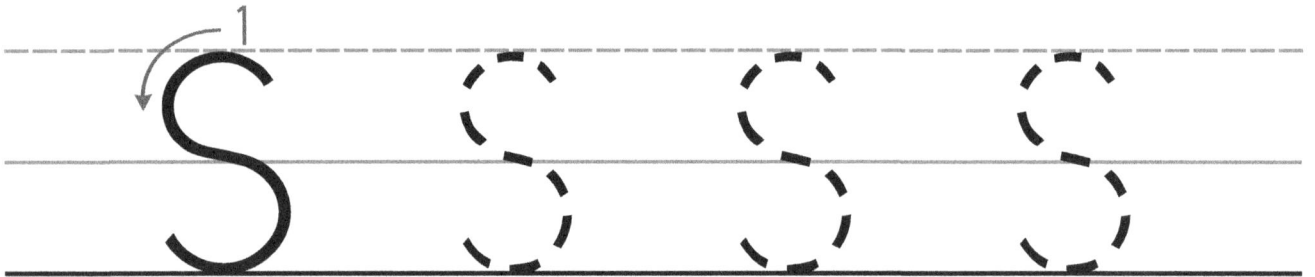

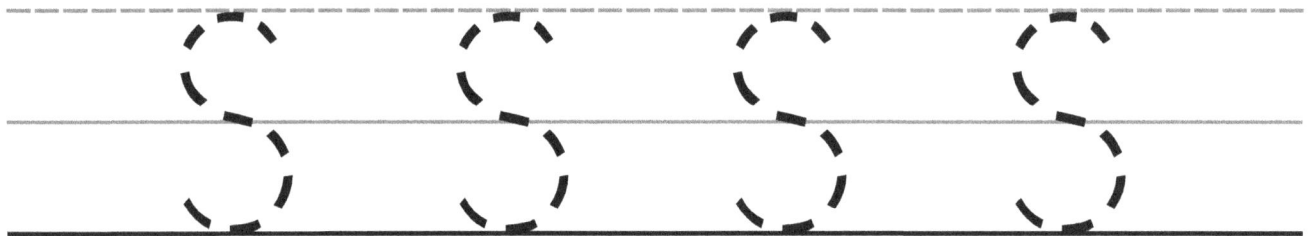

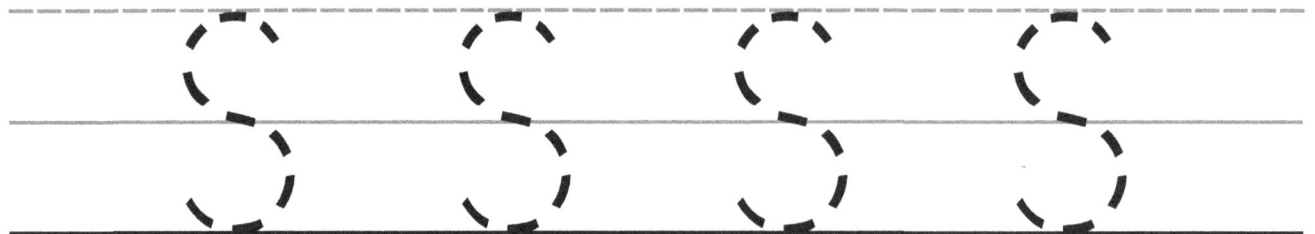

S S S S

S S S S

S S S S

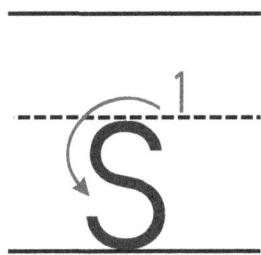

S[1]

abcdefghijklmnopq**r**stuvwxyz

S[1]   s   s   s   s

s   s   s   s   s

s   s   s   s   s

Schreibe den Buchstaben

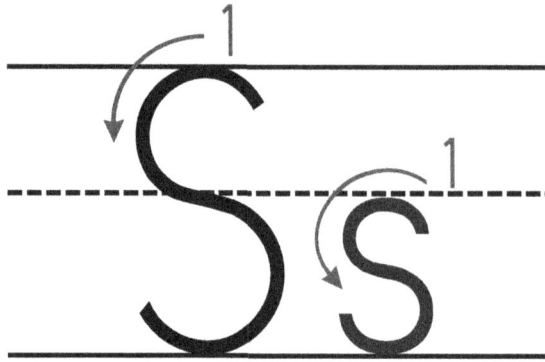

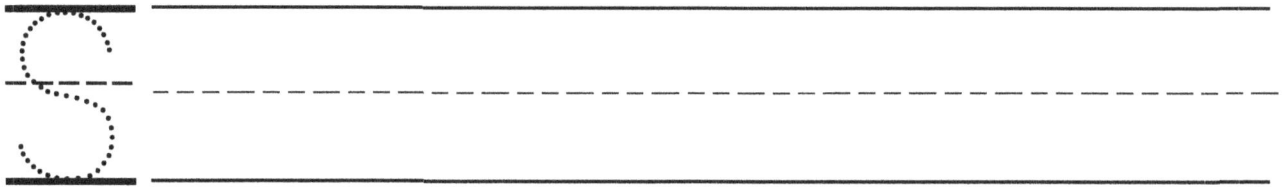

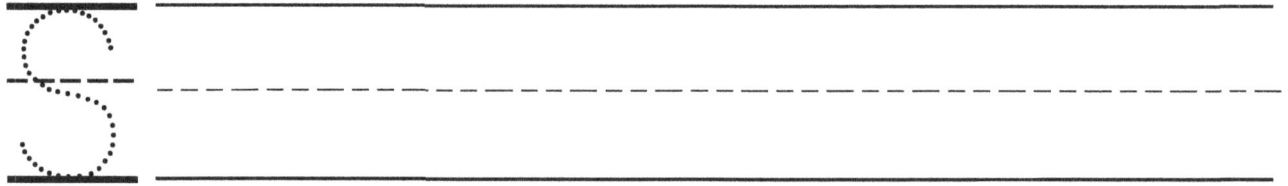

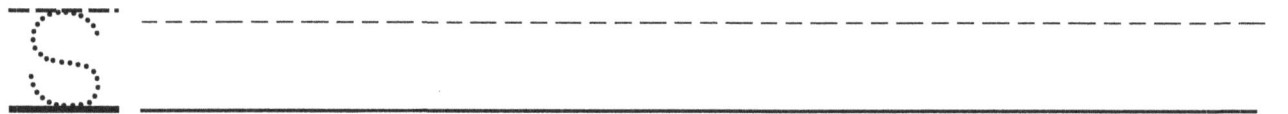

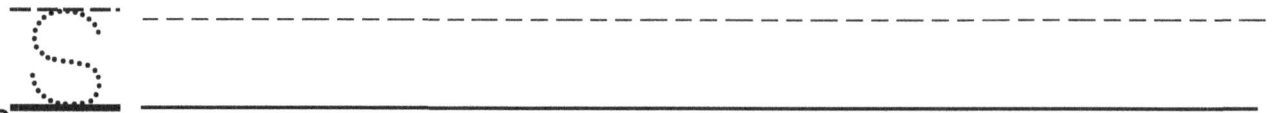

S s

S

S

s

s

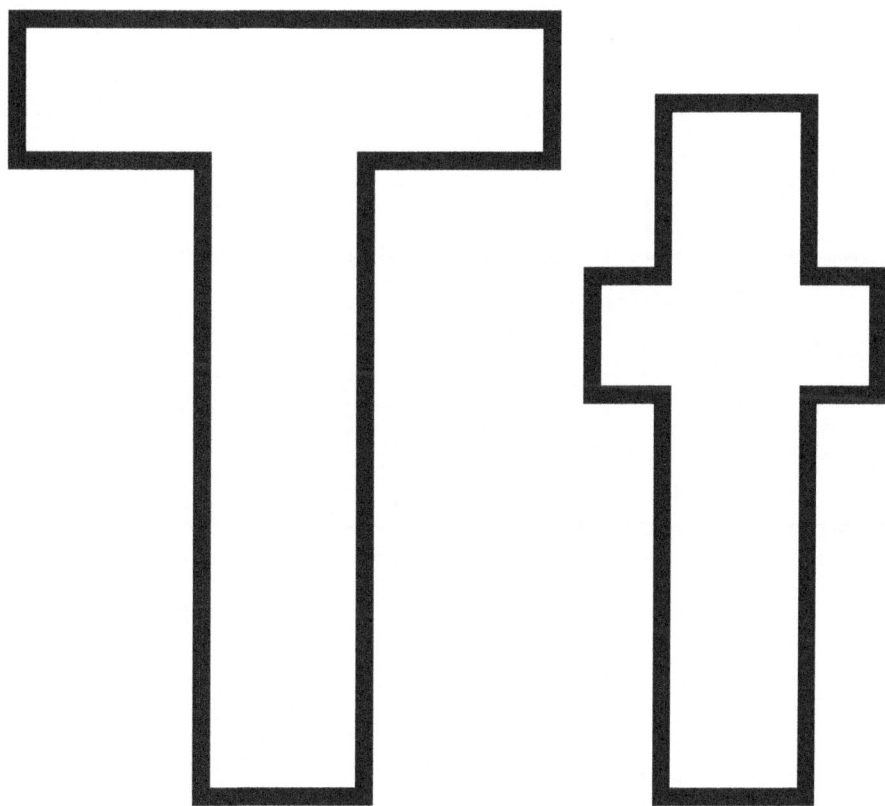

Tt

Tiger

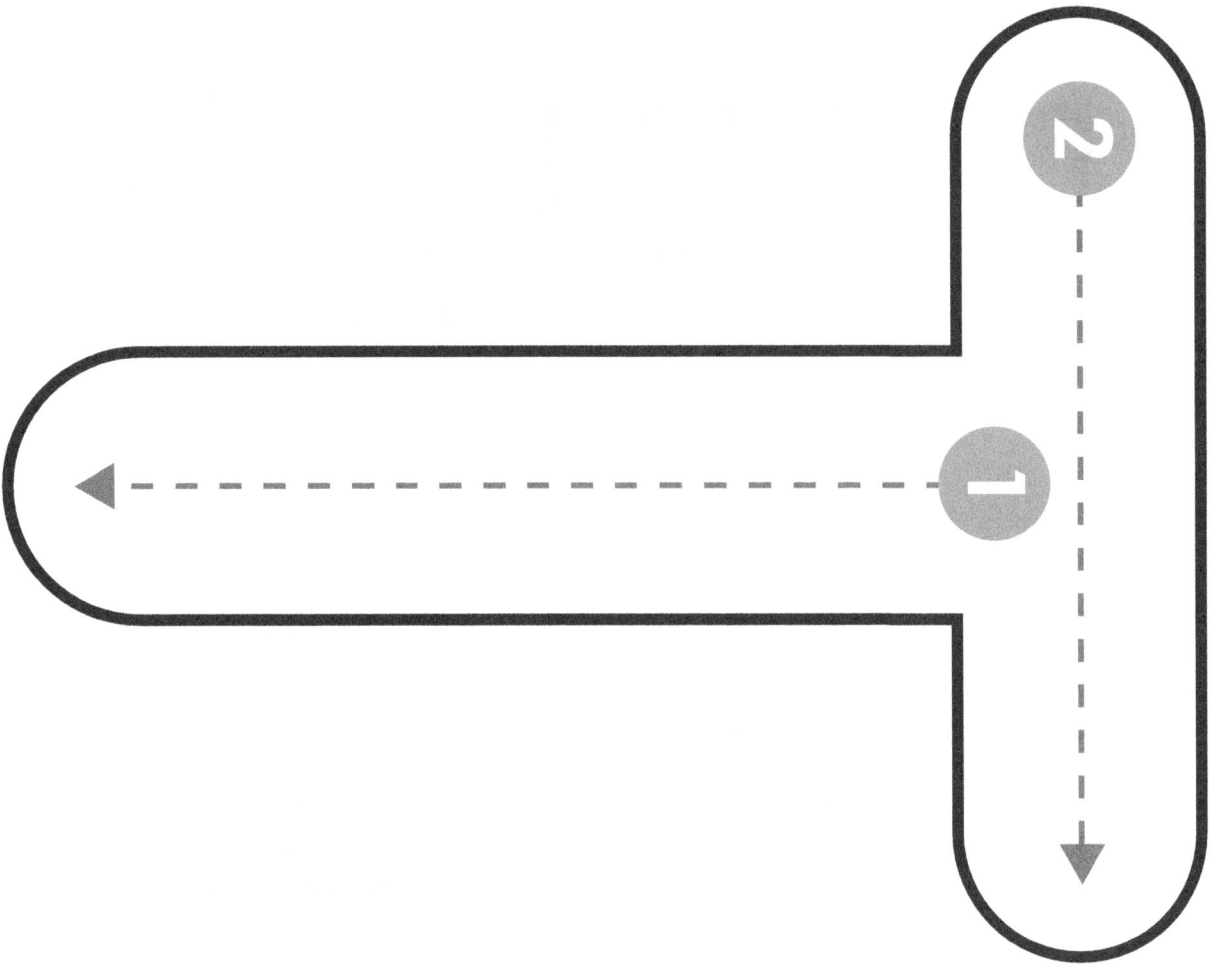

T wie Tiger

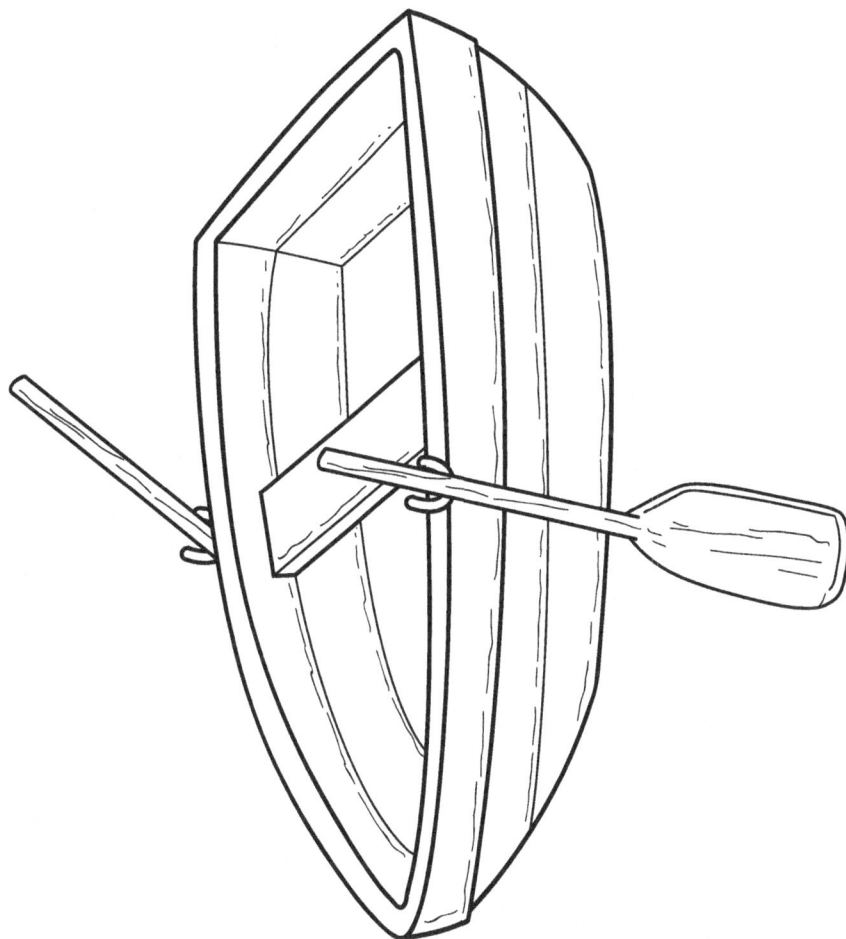

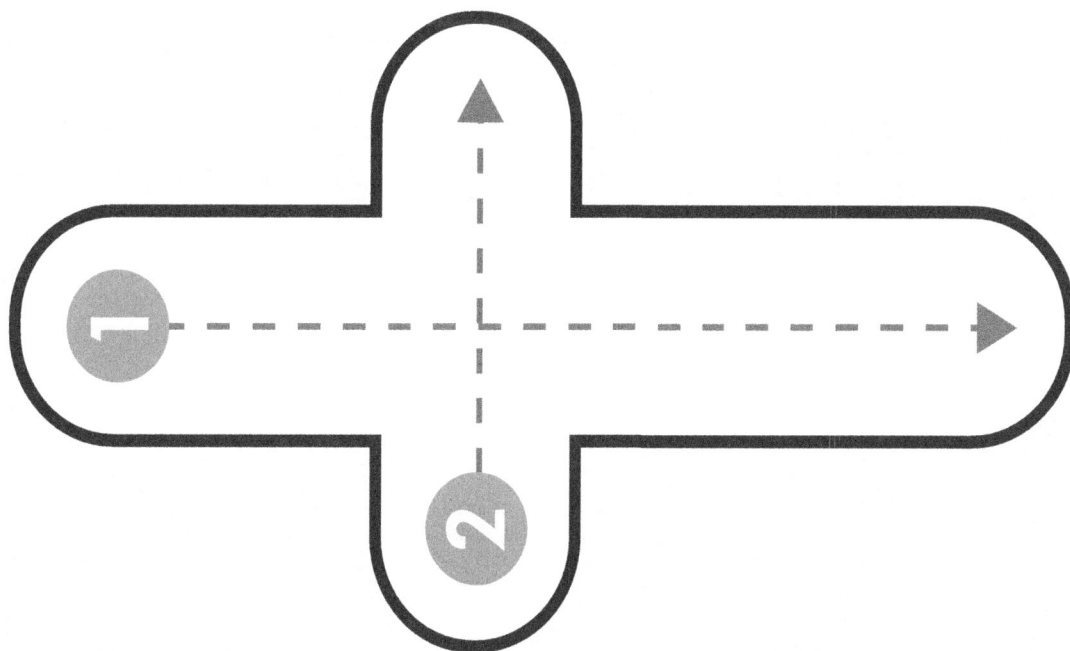

Mit dem Finger nachfahren

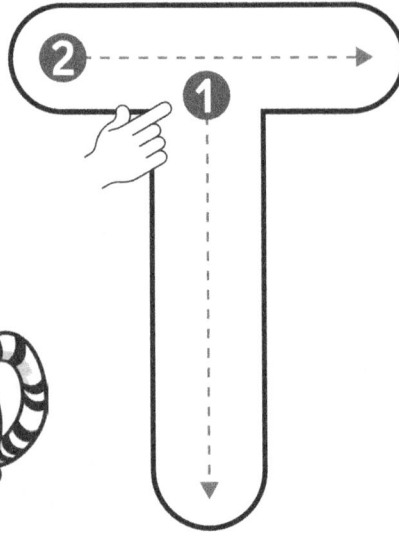

schreiben

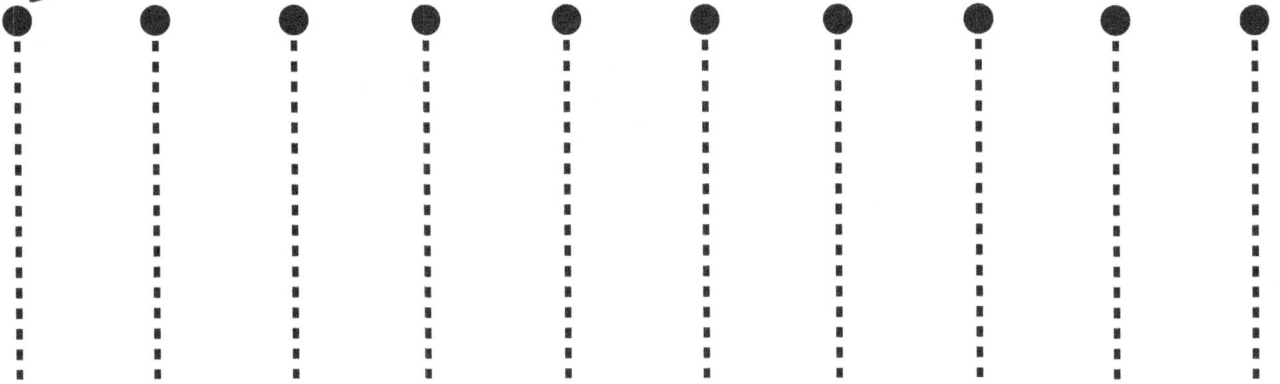

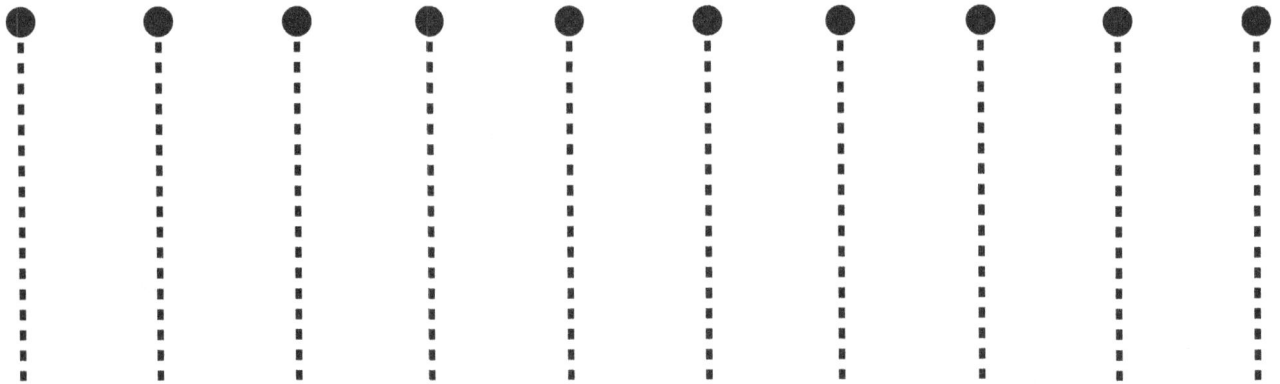

© KidsSoup, Inc.   ABC Twiggi

Mit dem Finger nachfahren

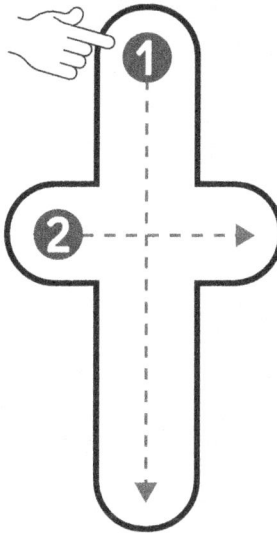

schreiben

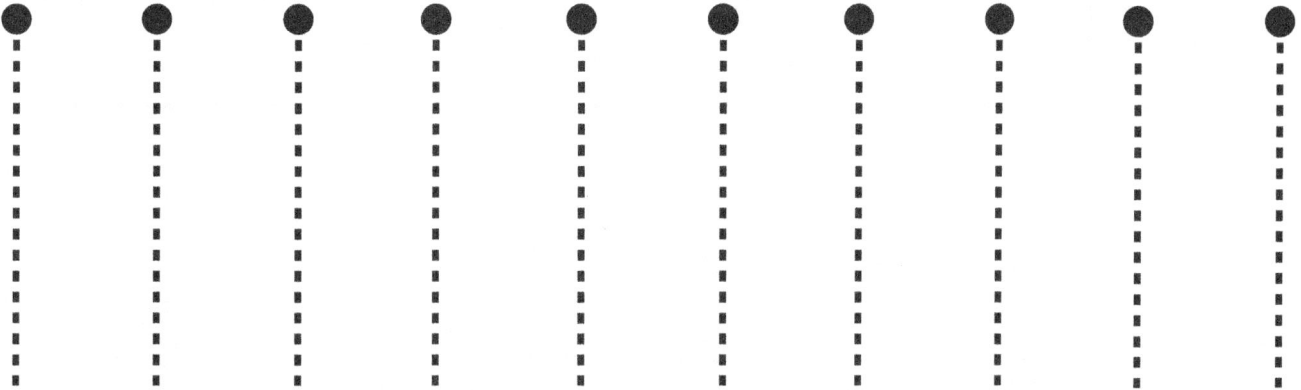

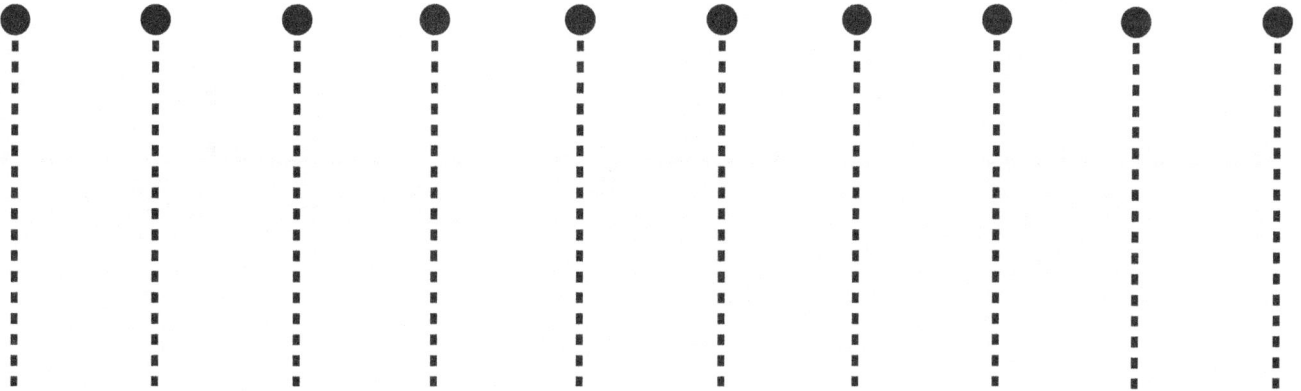

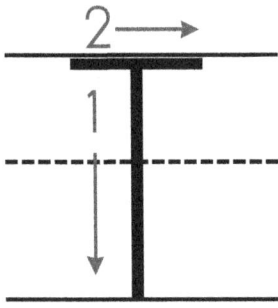

Tiger

A B C D E F G H I J K L M N O P Q R S **T** U V W X Y Z

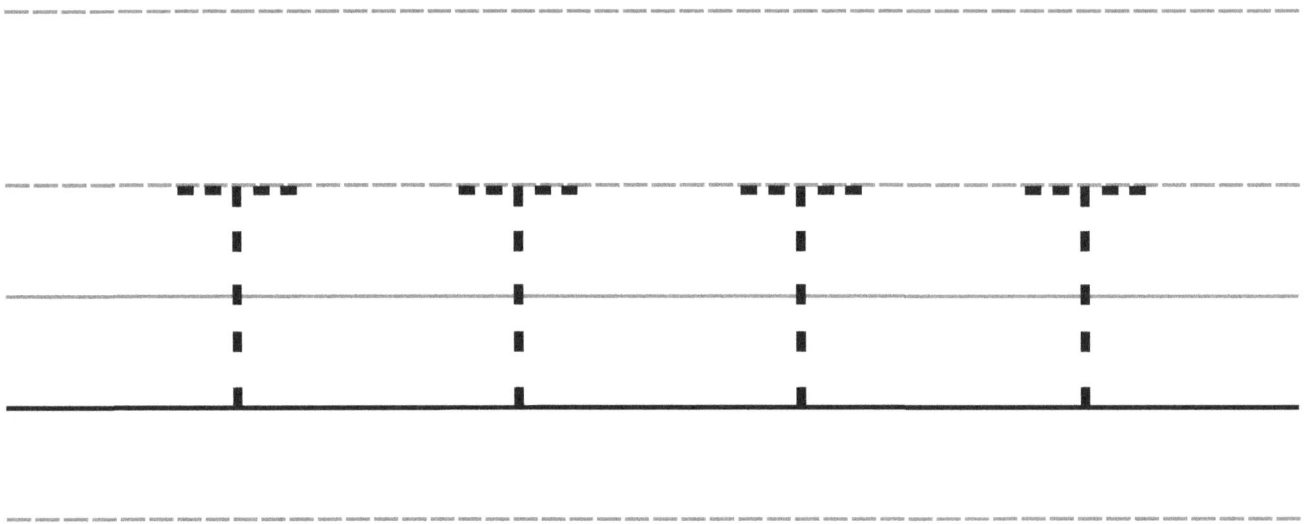

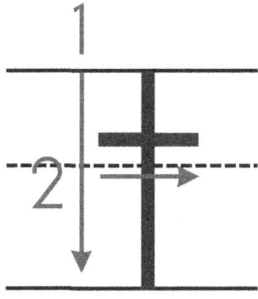

Boot

abcdefghijklmnopqrstuvwxyz

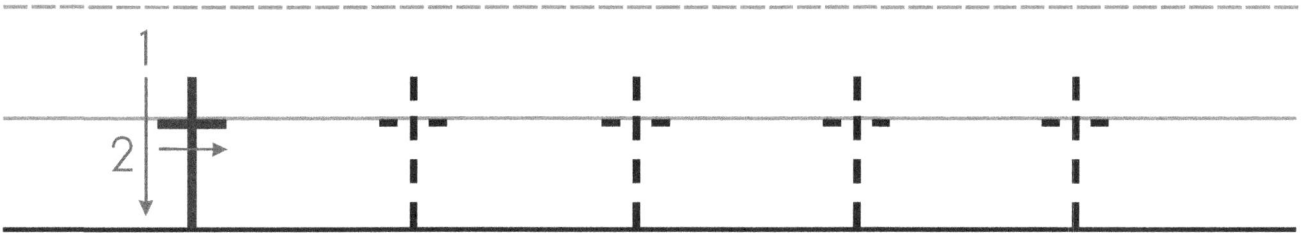

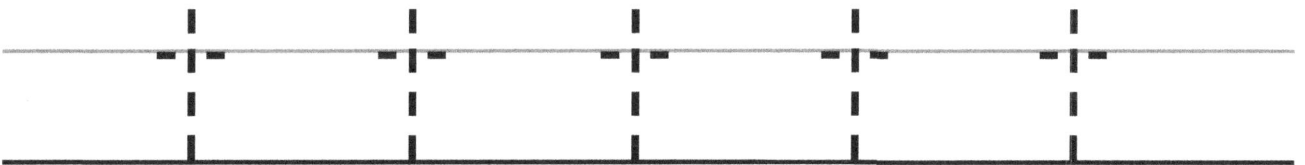

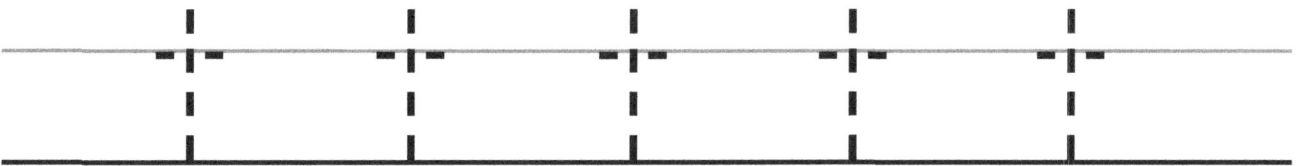

© KidsSoup, Inc.   ABC Twiggi

Schreibe den Buchstaben

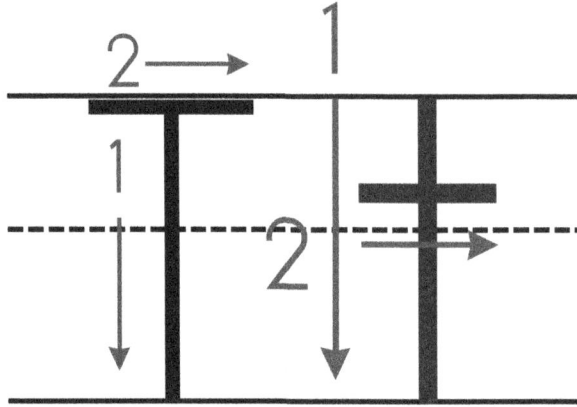

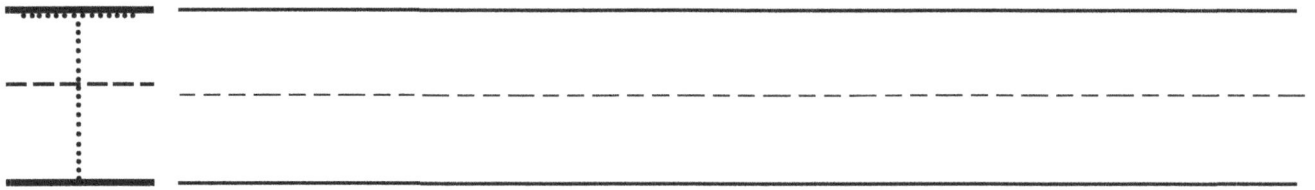

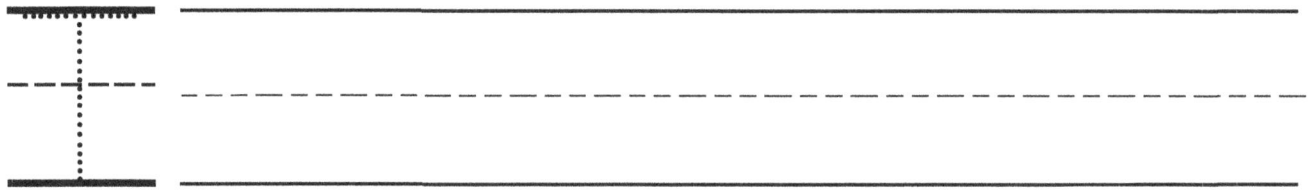

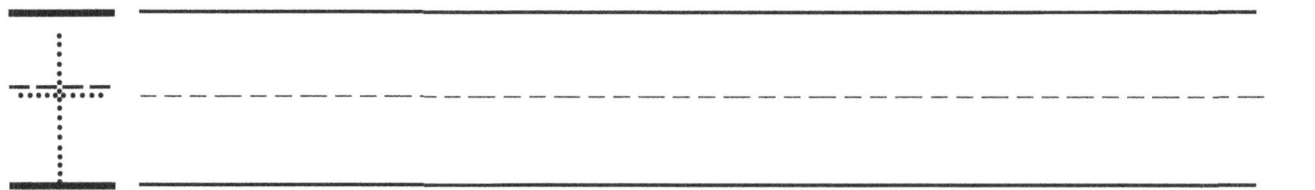

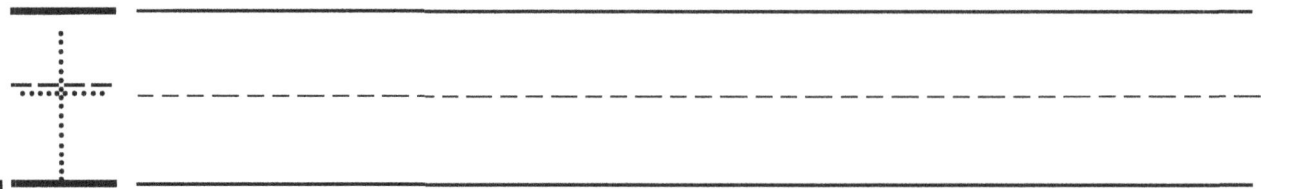

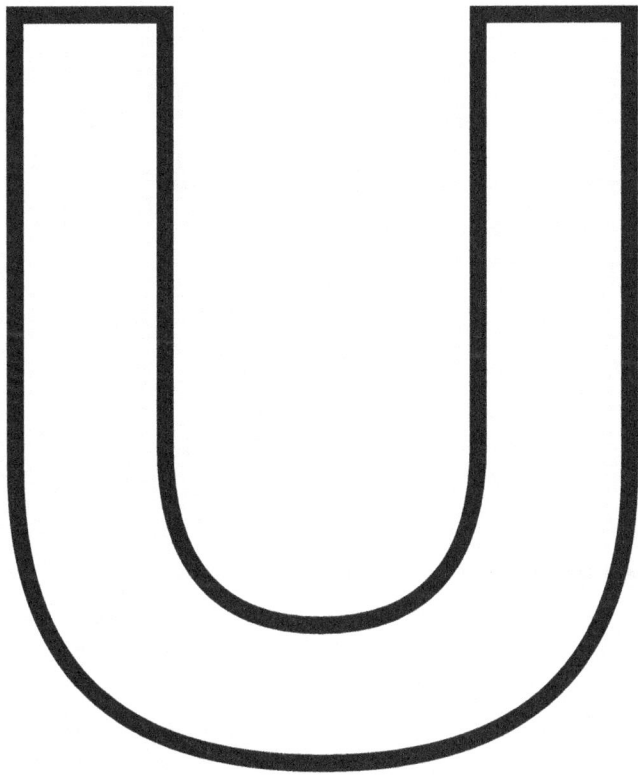

Ufo

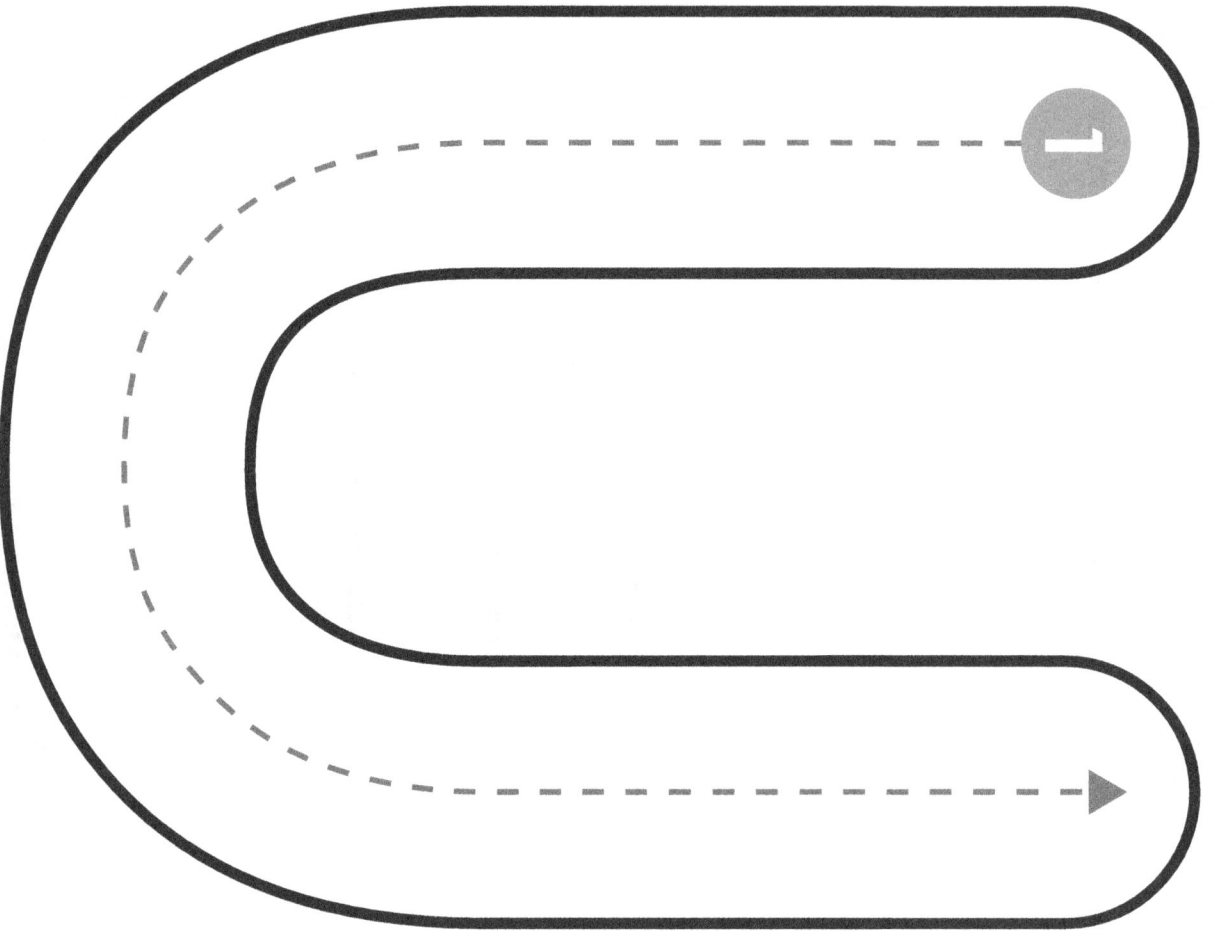

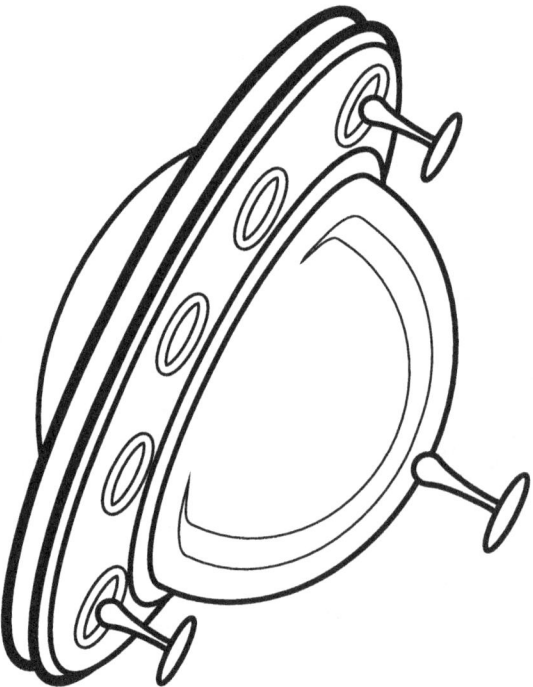

U wie Ufo

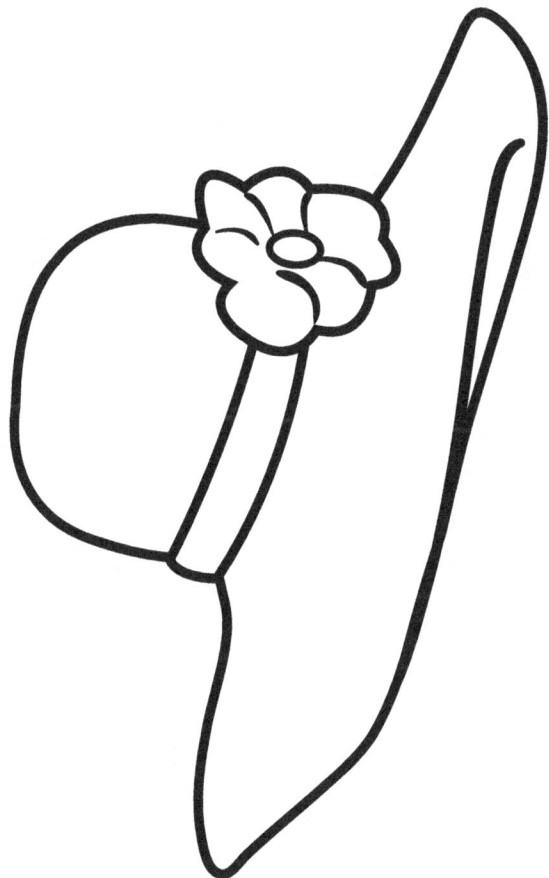

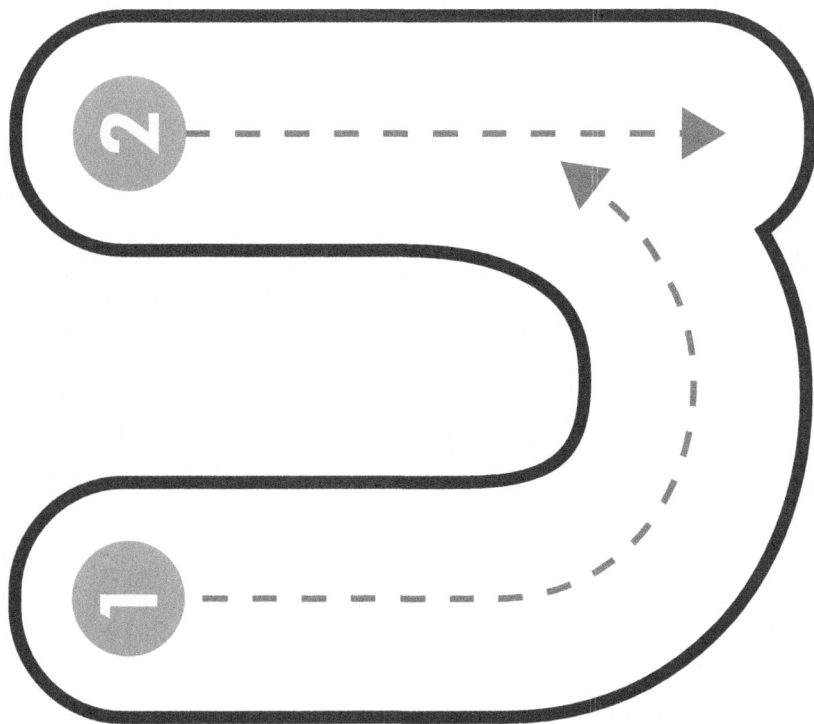

Mit dem Finger nachfahren

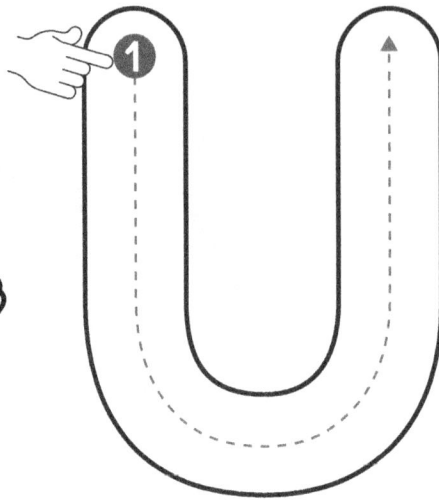

schreiben

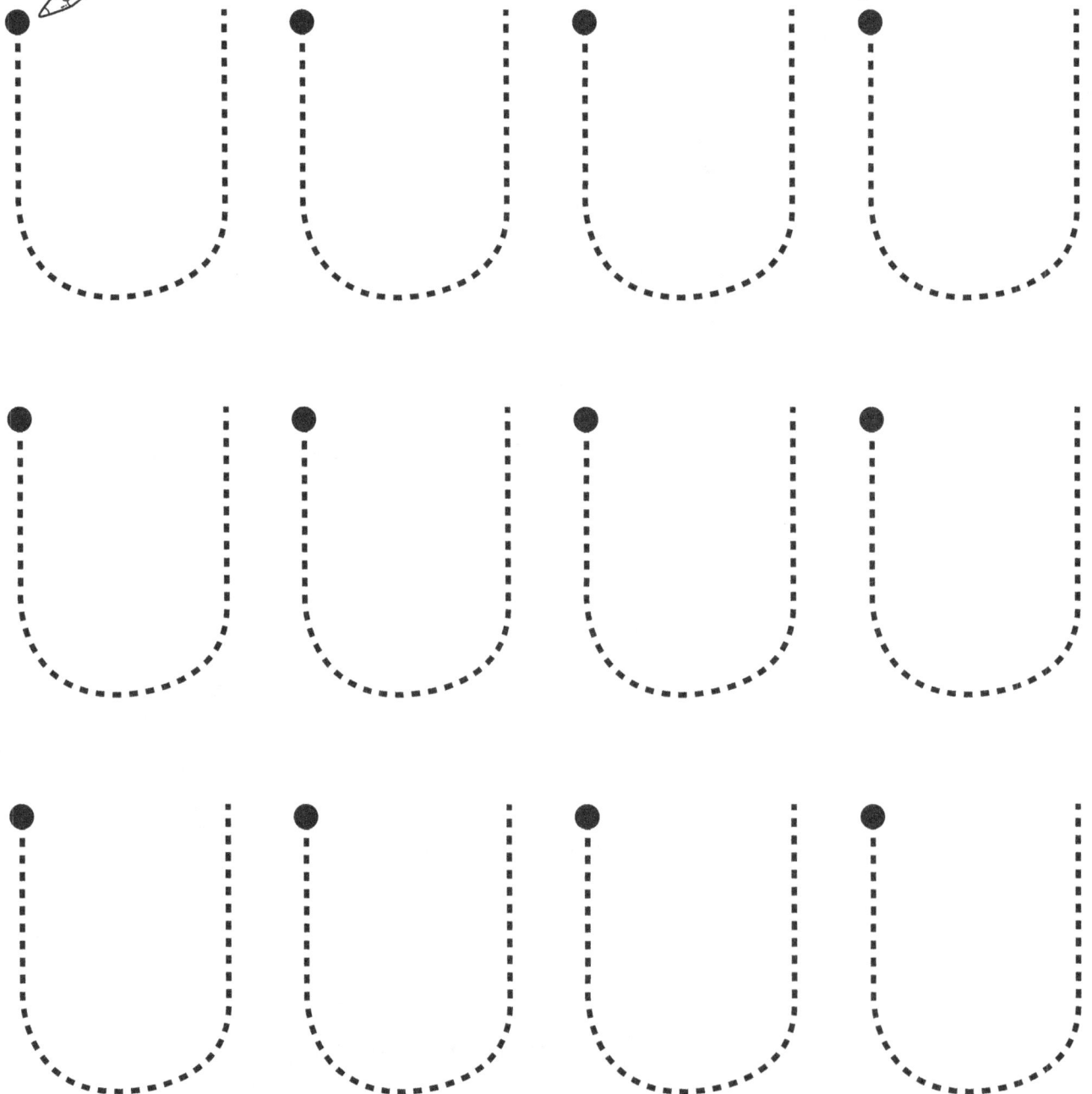

Mit dem Finger nachfahren

 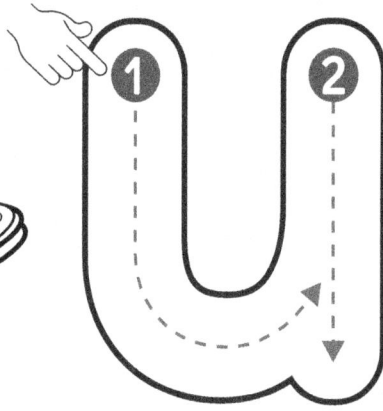 

schreiben

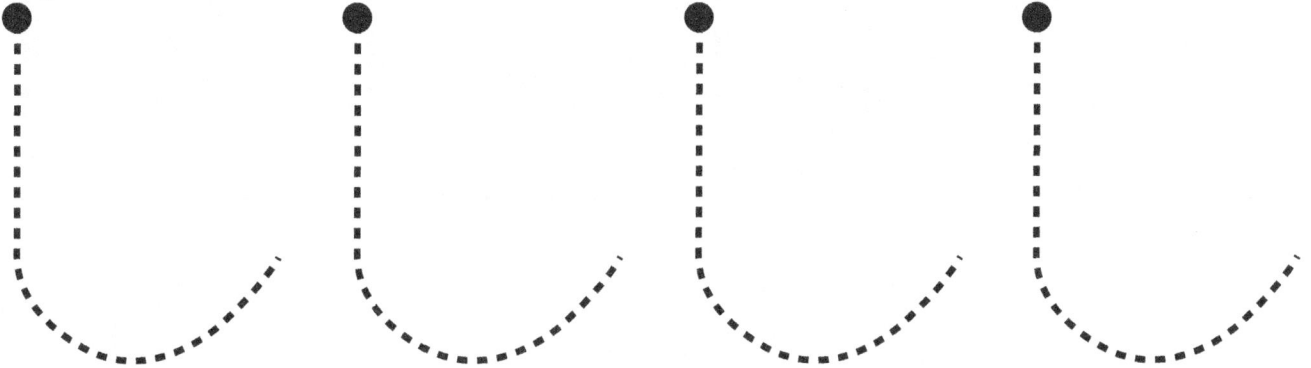

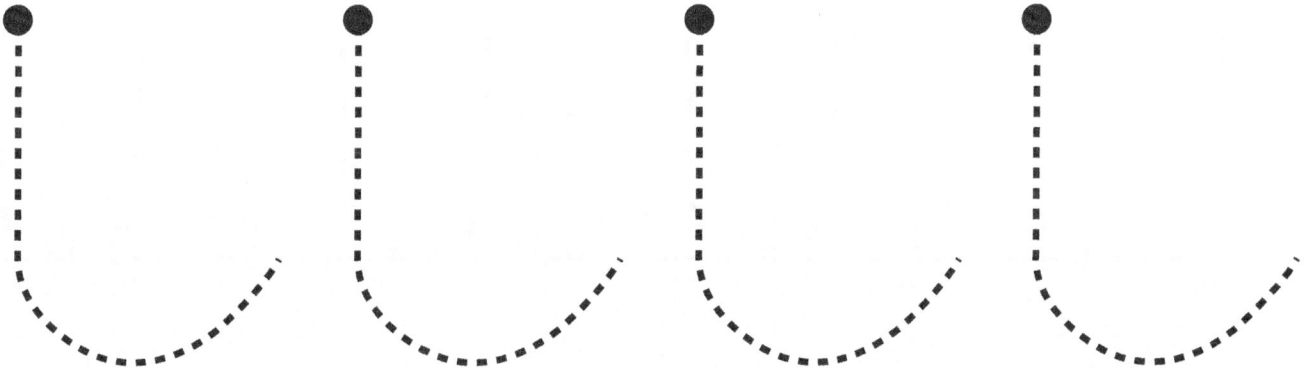

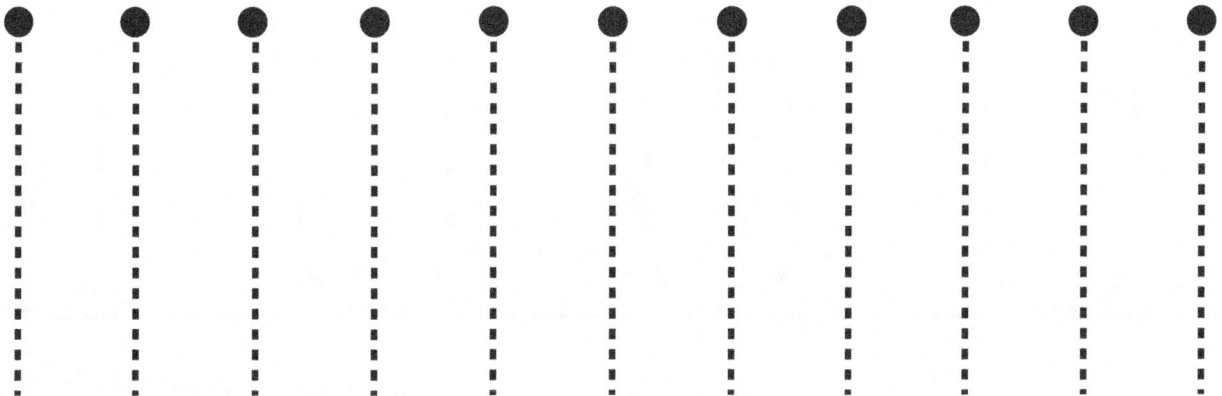

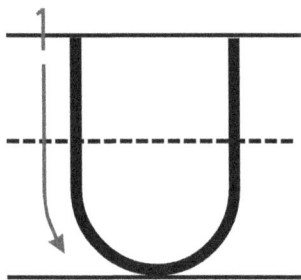

Ufo

ABCDEFGHIJKLMNOPQRST**U**VWXYZ

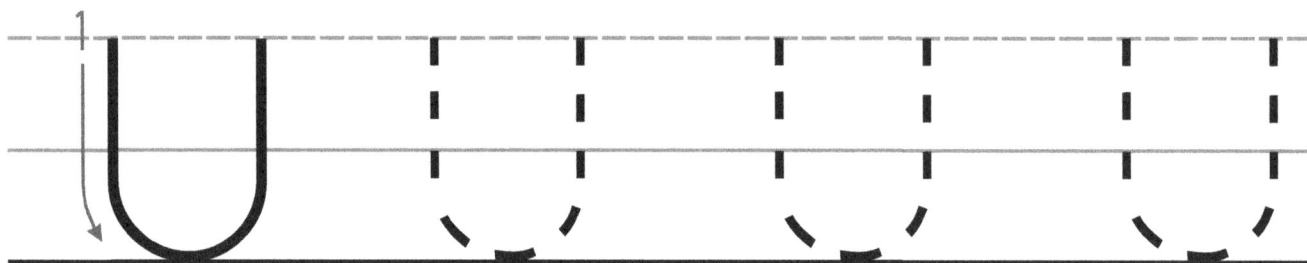

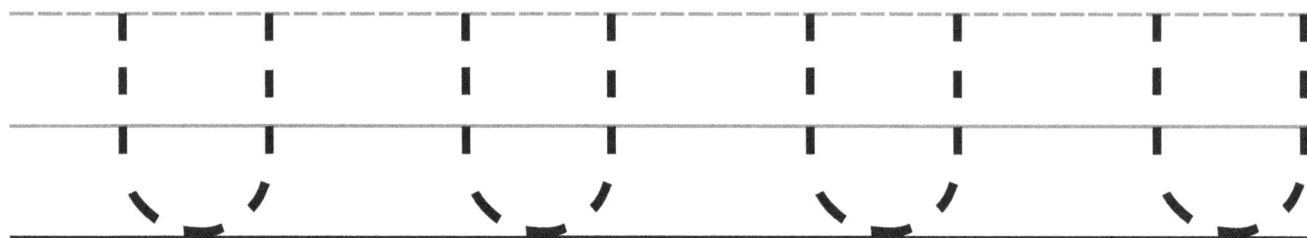

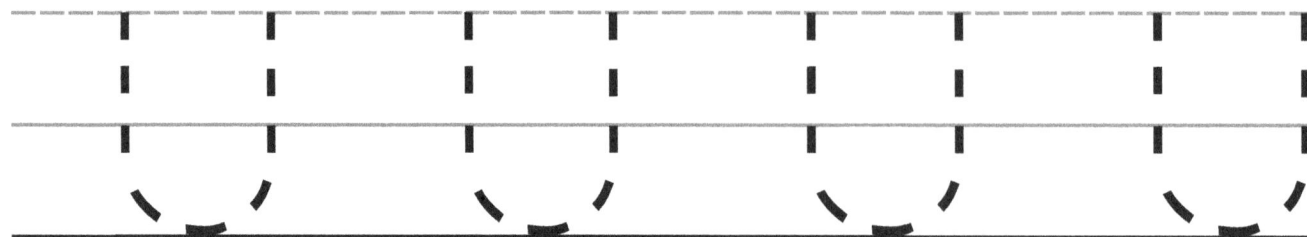

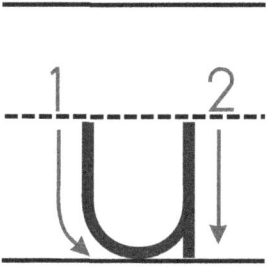

Hut

abcdefghijklmnopqrst**u**vwxyz

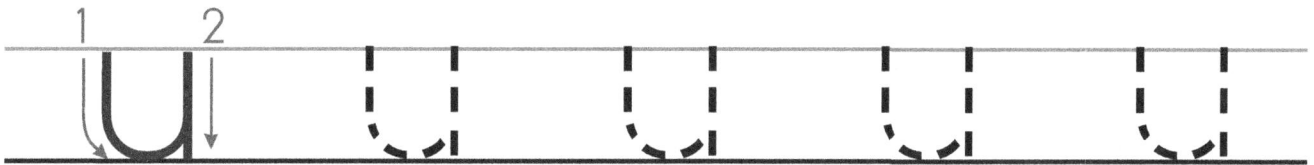

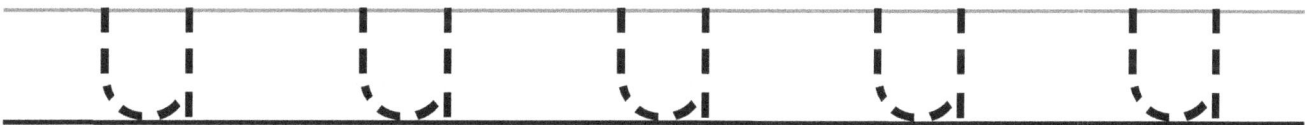

Schreibe den Buchstaben

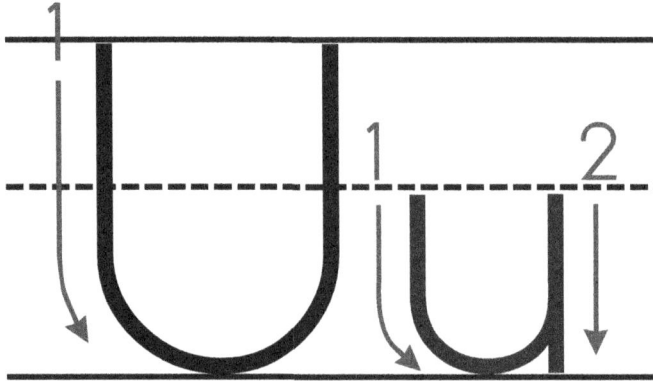

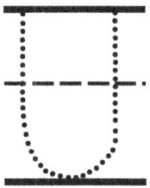

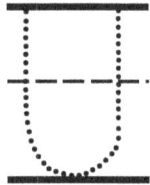

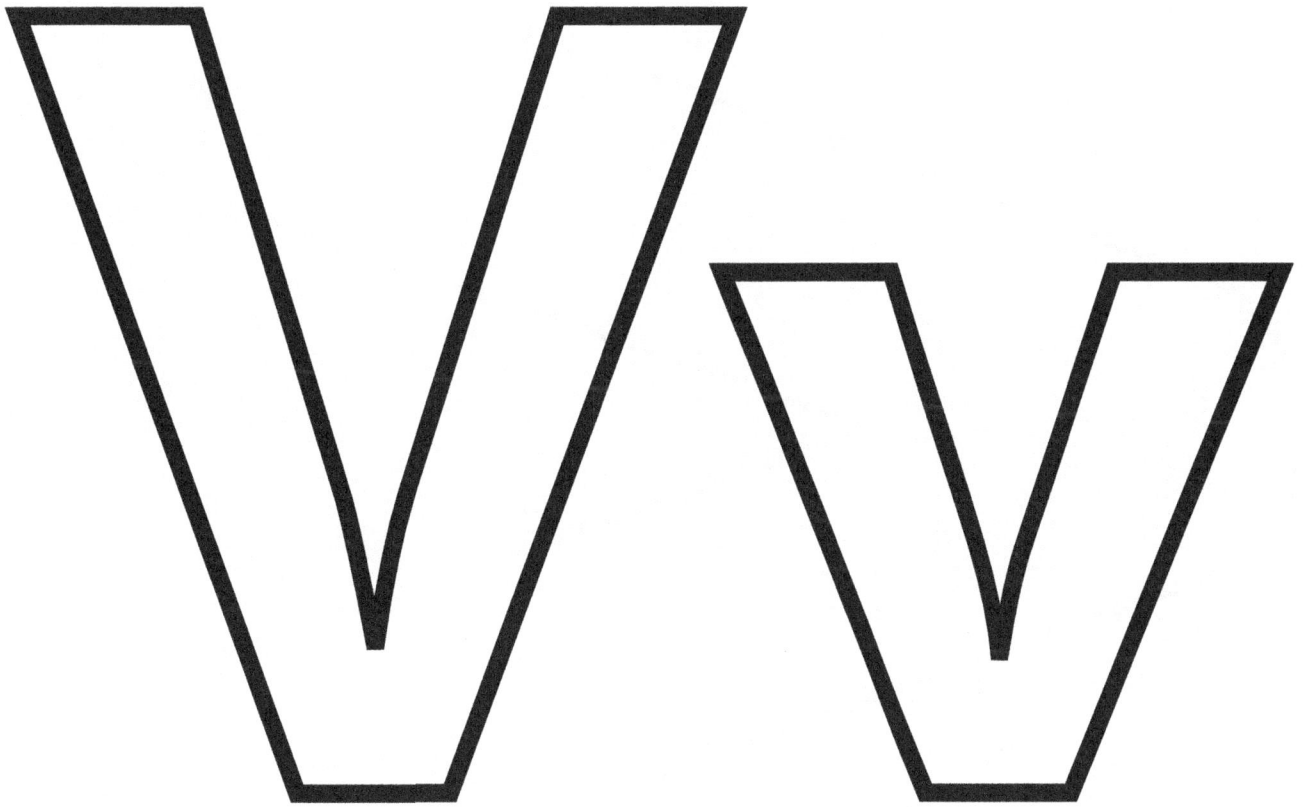

Vv

Vogel

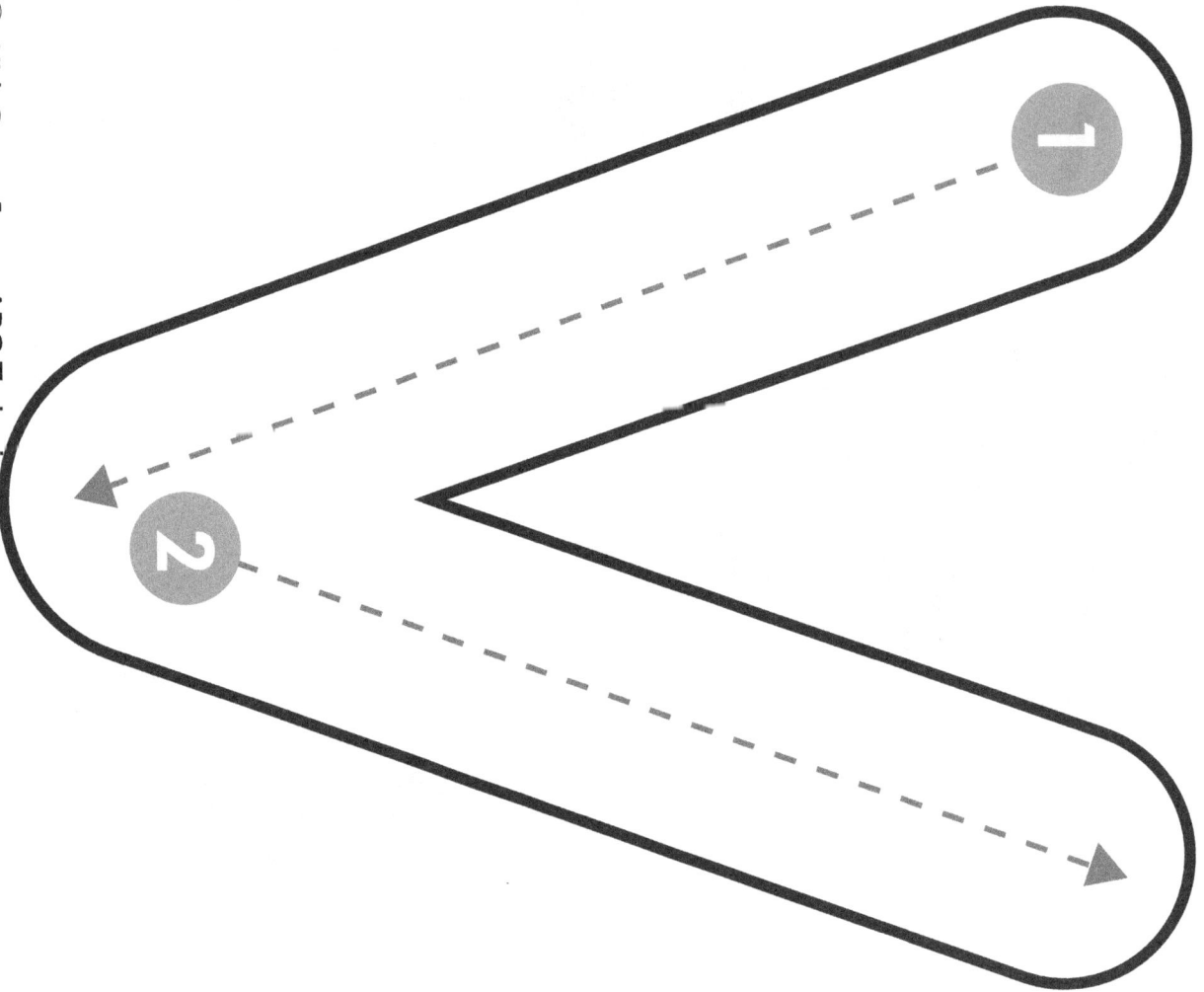

V wie Vogel

v wie in Klavier

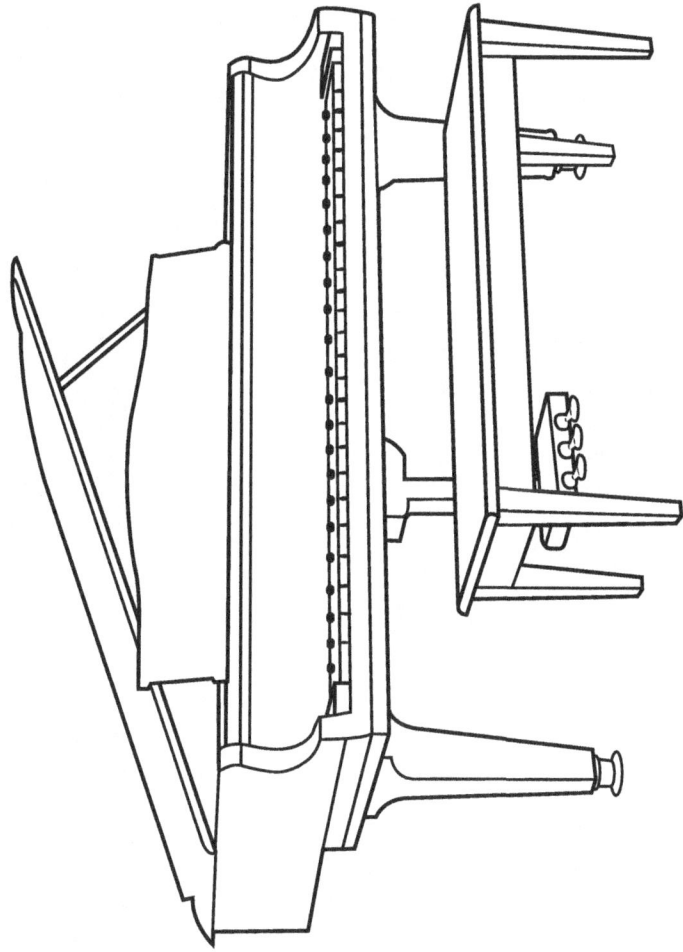

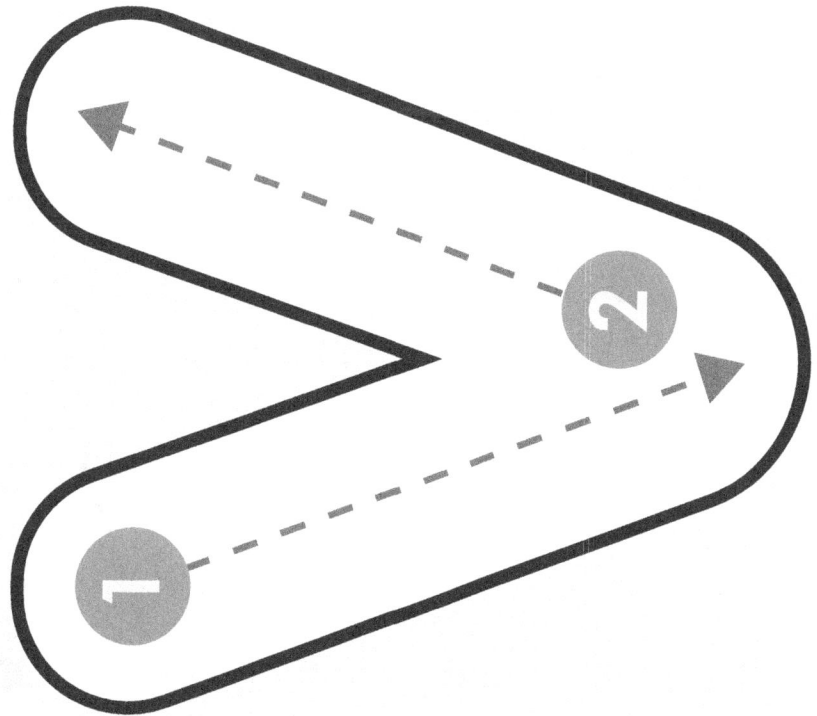

Mit dem Finger nachfahren

schreiben

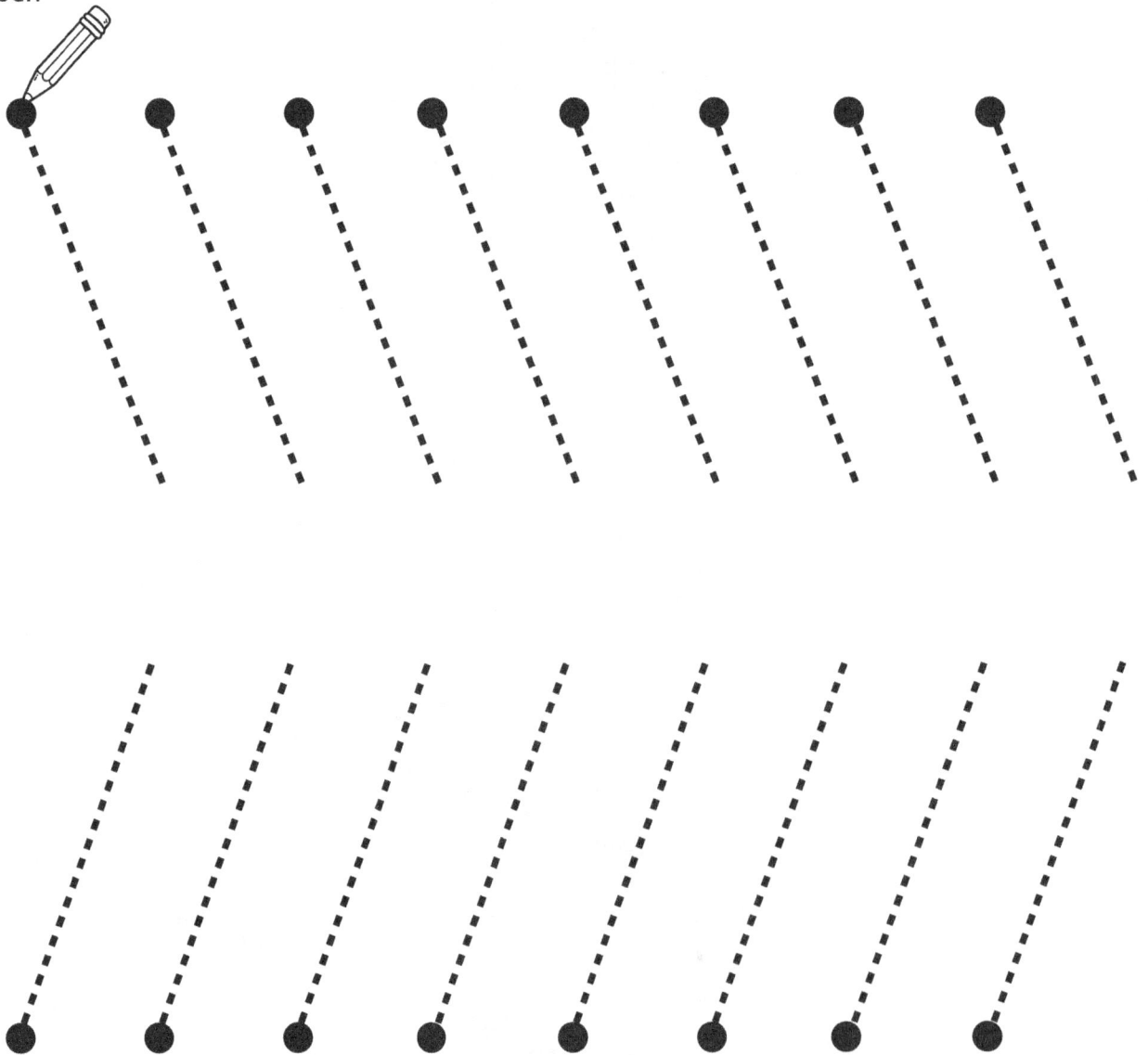

Mit dem Finger nachfahren

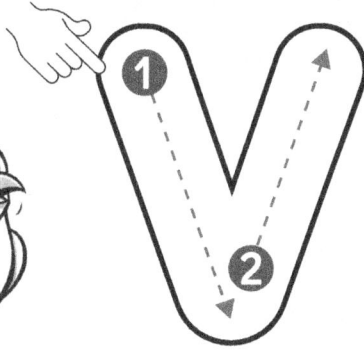

schreiben

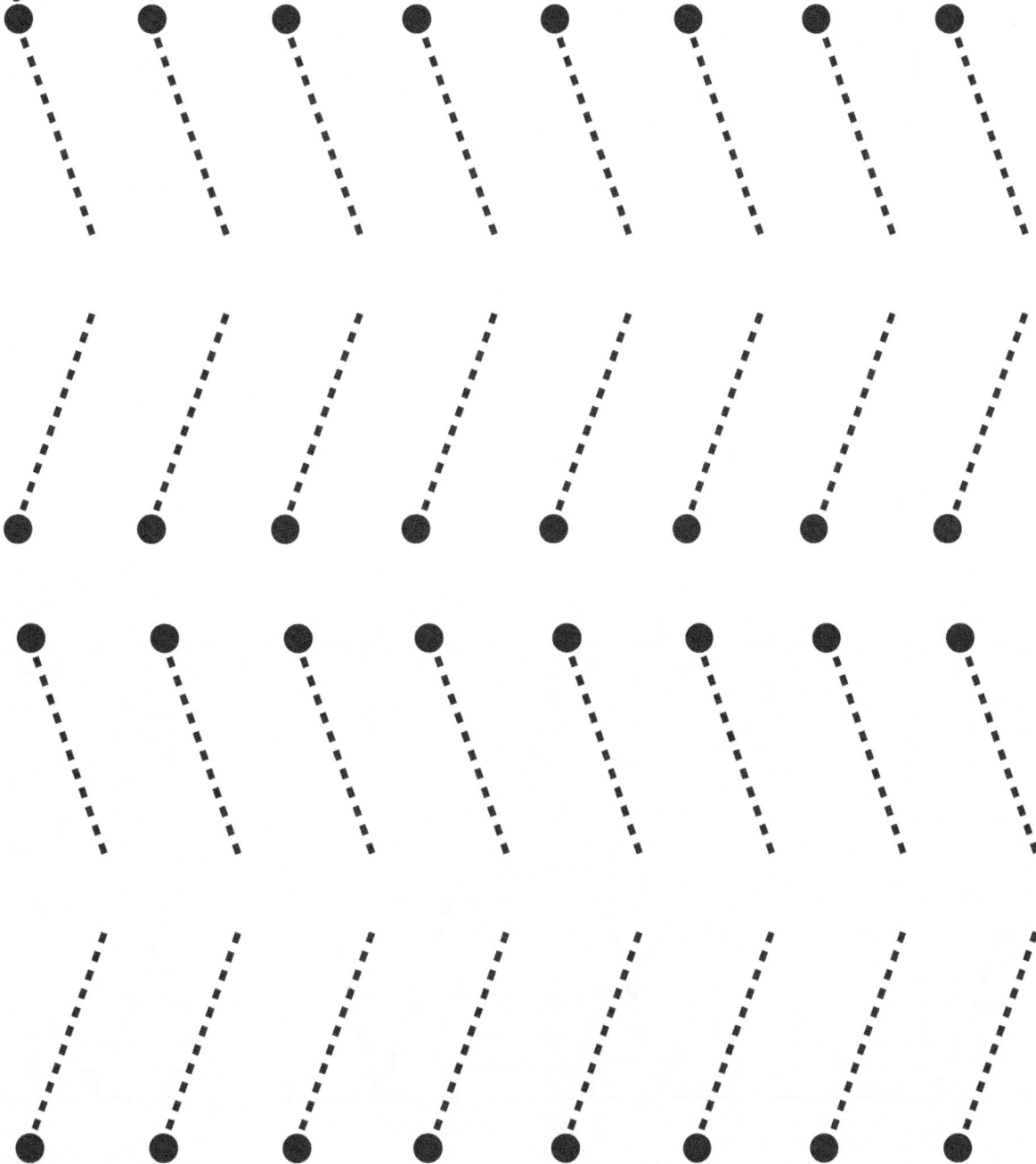

ABC Twiggi

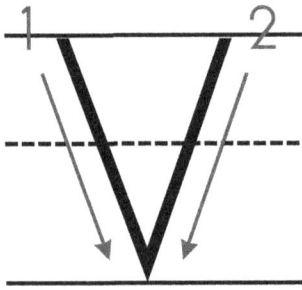

Vogel

ABCDEF GHIJKLMNOPQRSTU**V**WXYZ

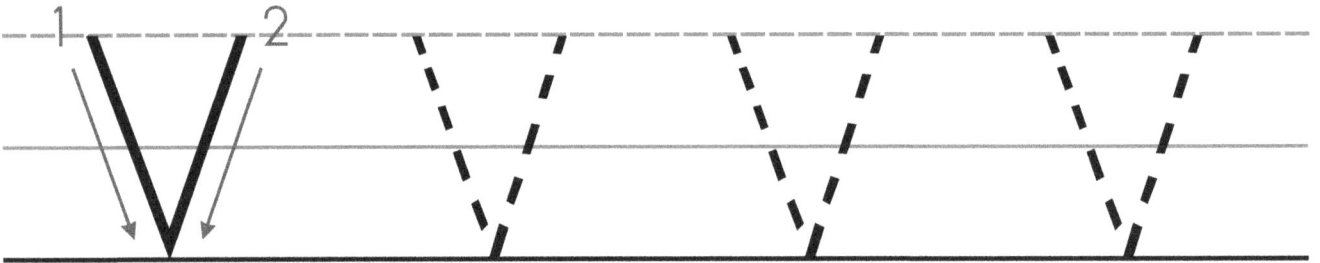

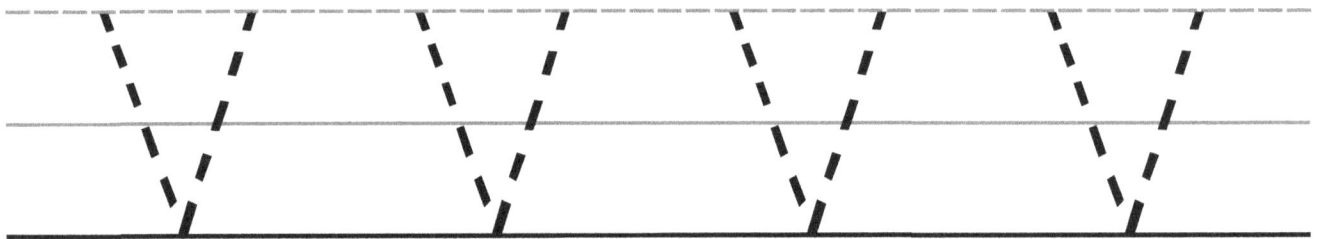

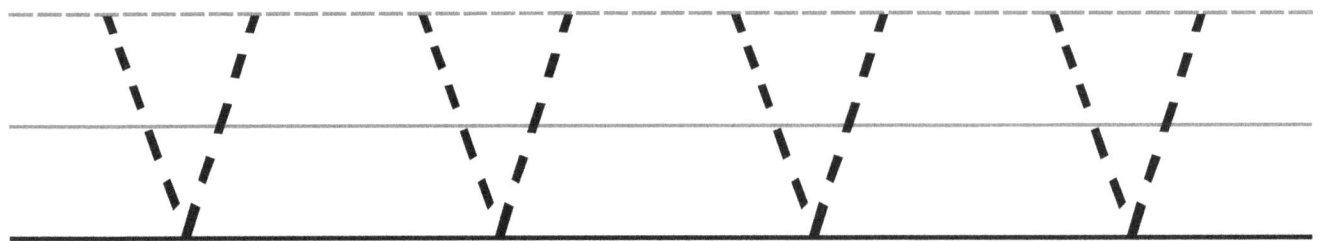

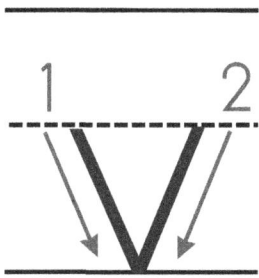

Klavier

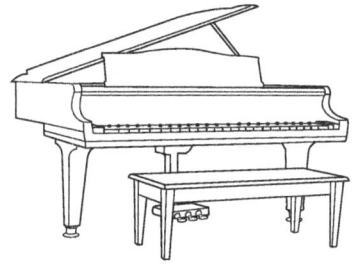

abcdefghijklmnopqrstu**v**wxyz

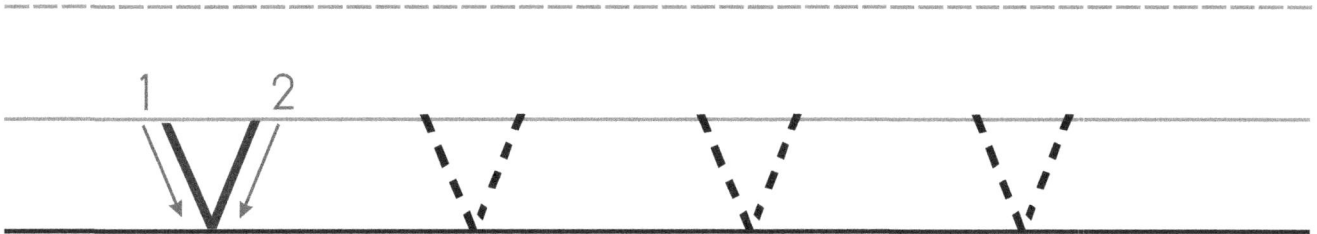

Schreibe den Buchstaben

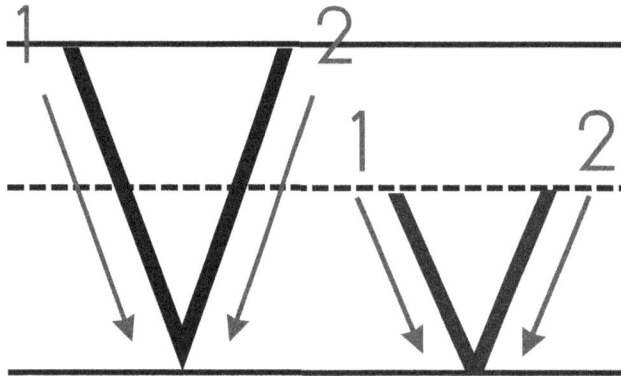

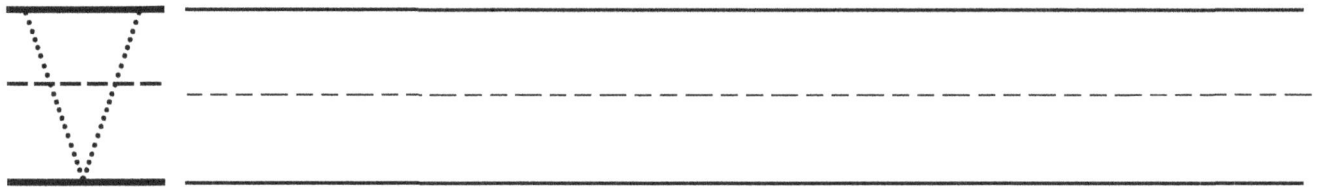

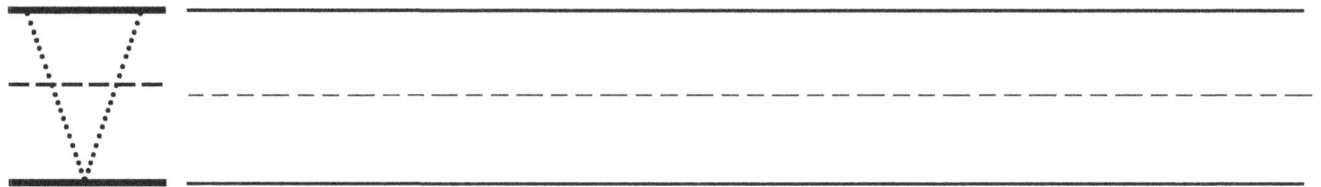

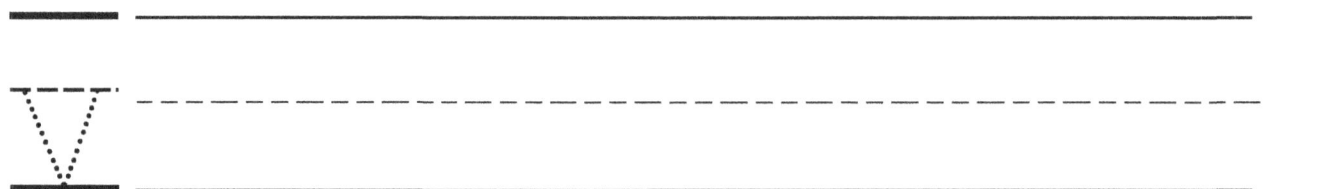

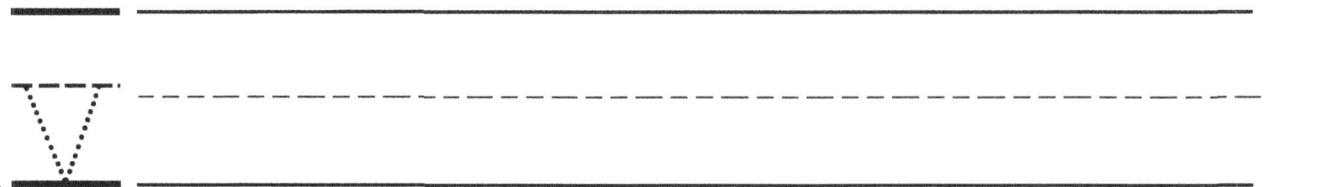

Wolke

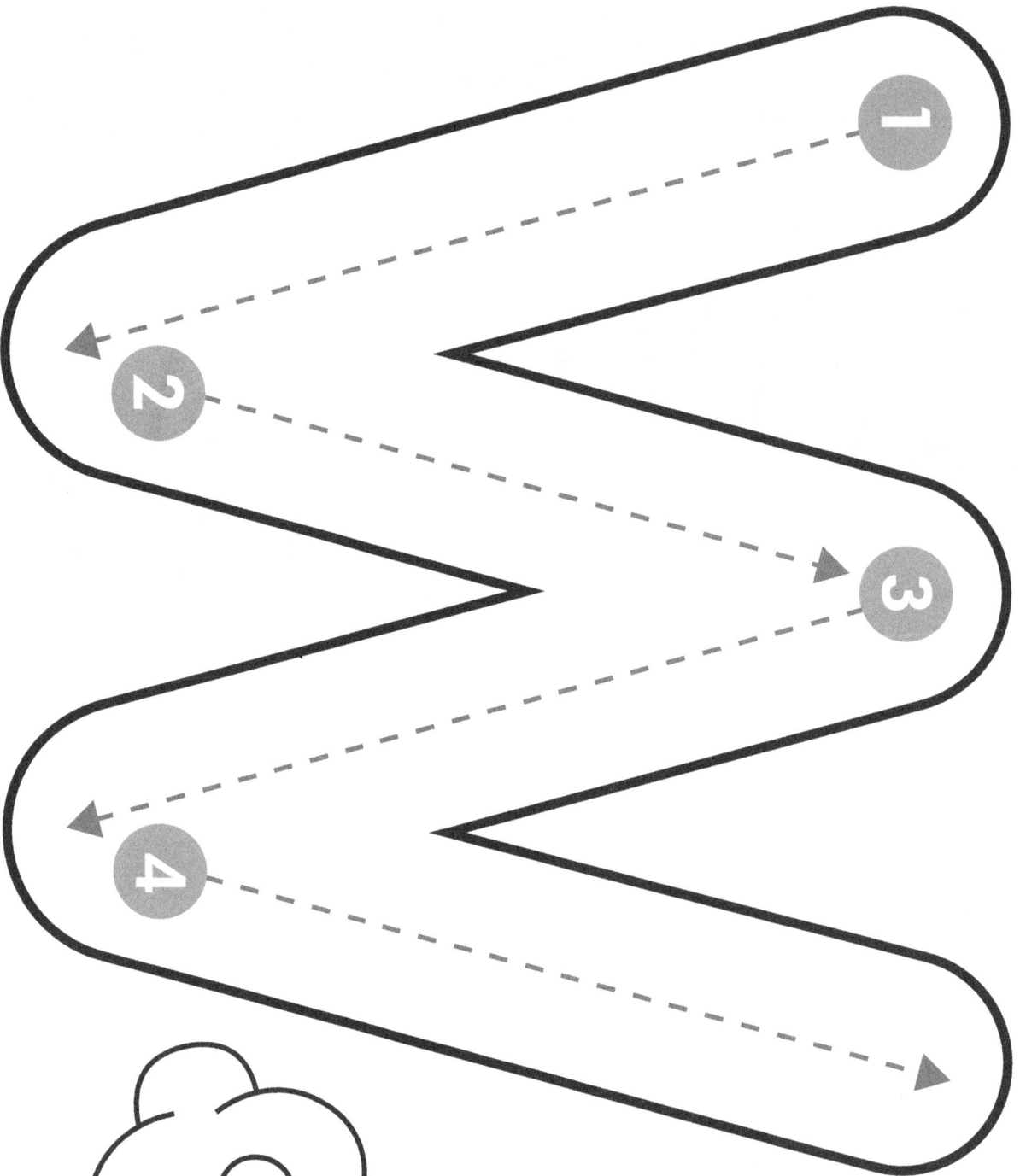

W wie Wolke

w wie in Löwe

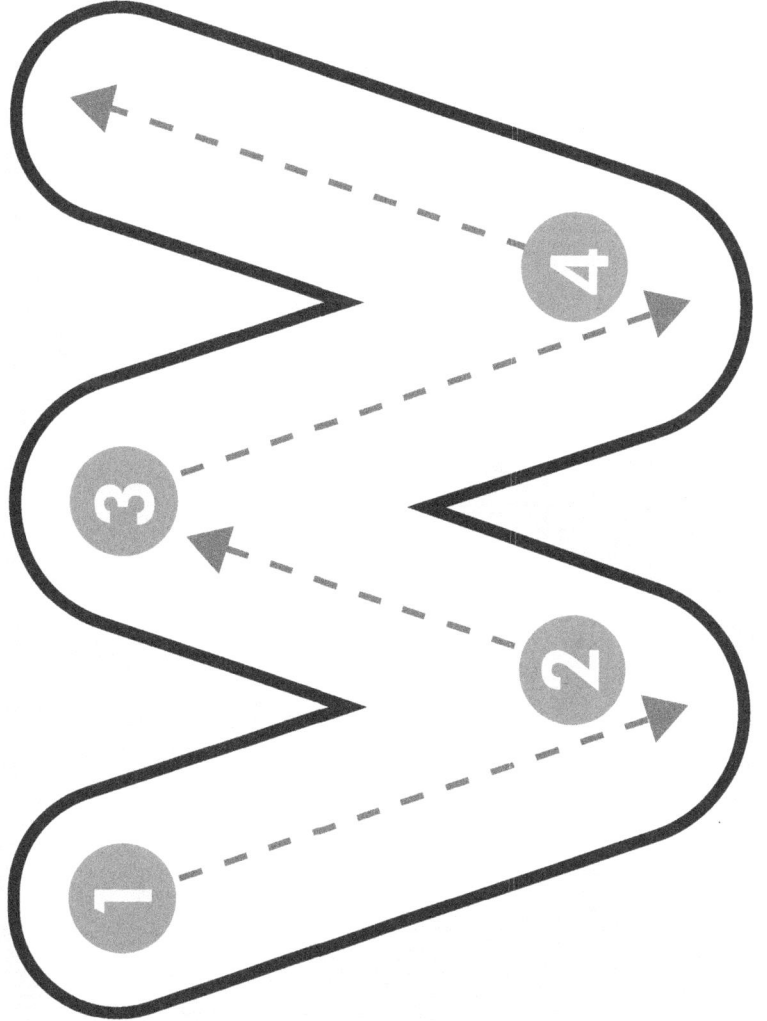

Mit dem Finger nachfahren

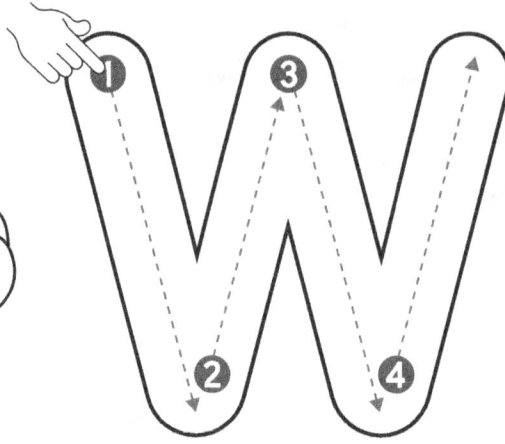

schreiben

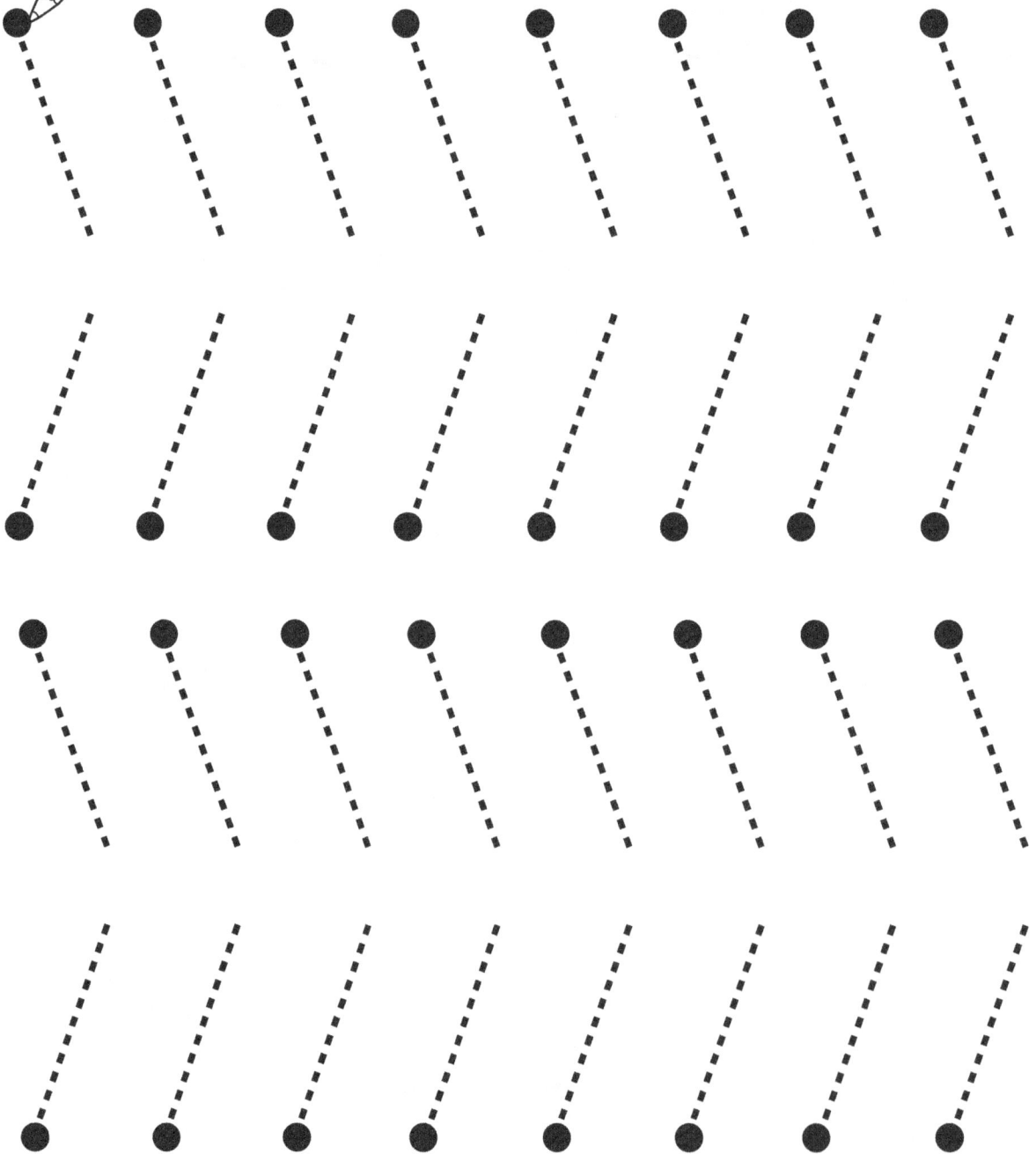

© KidsSoup, Inc.   ABC Twiggi

Mit dem Finger nachfahren

schreiben

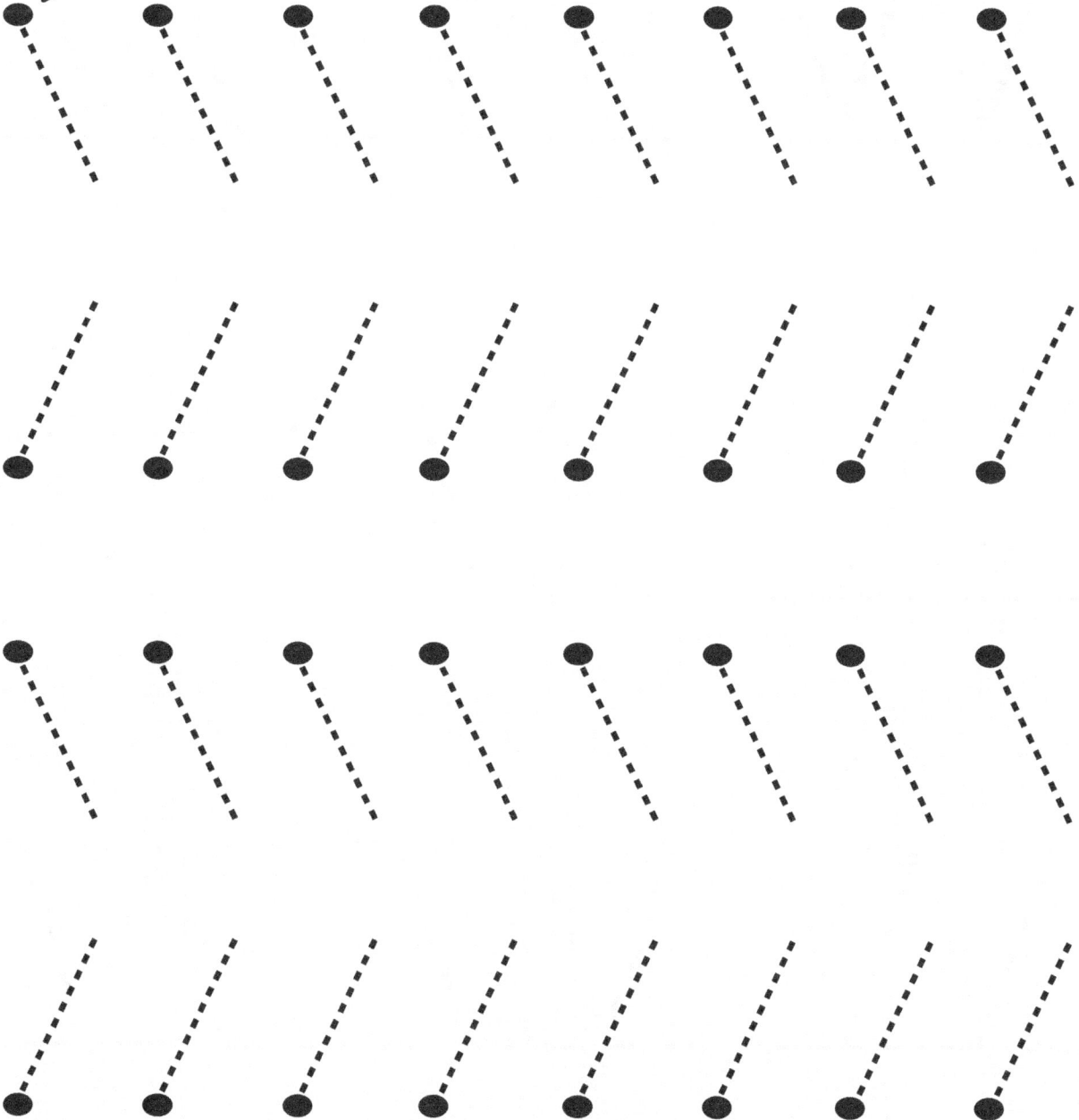

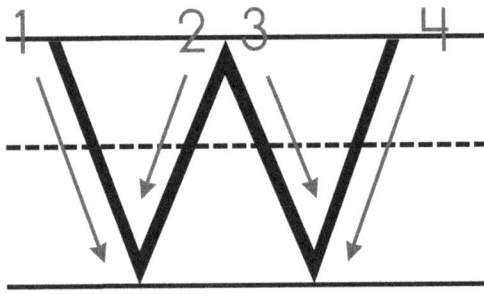

Wolke

ABCDEFGHIJKLMNOPQRSTUV**W**XYZ

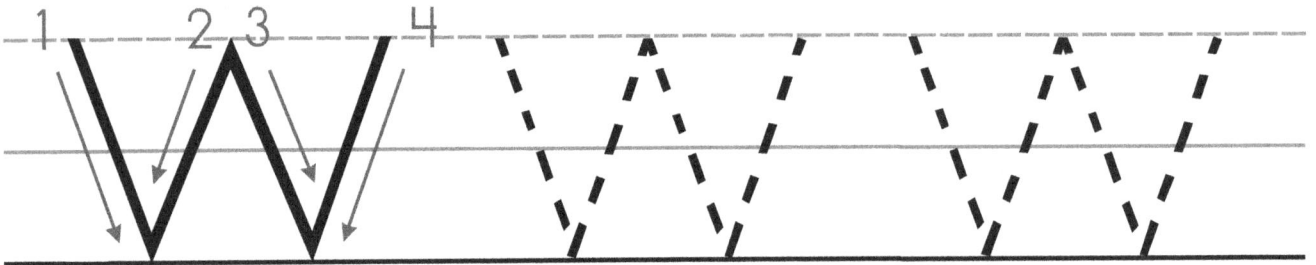

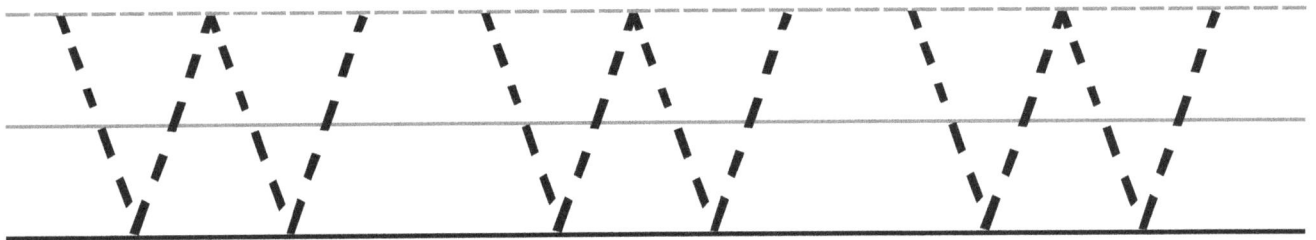

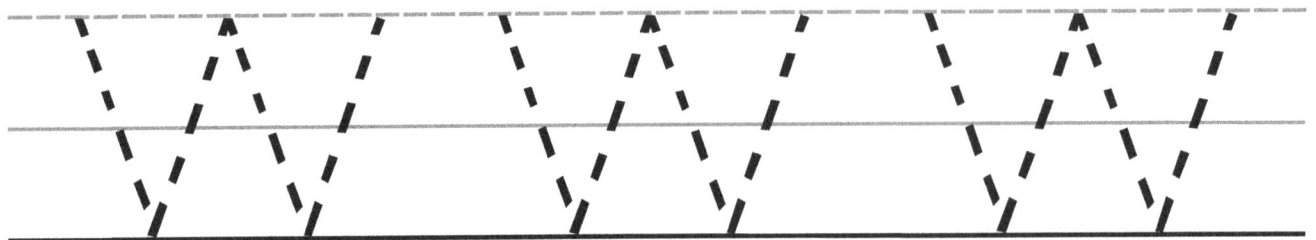

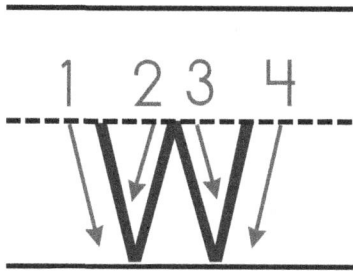

1 2 3 4

W

Löwe

abcdefghijklmnopqrstuv**w**xyz

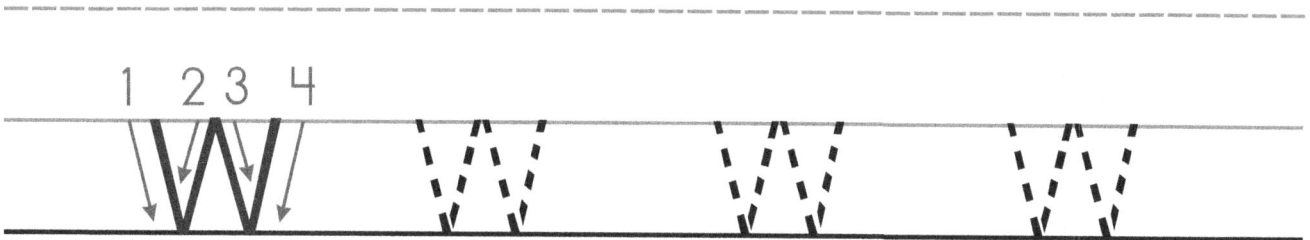

1 2 3 4

W   W   W   W

W   W   W   W

W   W   W   W

Schreibe den Buchstaben

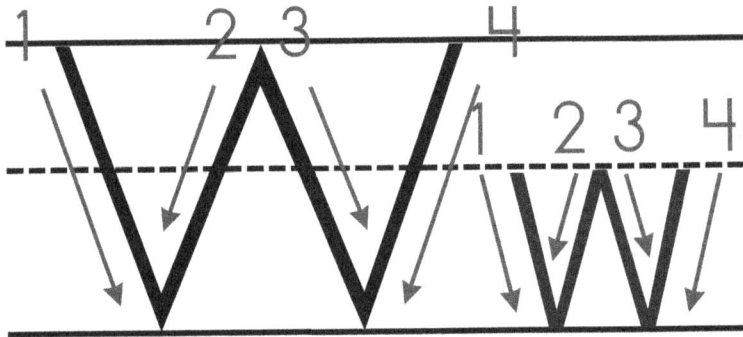

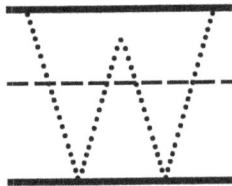

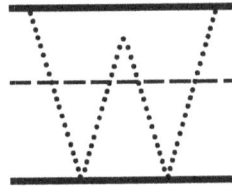

Xylofon

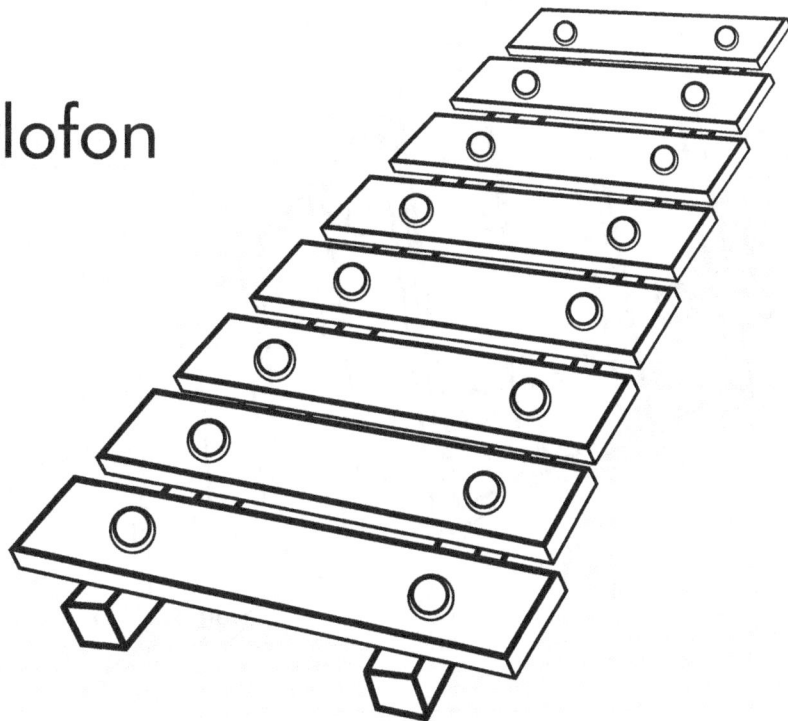

ABC Twiggi 189

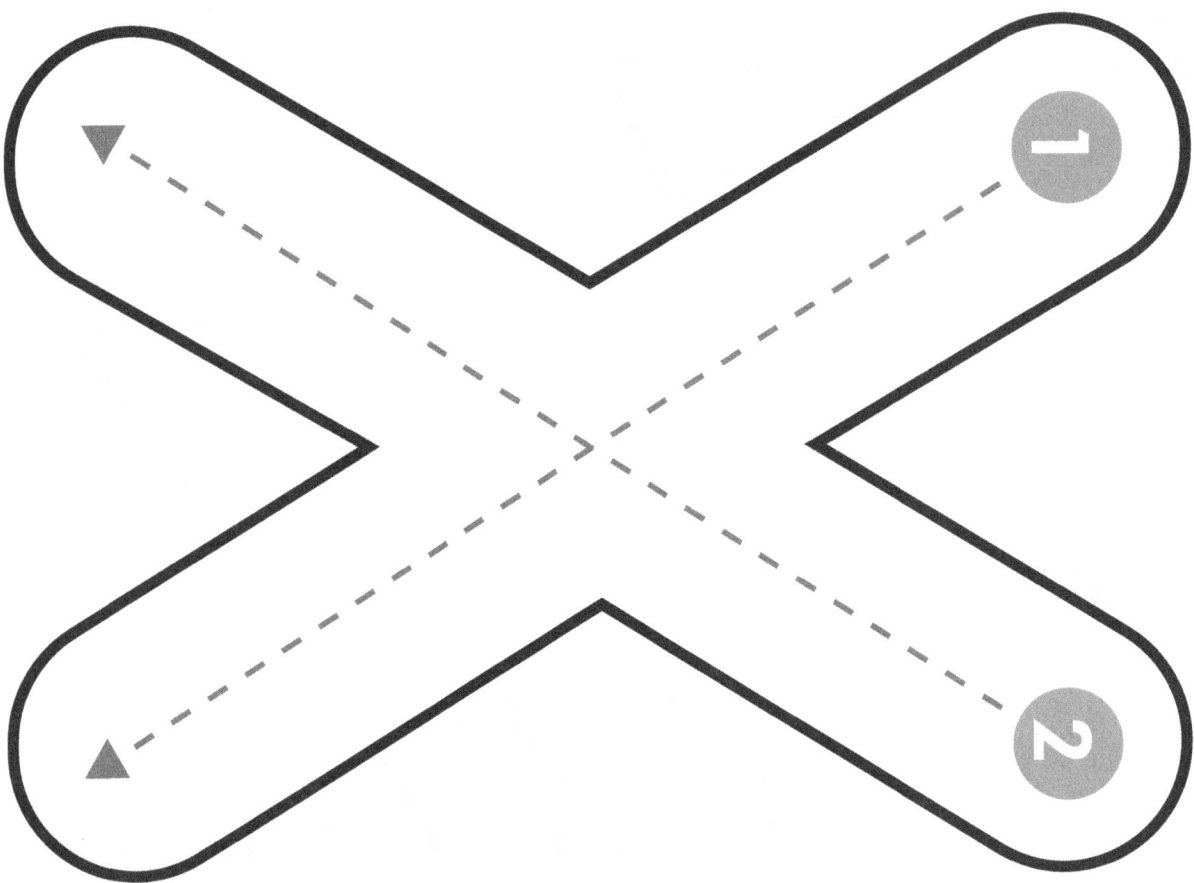

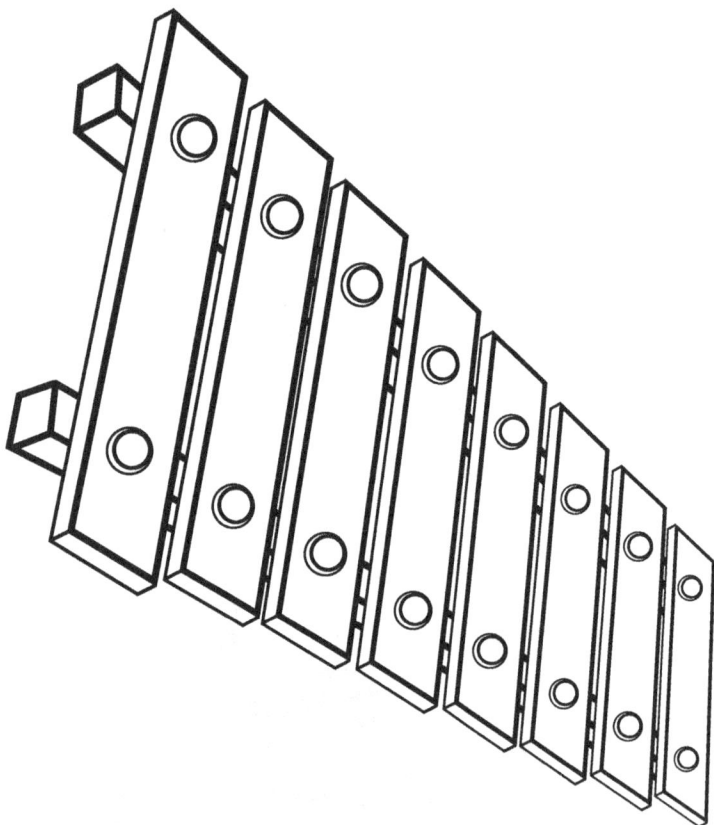

X wie **X**ylofon

x wie in Taxi

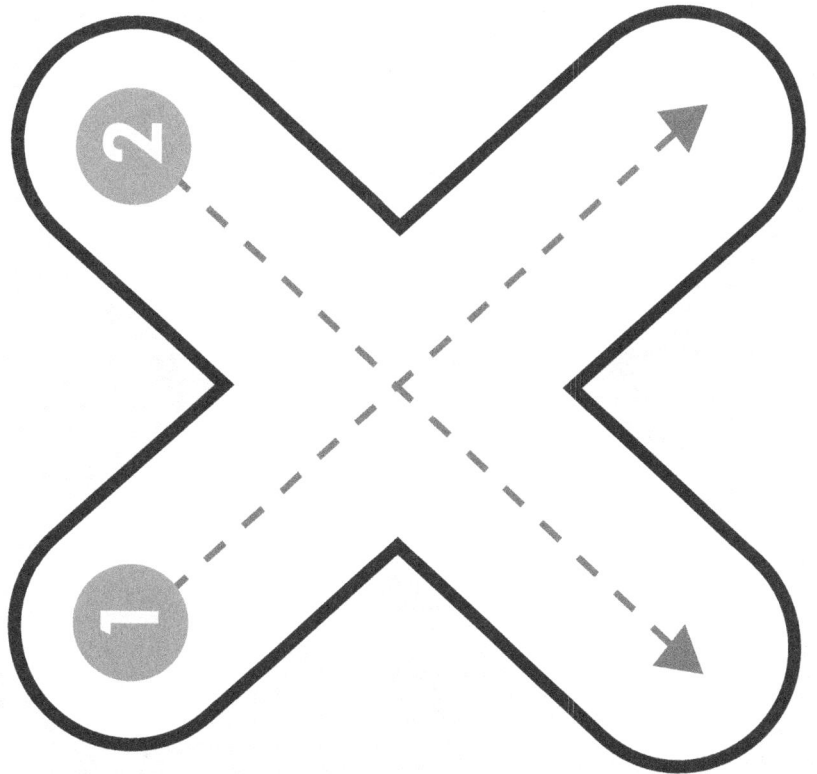

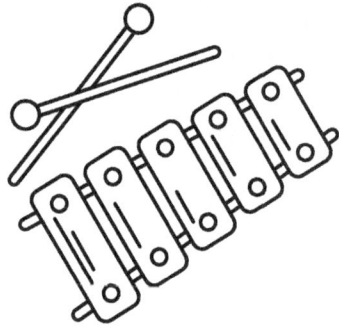

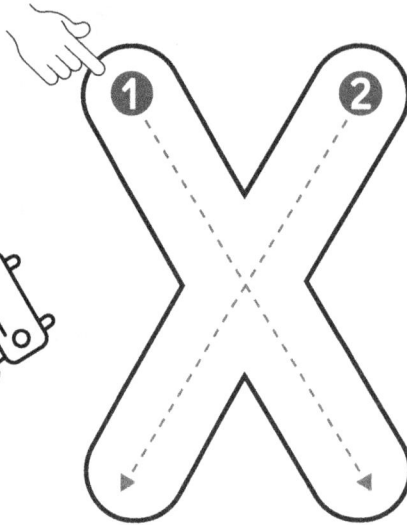

schreiben

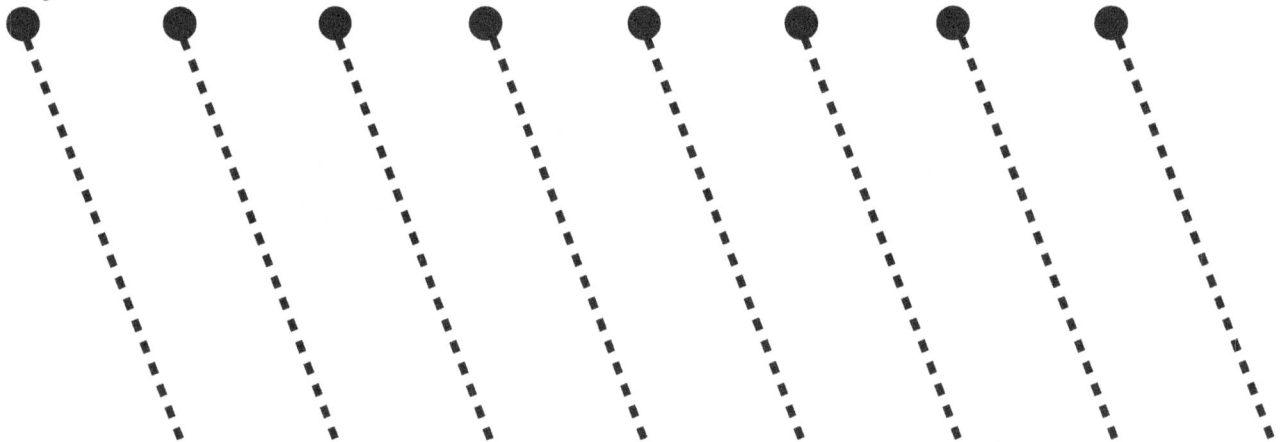

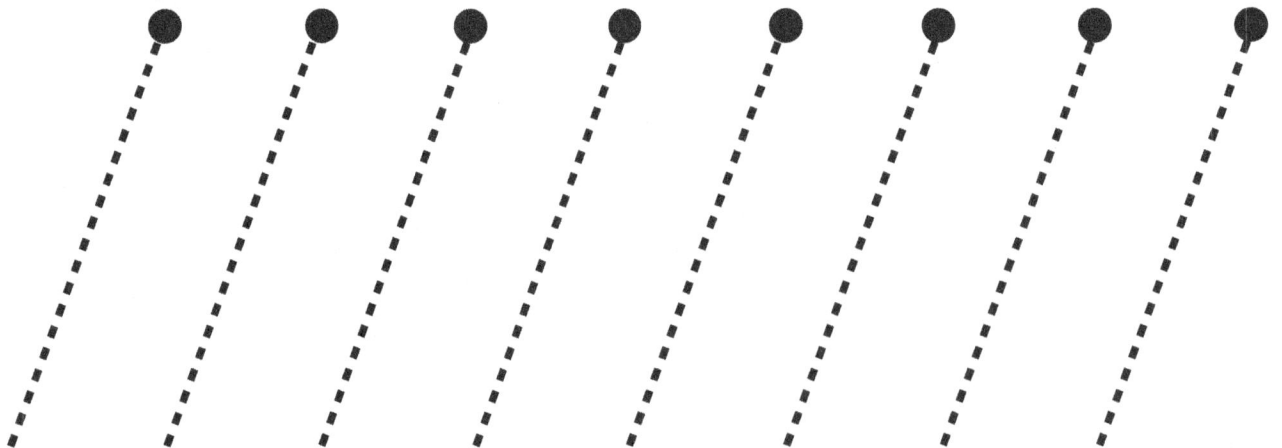

Mit dem Finger nachfahren

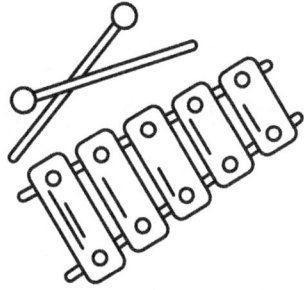

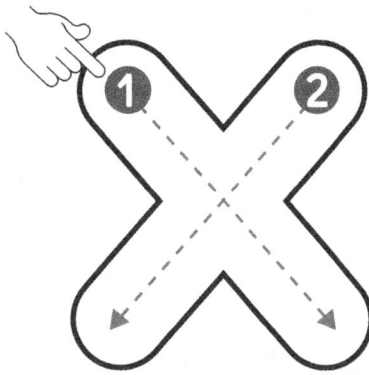

schreiben

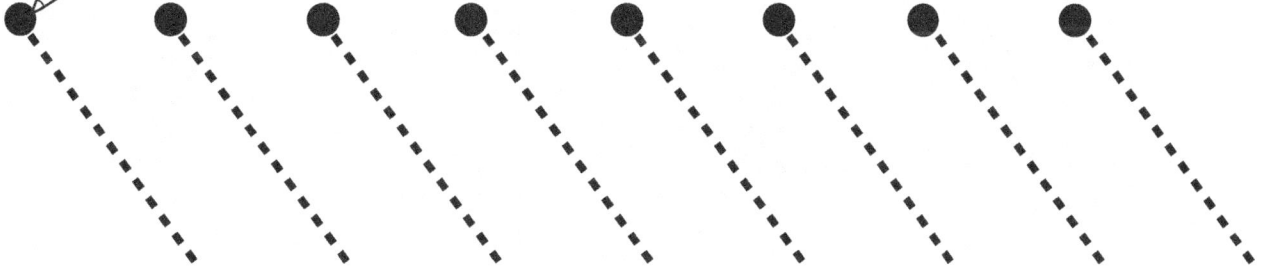

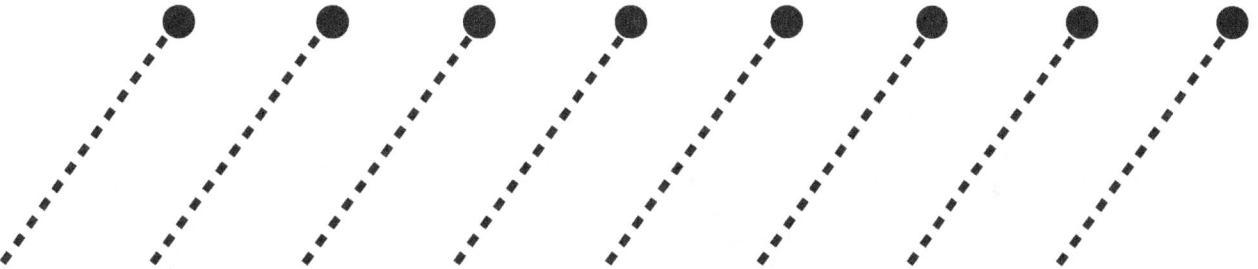

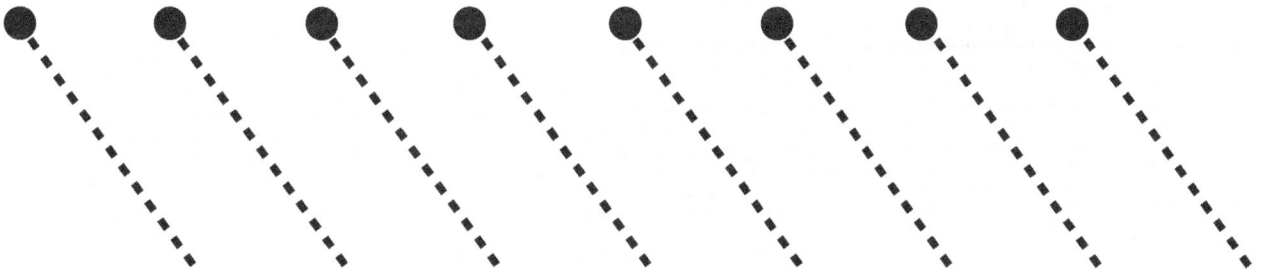

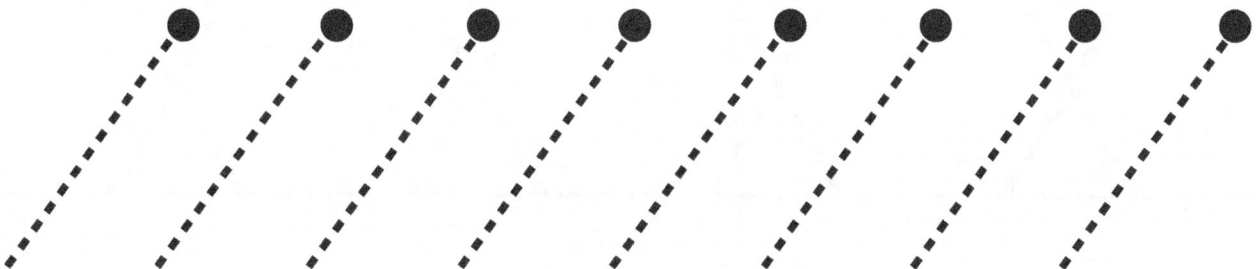

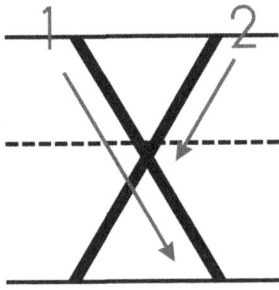

Xylofon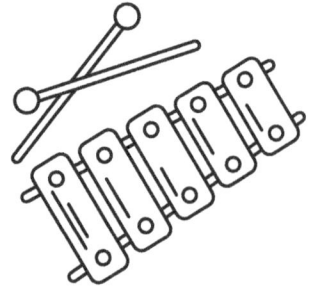

ABCDEF**G**HIJKLMNOPQRSTUVW**X**YZ

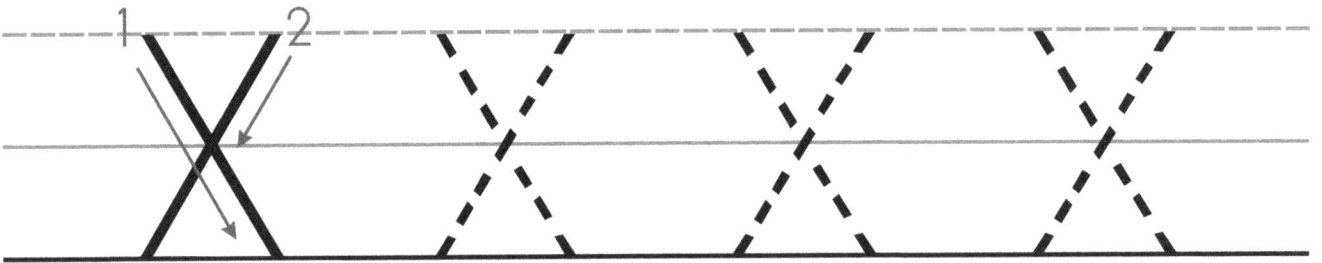

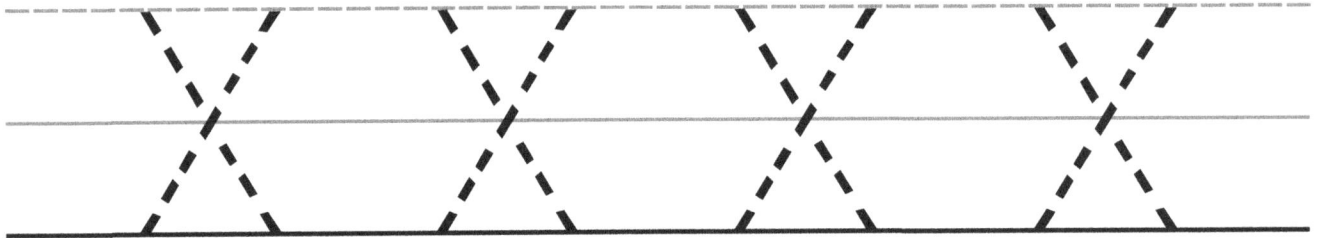

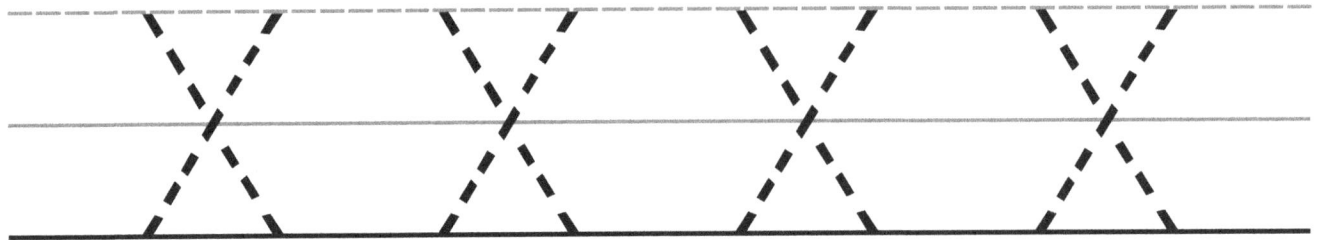

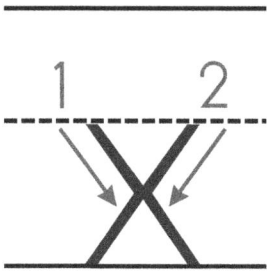

Ta**x**i

a b c d e f g h i j k l m n o p q r s t u v w x y z

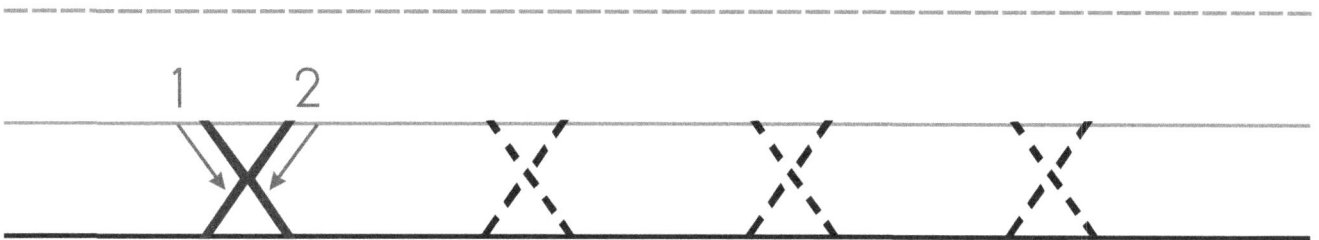

Schreibe den Buchstaben

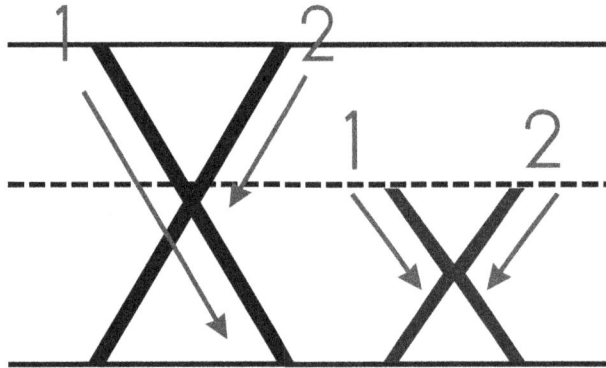

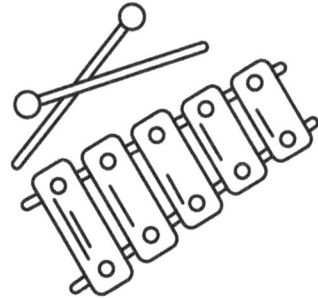

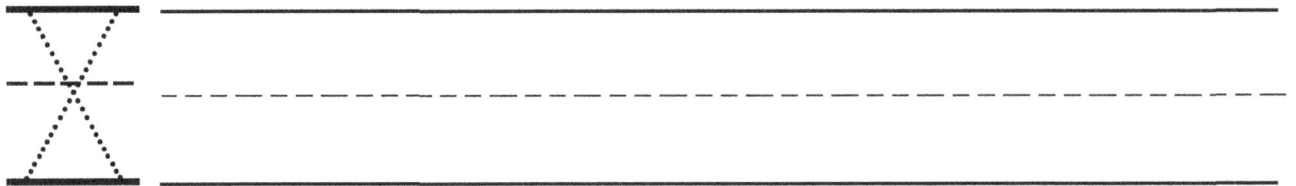

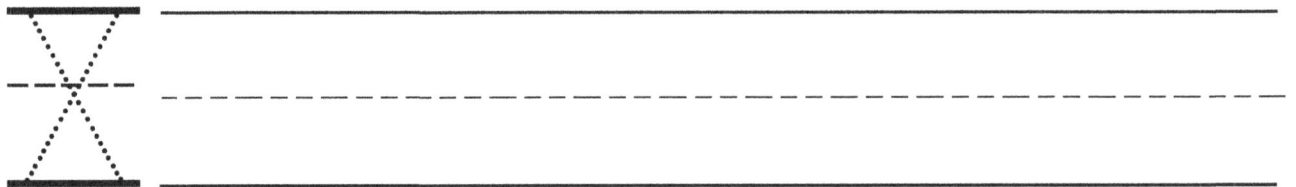

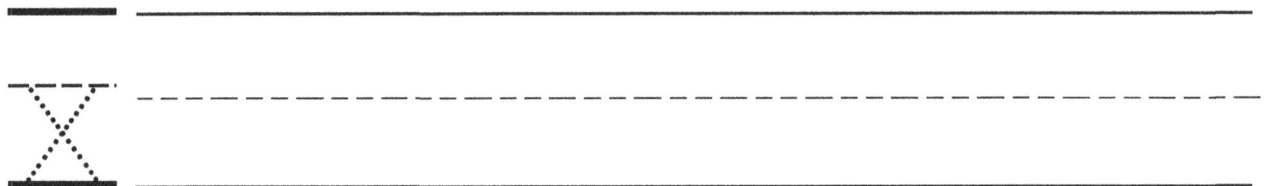

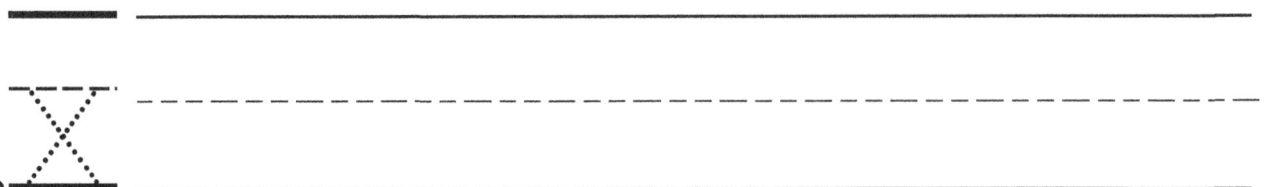

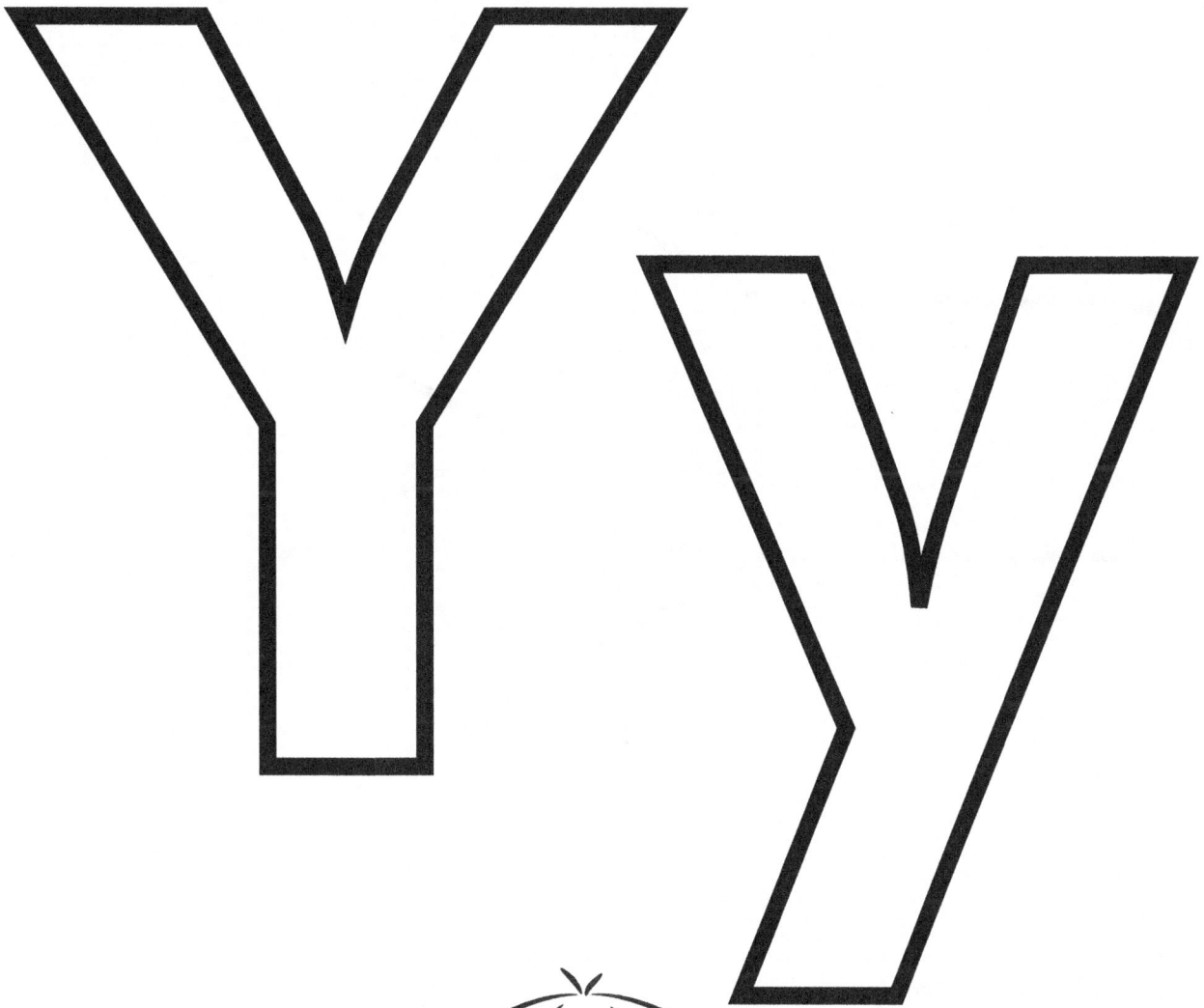

Yoga

ABC Twiggi 197

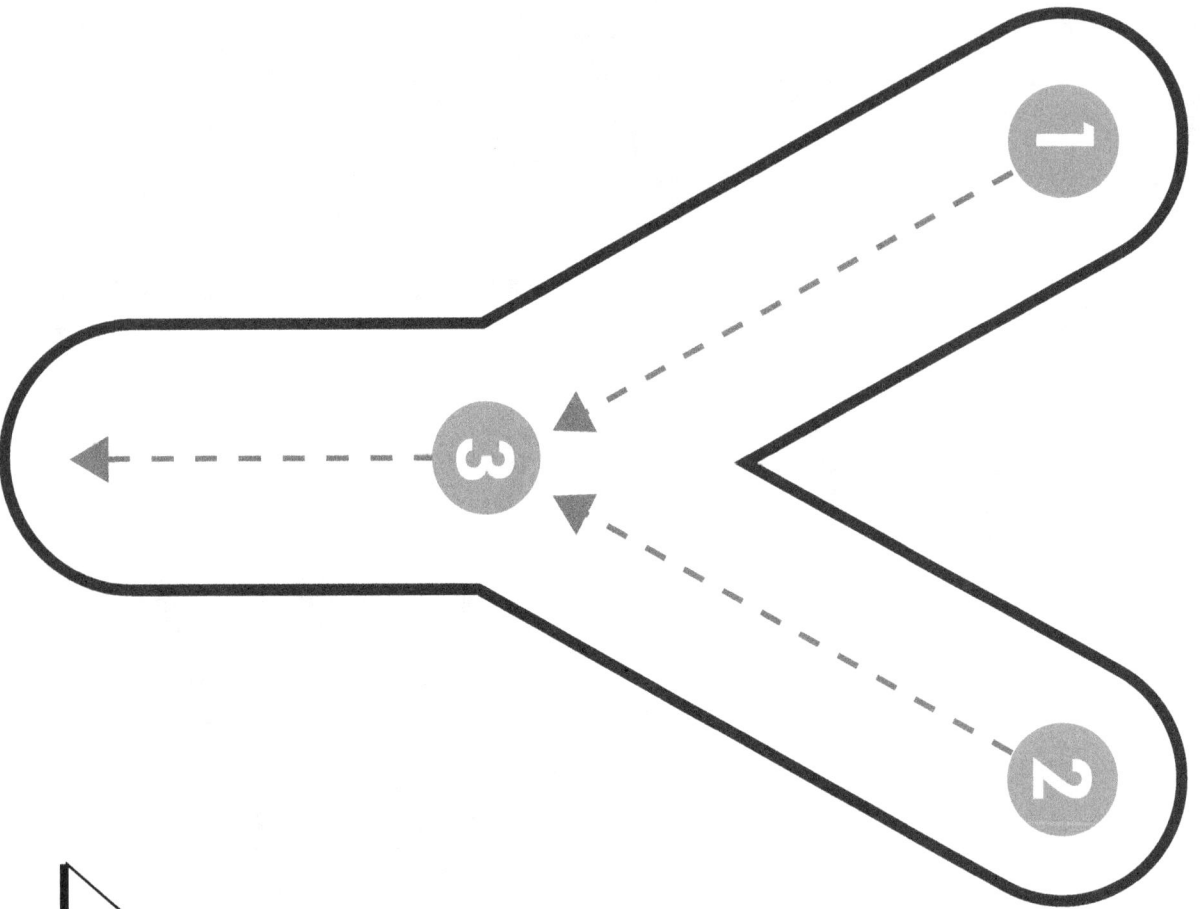

Y wie Yoga

y wie in Pony

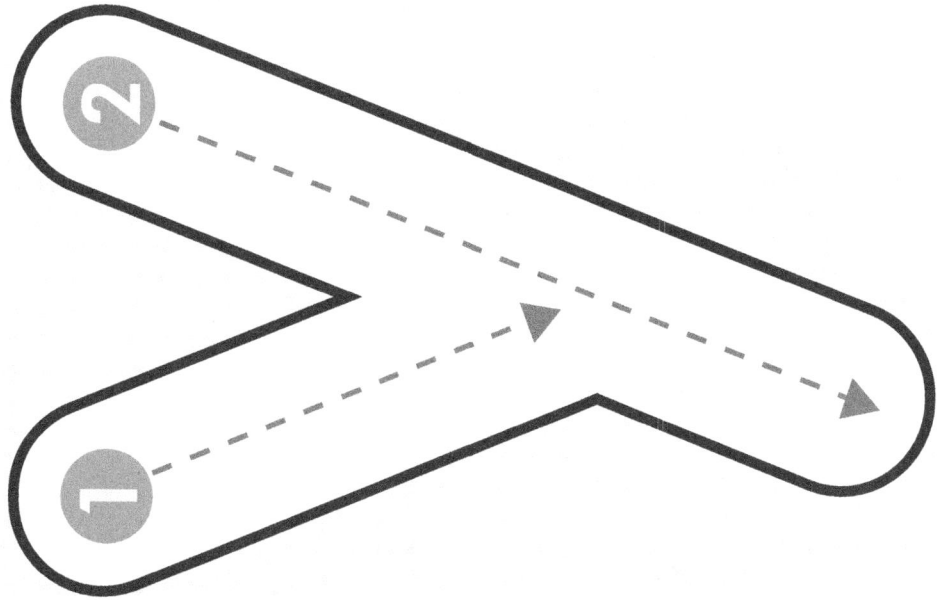

Mit dem Finger nachfahren

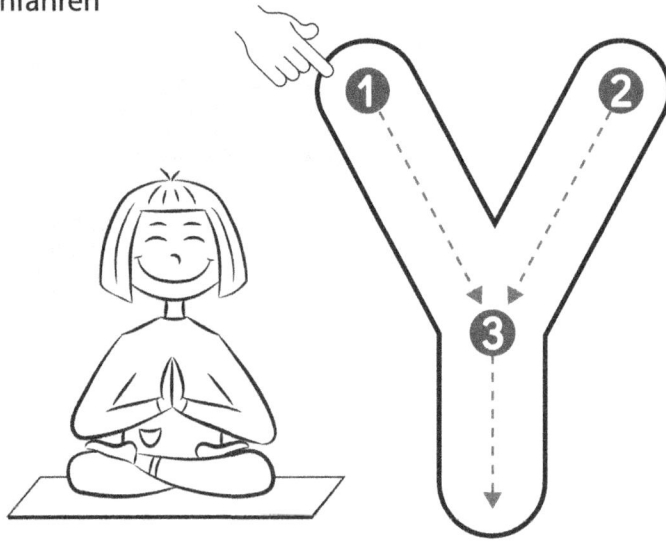

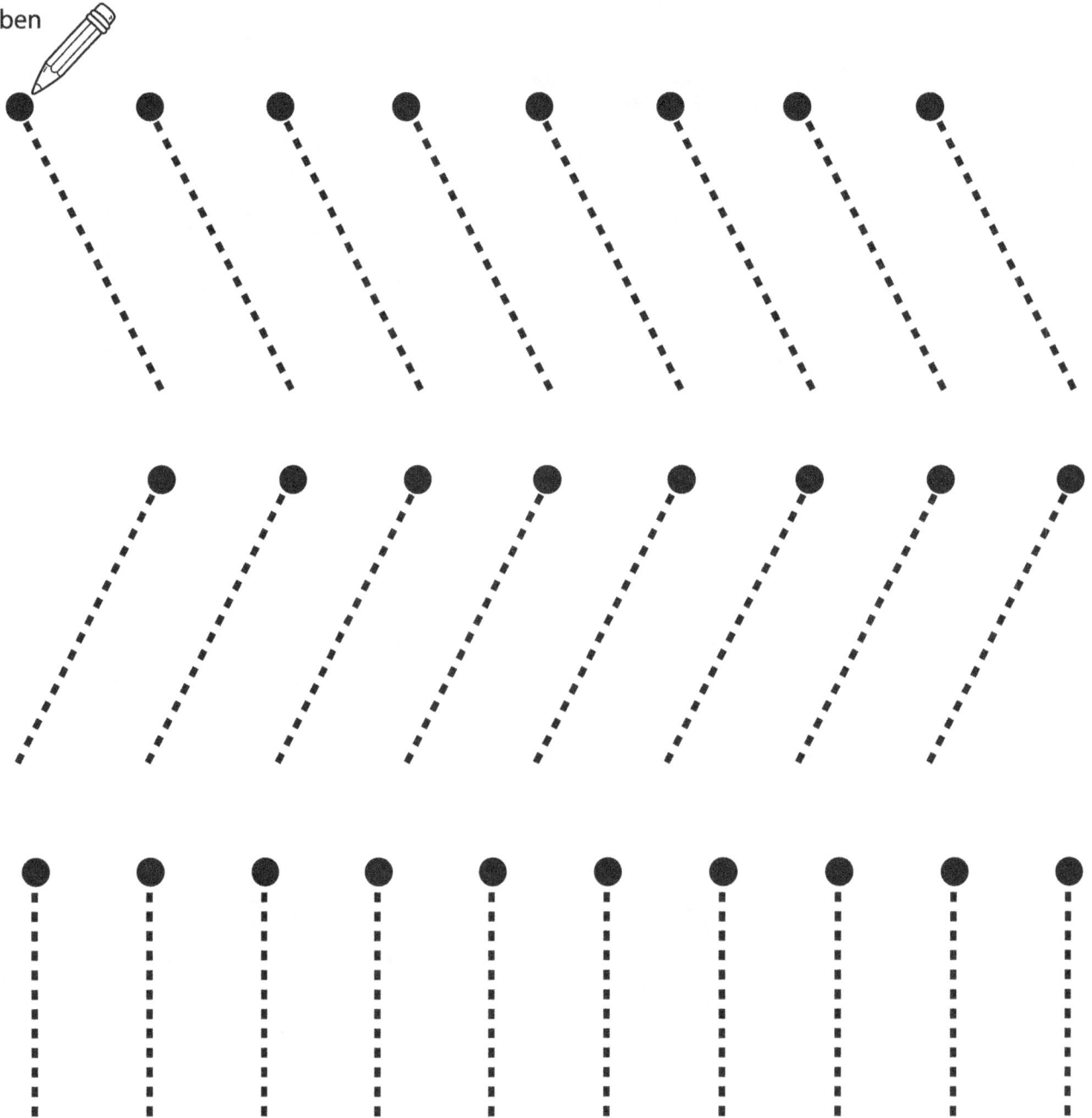

schreiben

© KidsSoup, Inc.   ABC Twiggi

Mit dem Finger nachfahren

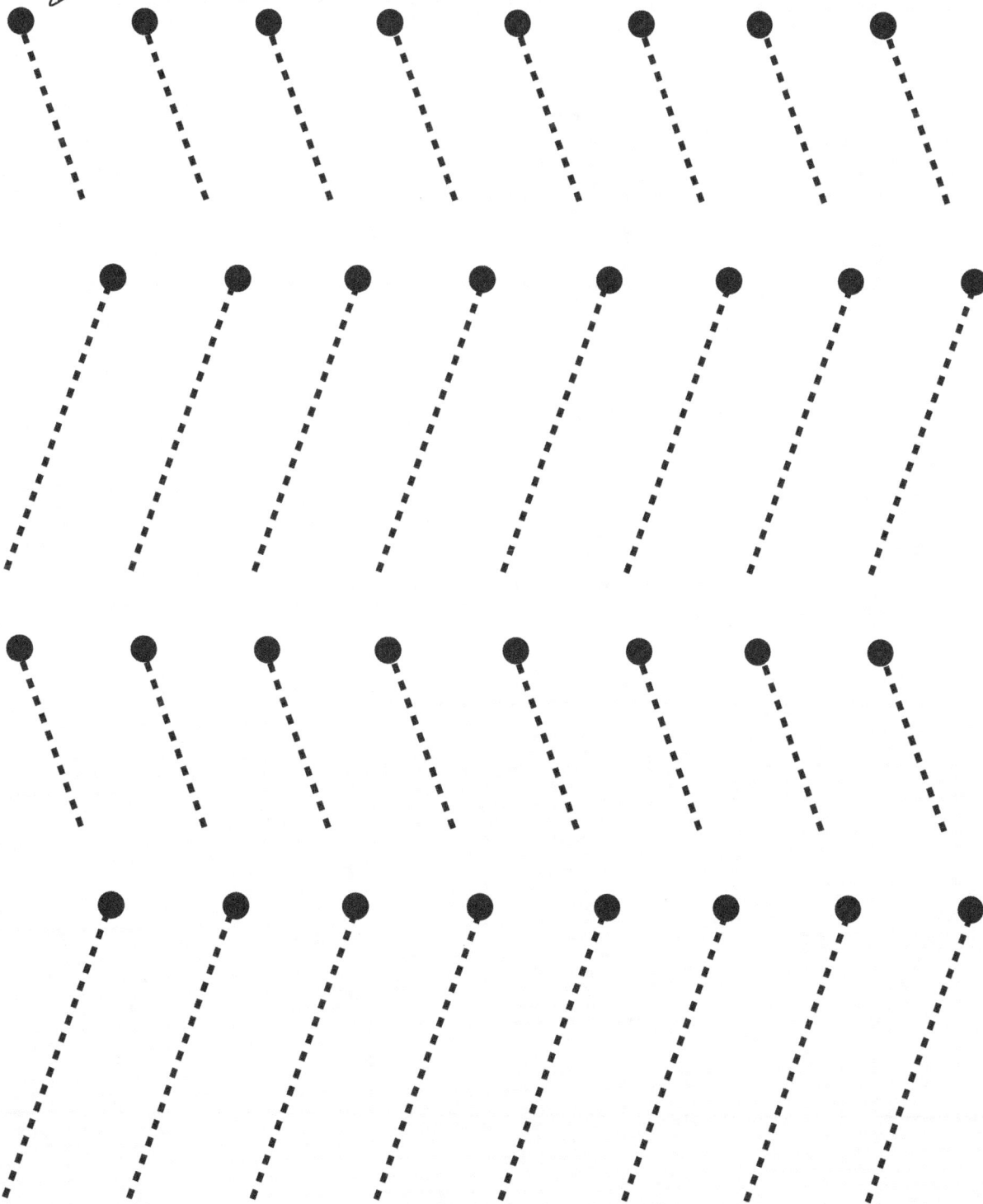

schreiben

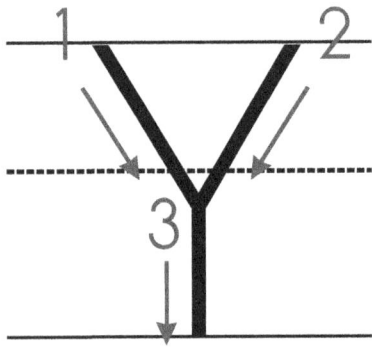

Yoga

ABCDEFGHIJKLMNOPQRSTUVWX**Y**Z

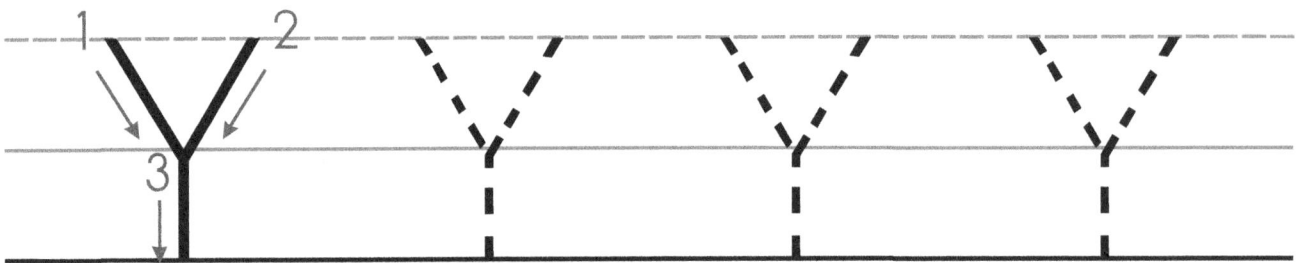

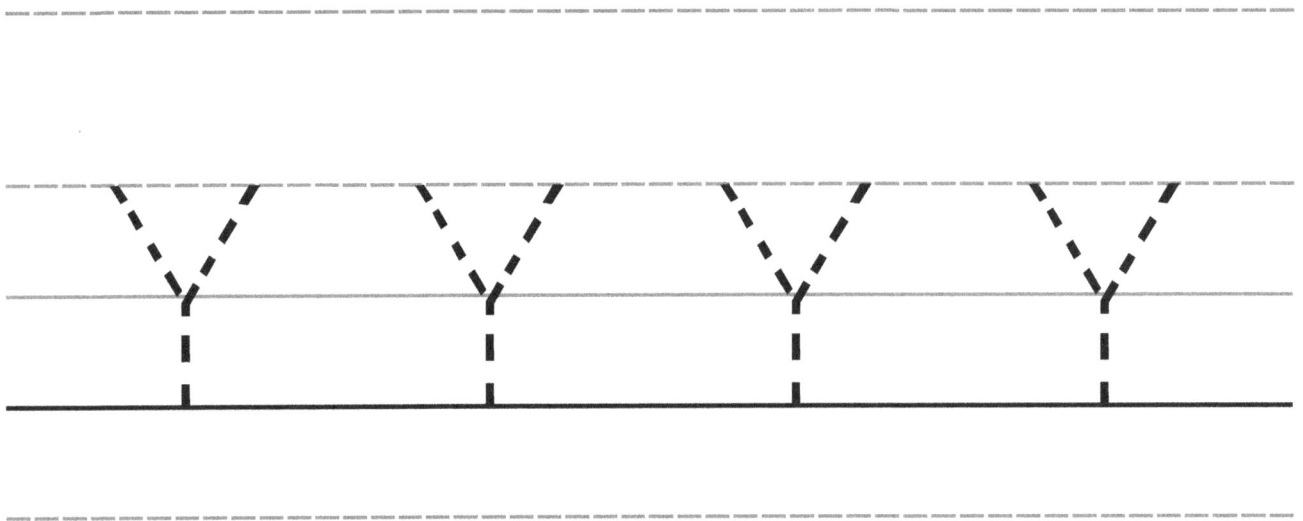

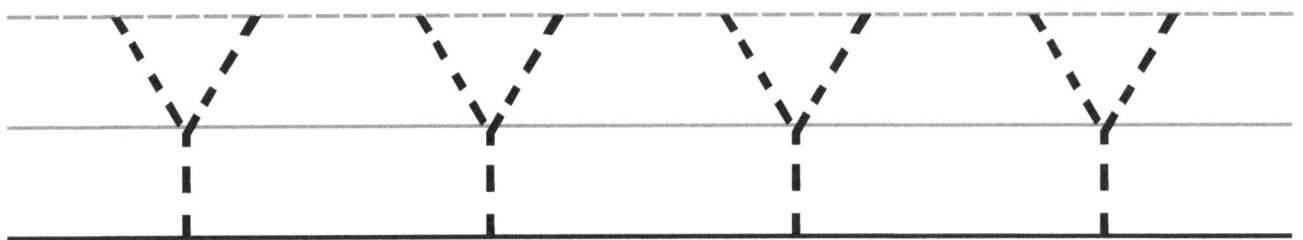

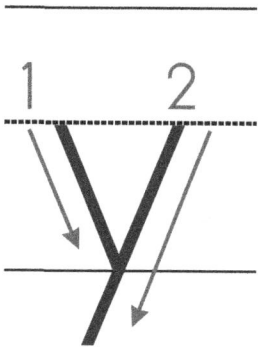

Pony

a b c d e f g h i j k l m n o p q r s t u v w x **y** z

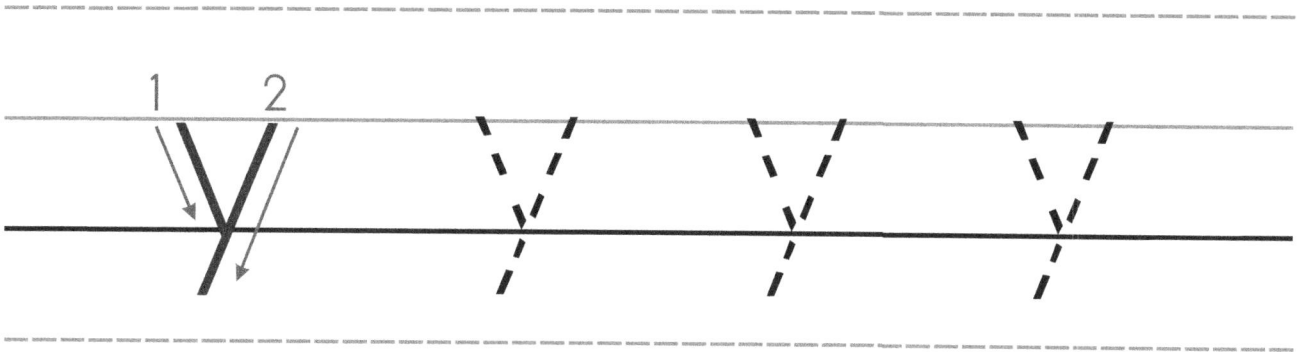

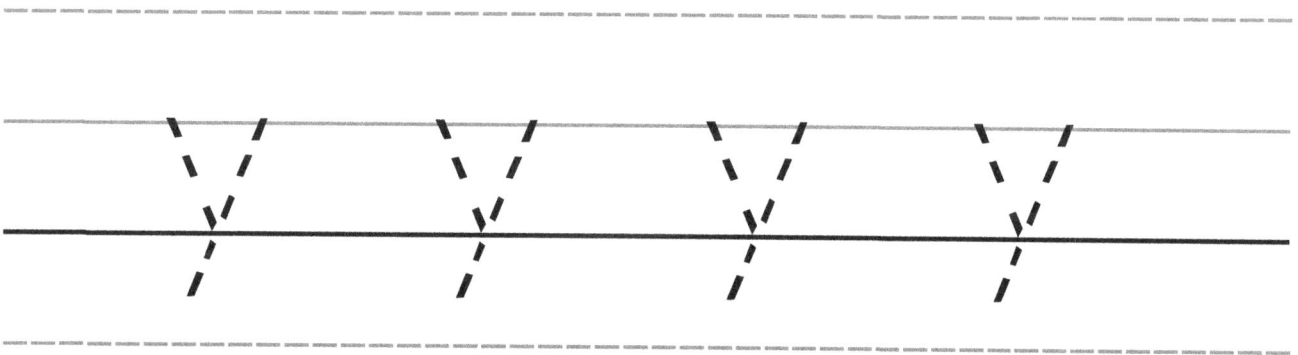

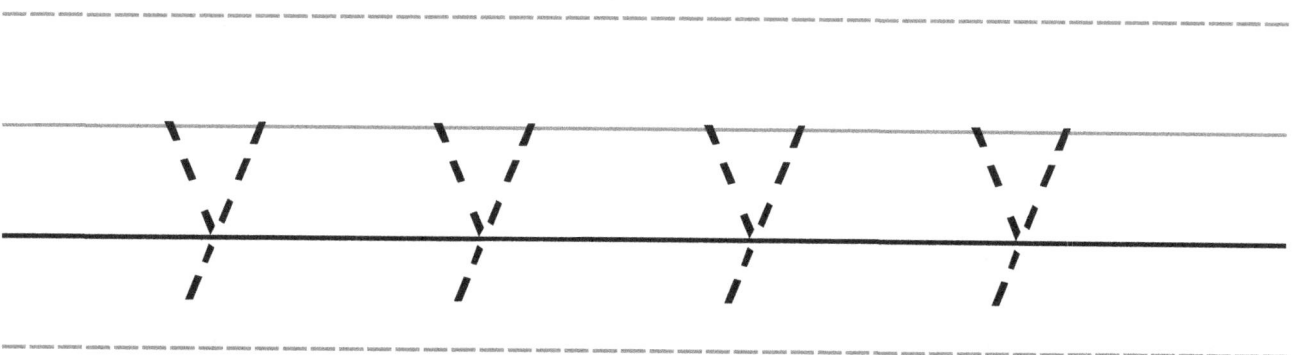

Schreibe den Buchstaben

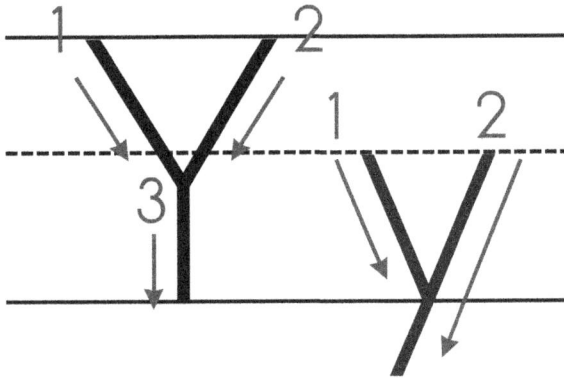

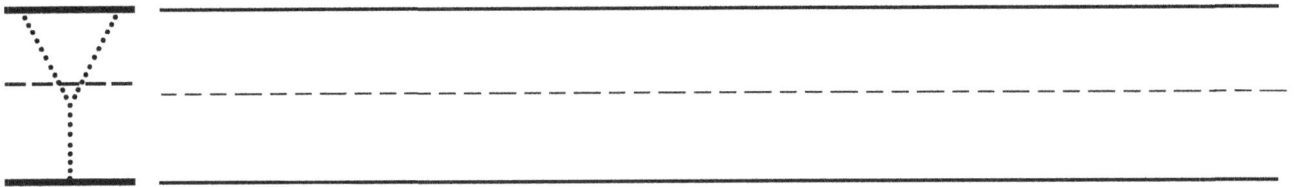

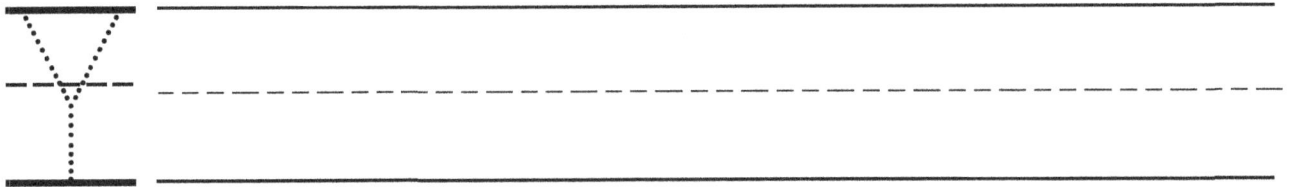

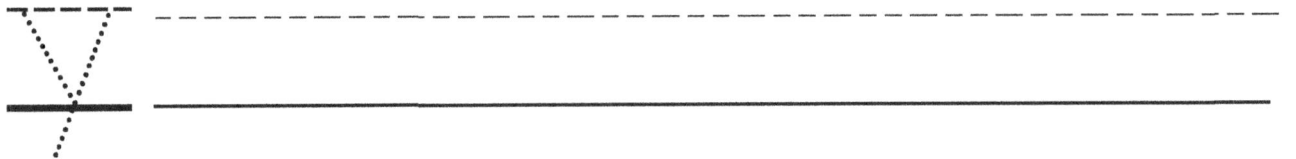

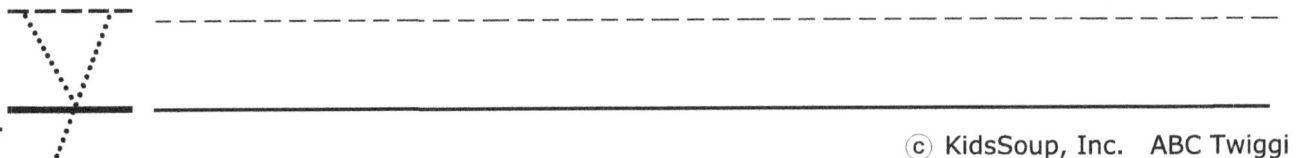

Zz

Zebra

ABC Twiggi 205

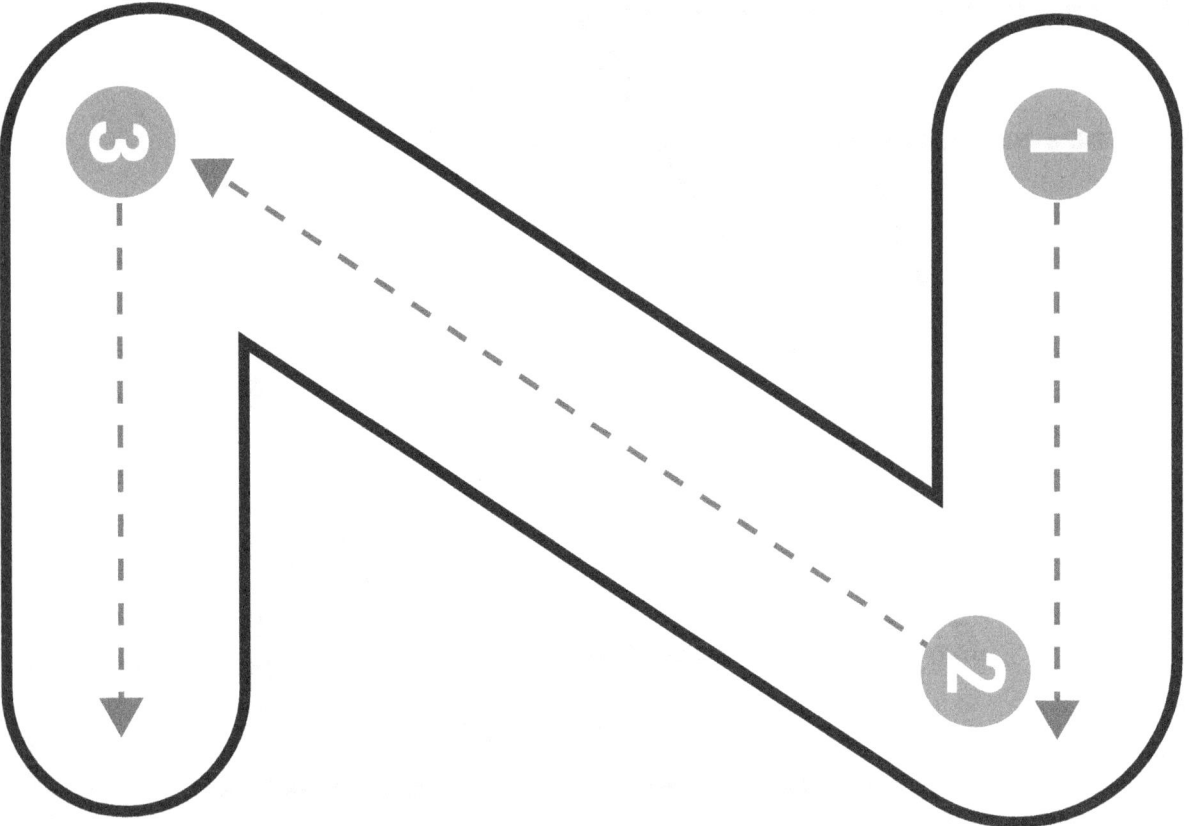

Z wie Zebra

z wie in Kerze

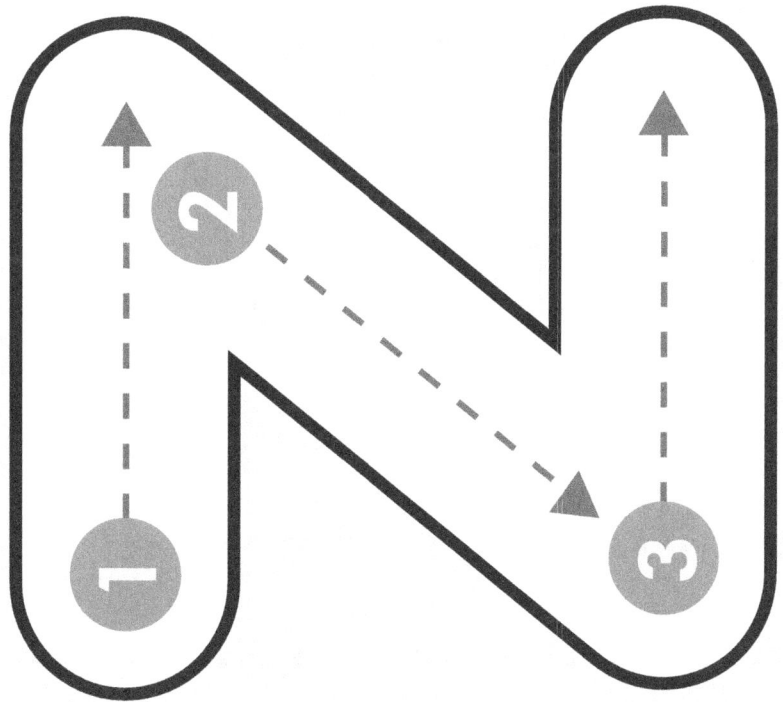

Mit dem Finger nachfahren

schreiben

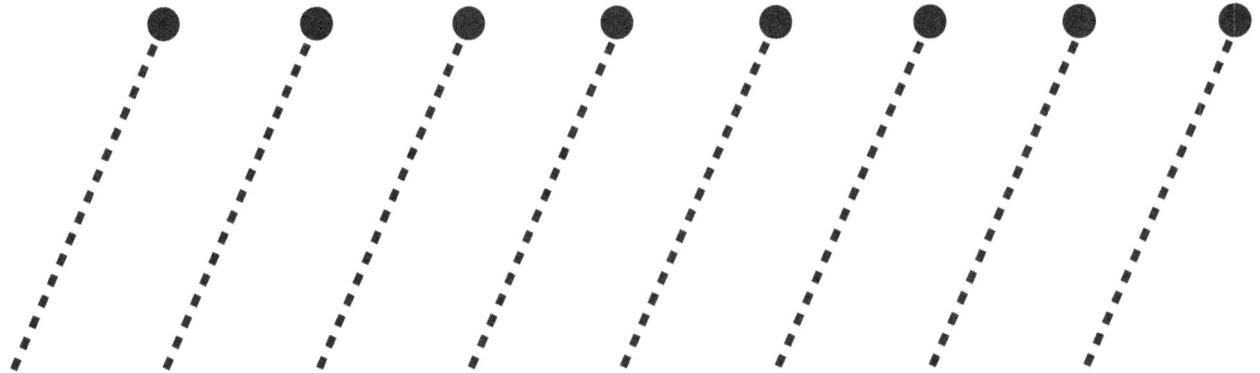

Mit dem Finger nachfahren

 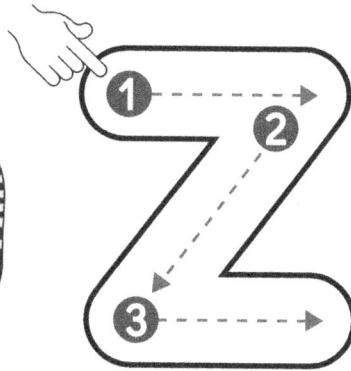 

schreiben

      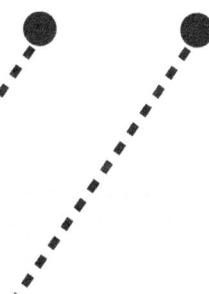

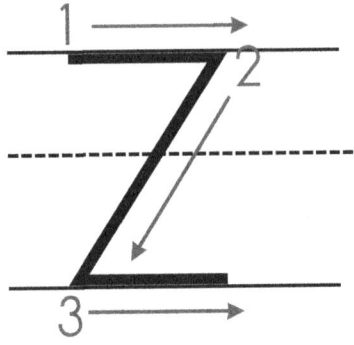

Zebra

A B C D E F G H I J K L M N O P Q R S T U V W X Y **Z**

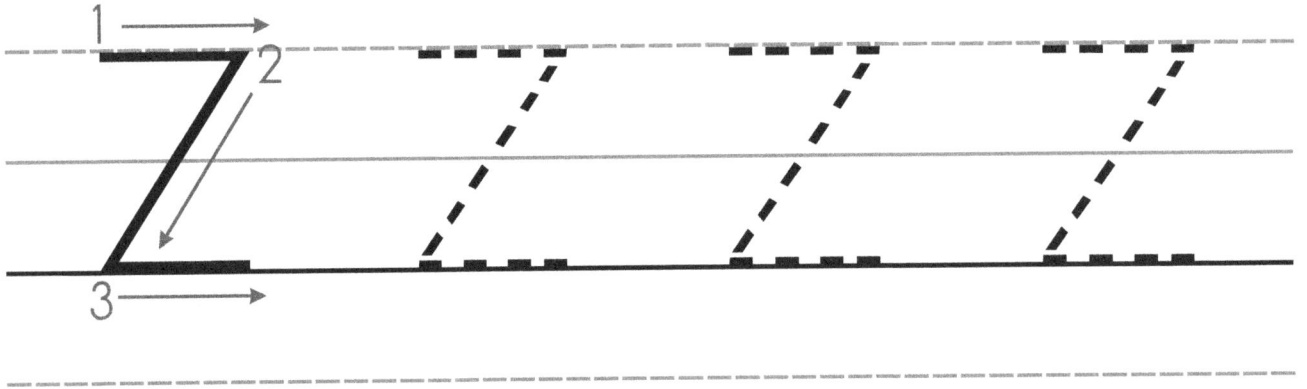

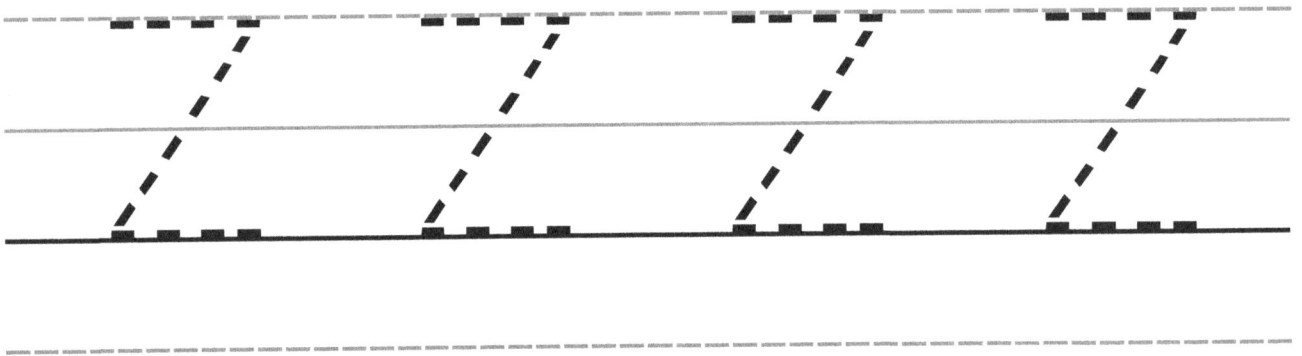

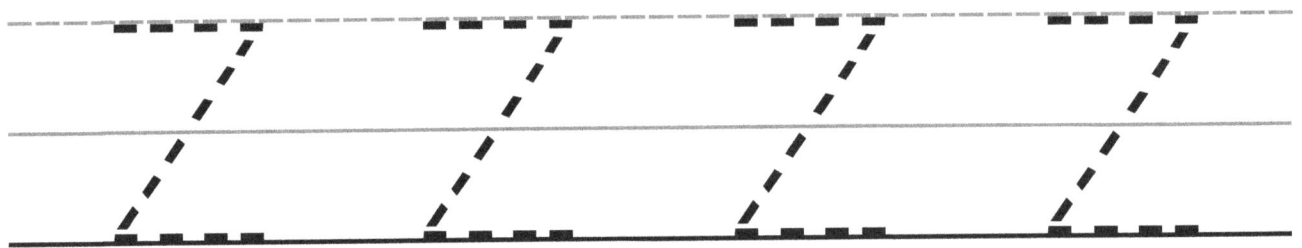

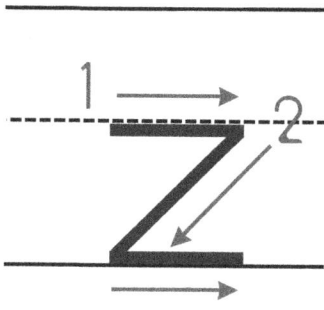

Kerze

abcdefghijklmnopqrstuvwxy**z**

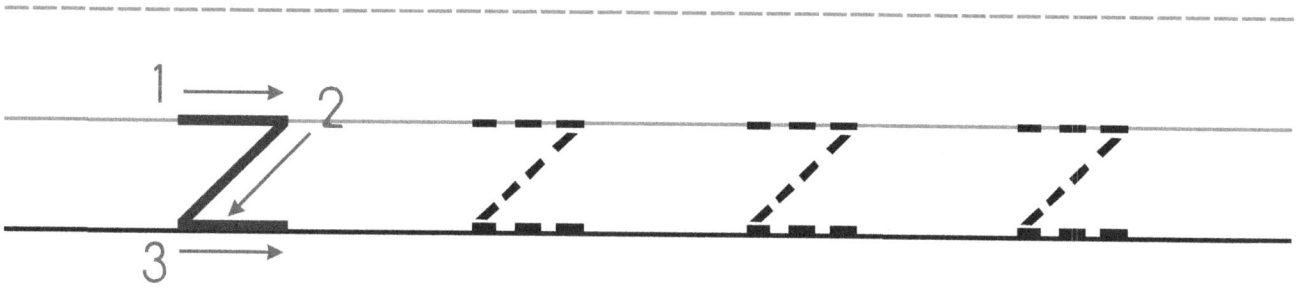

Schreibe den Buchstaben

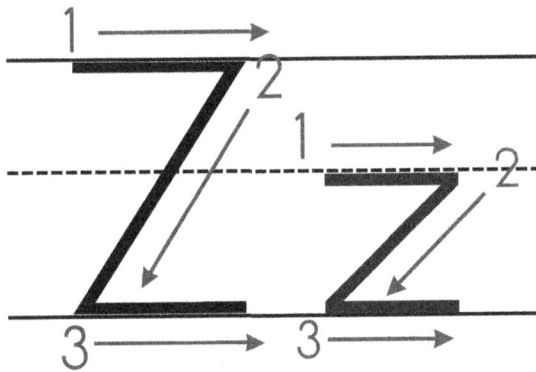

Made in the USA
Las Vegas, NV
26 August 2024

Aa

Affe

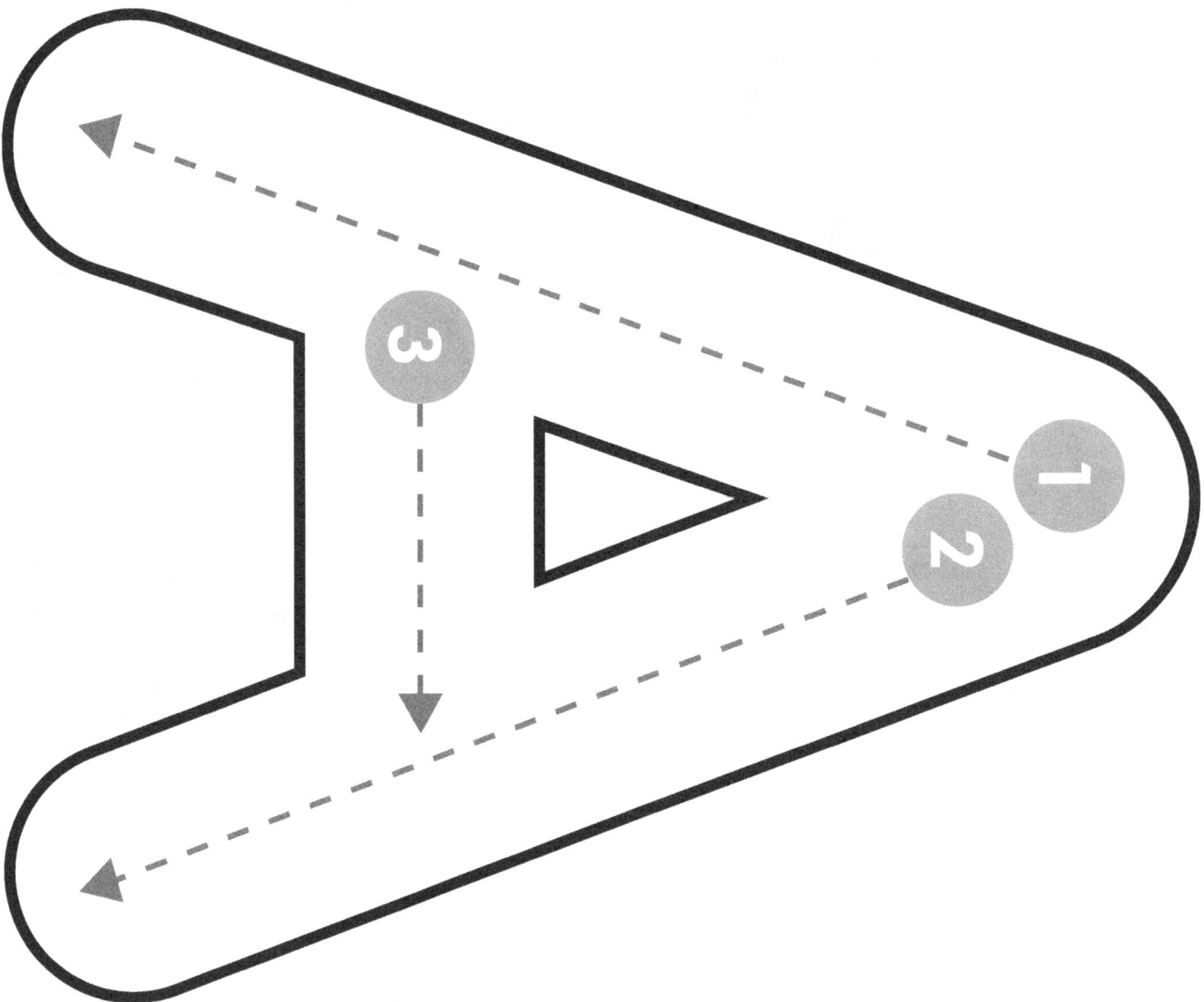

A wie Affe

a wie in Ananas

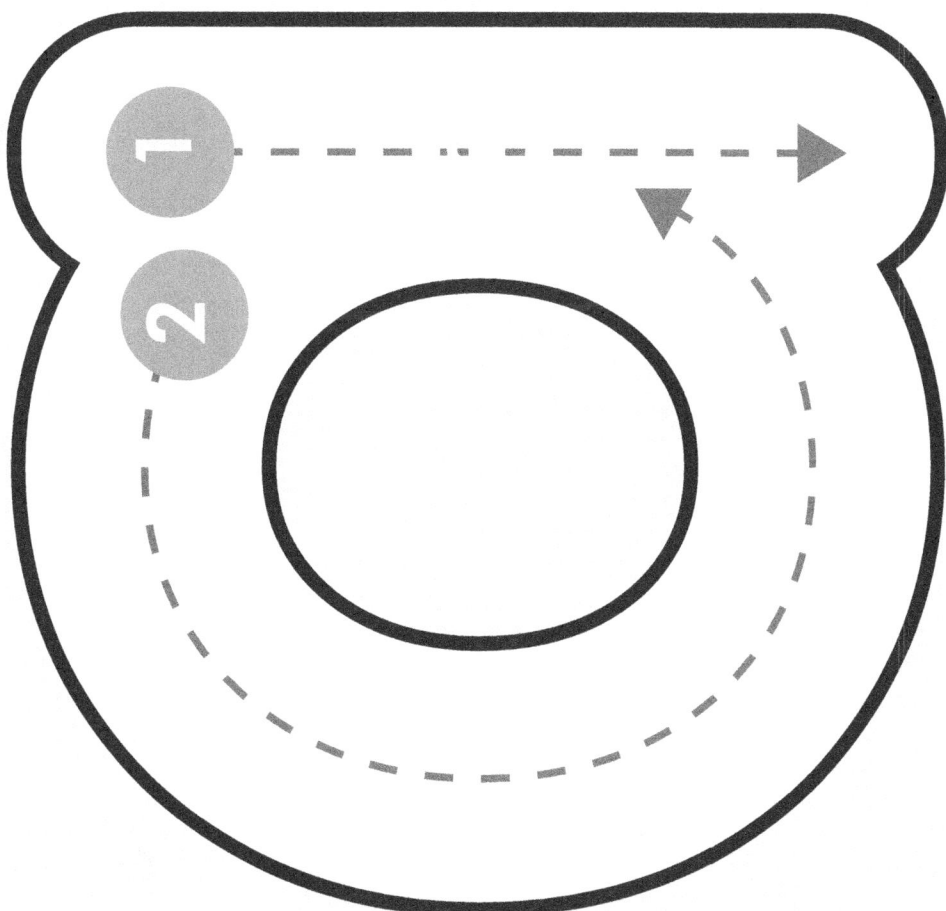

schreiben

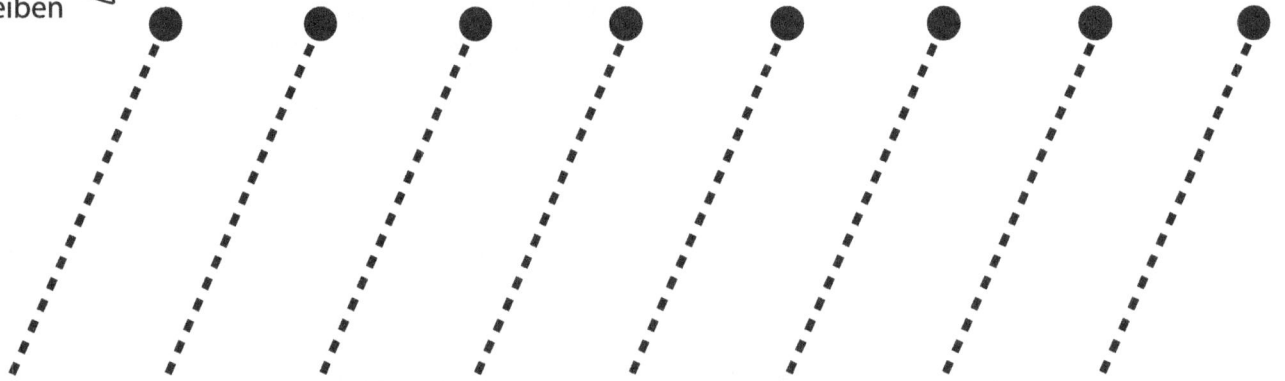

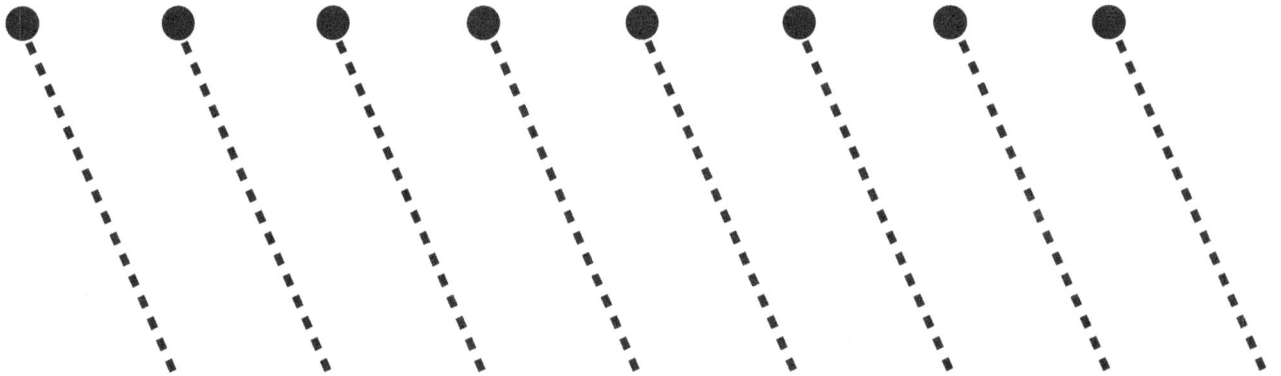

© KidsSoup, Inc.   ABC Twiggi

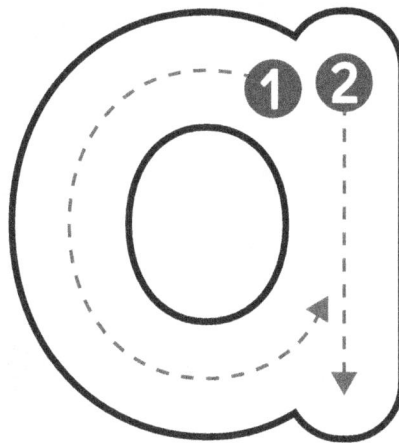

schreiben

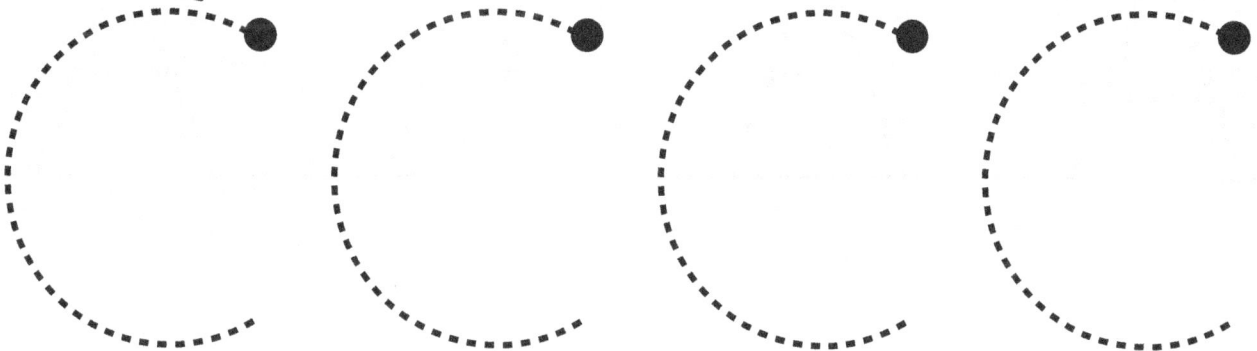

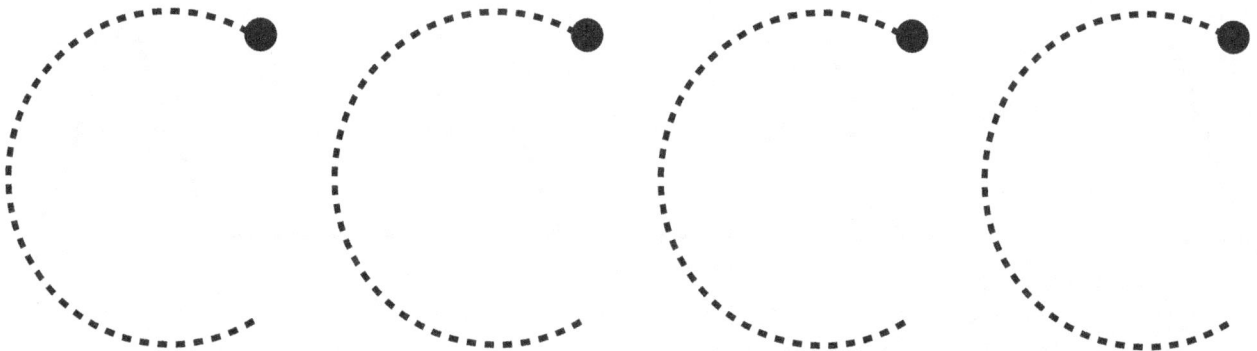

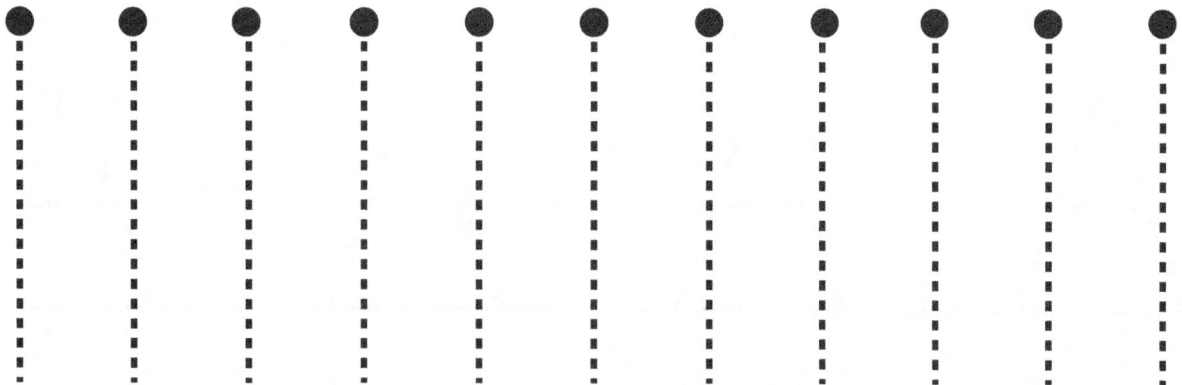

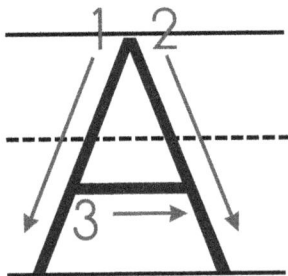

Affe

A B C D E F G H I J K L M N O P Q R S T U V W X Y Z

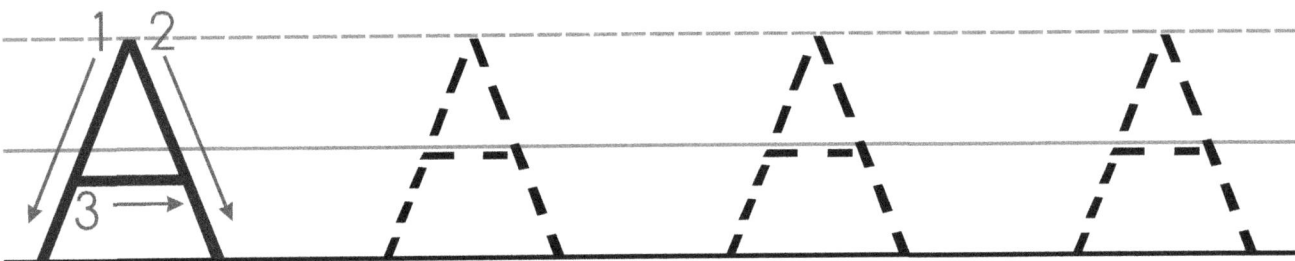

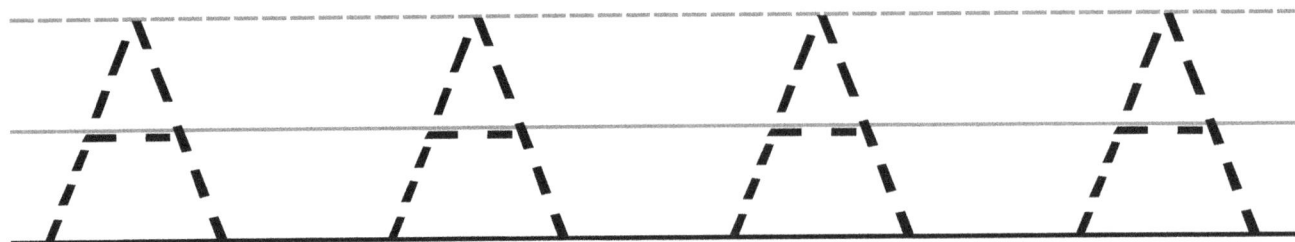

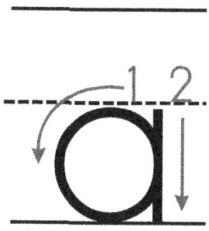

An**an**as

a b c d e f g h i j k l m n o p q r s t u v w x y z

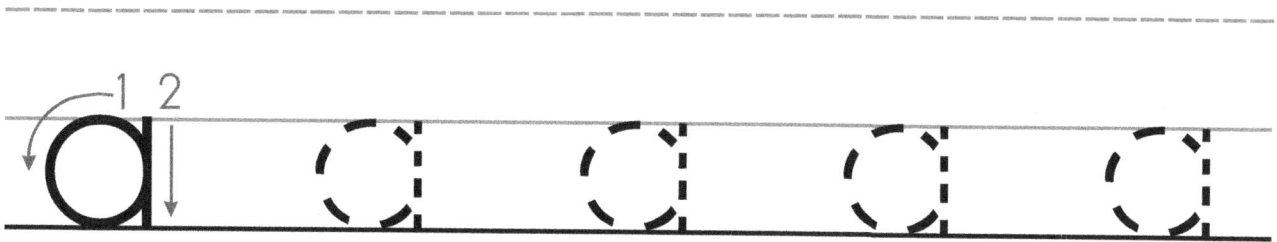

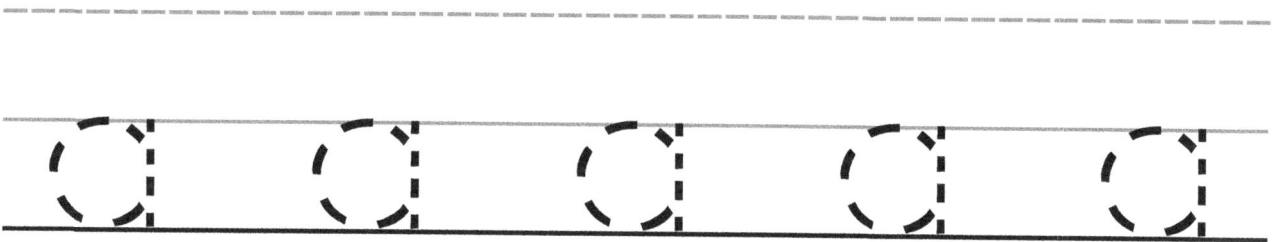

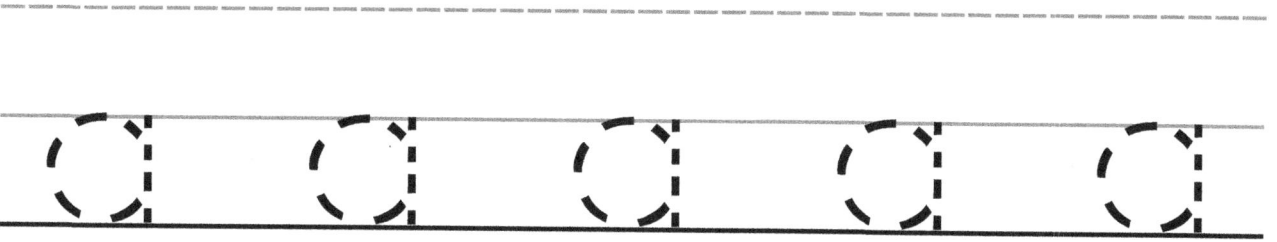

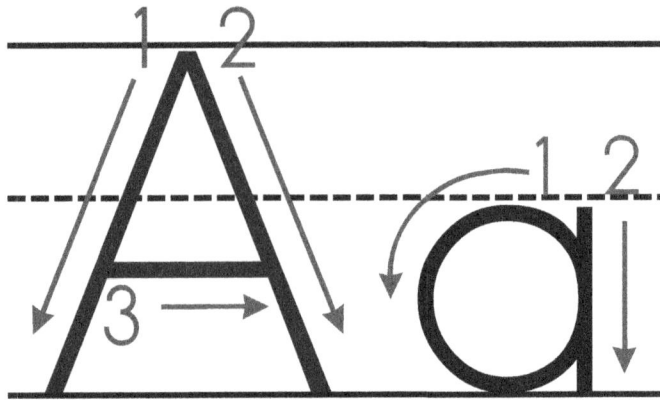

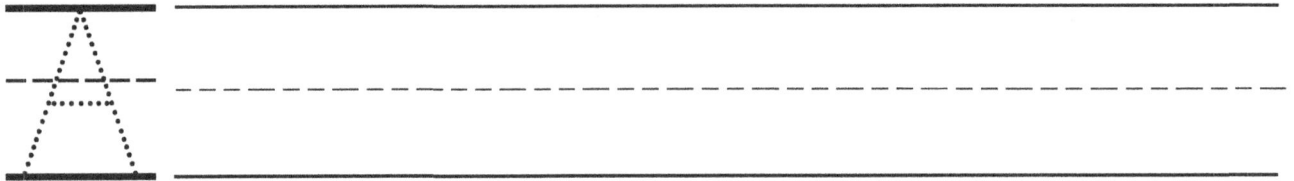

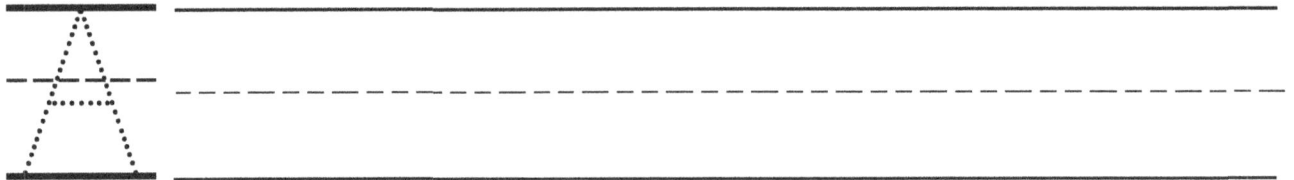

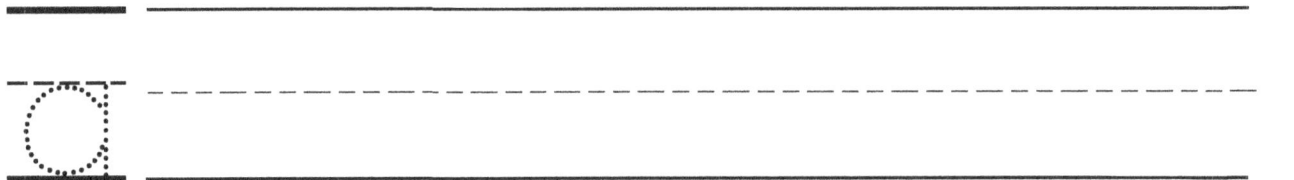

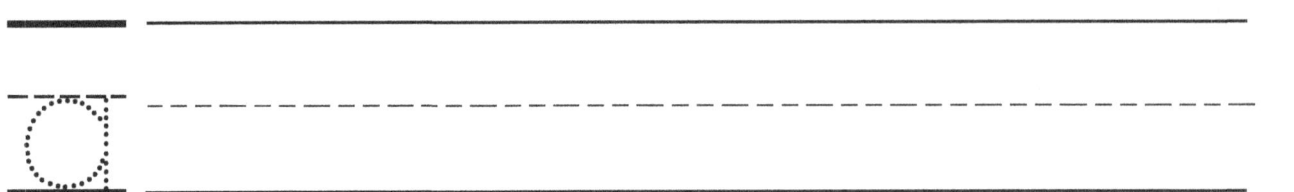

Bb

Bär

ABC Twiggi

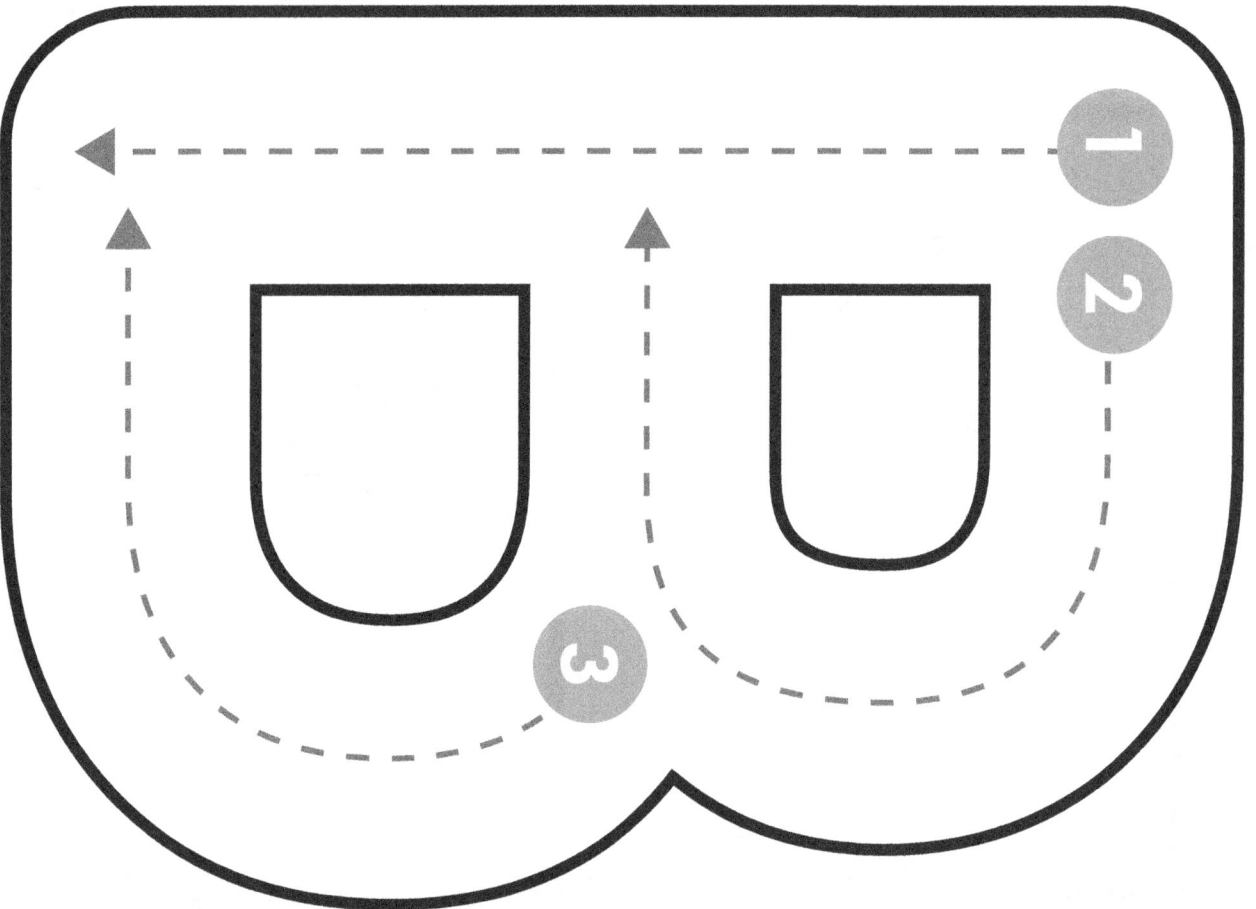

B wie Bär

14

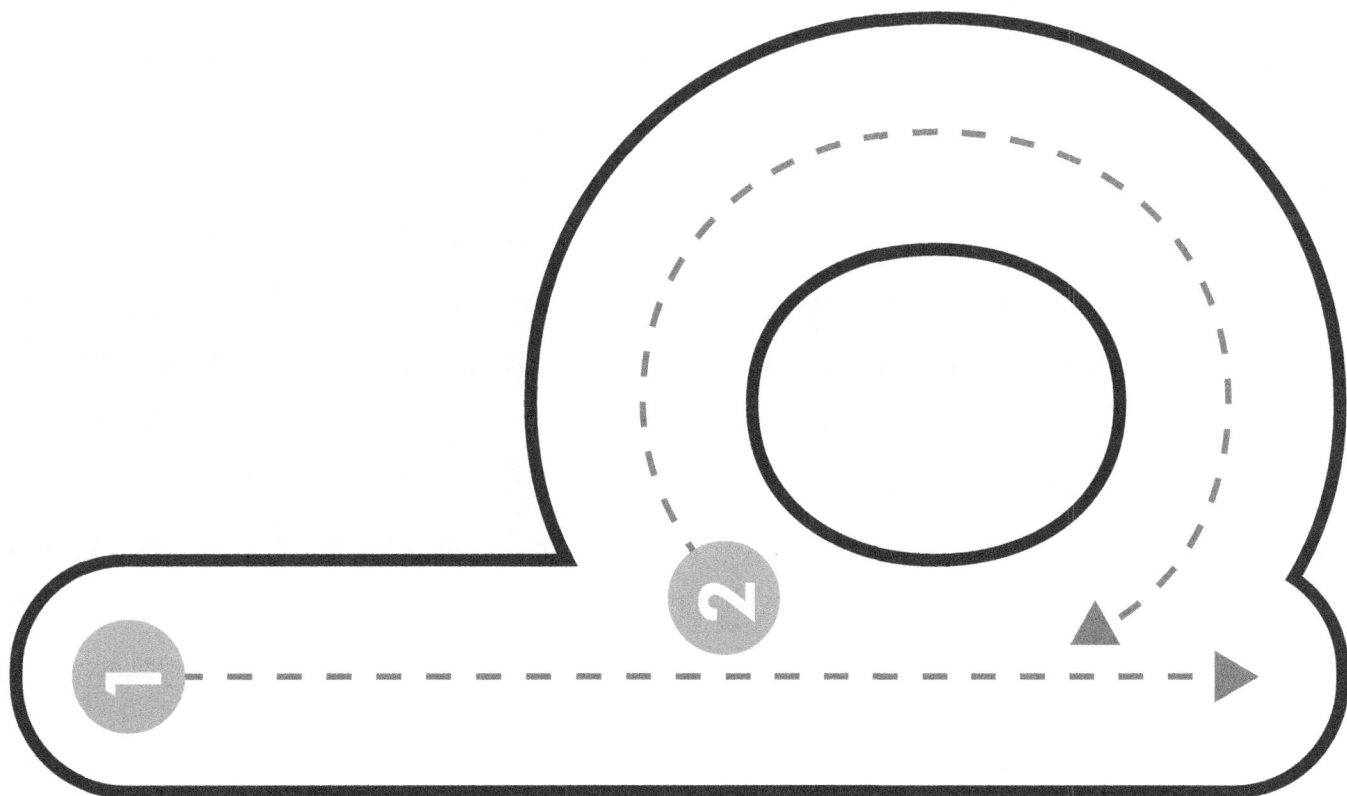

Mit dem Finger nachfahren

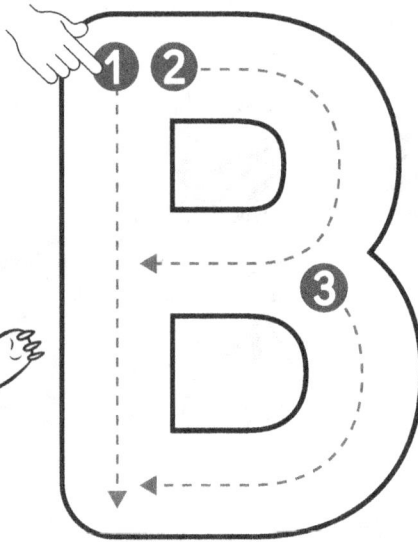

schreiben

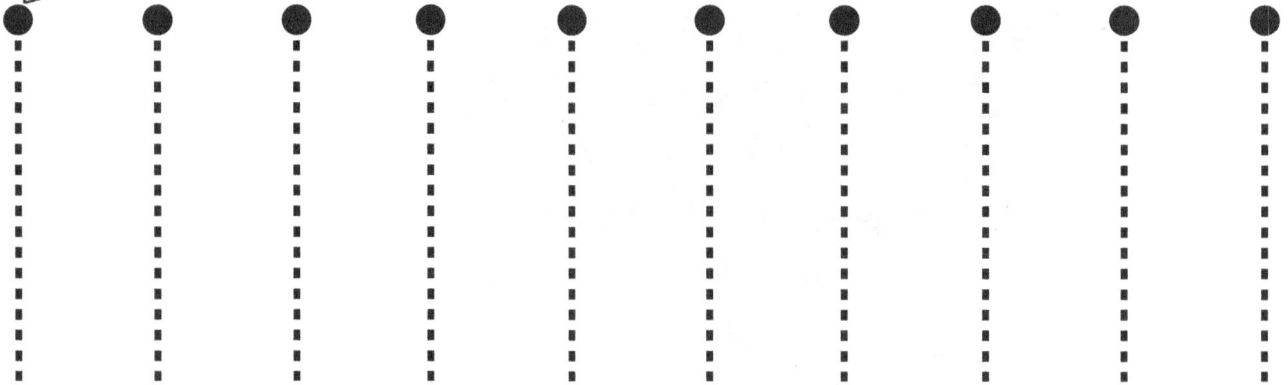

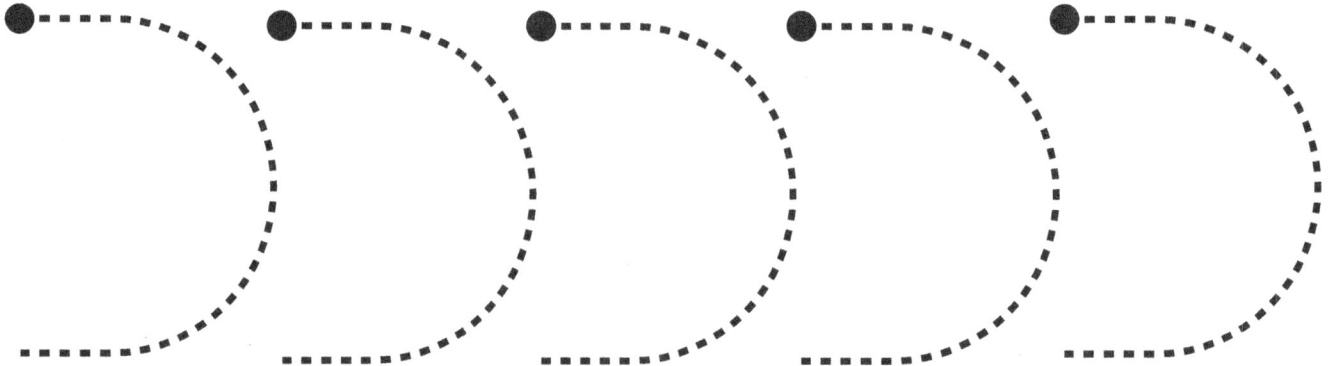

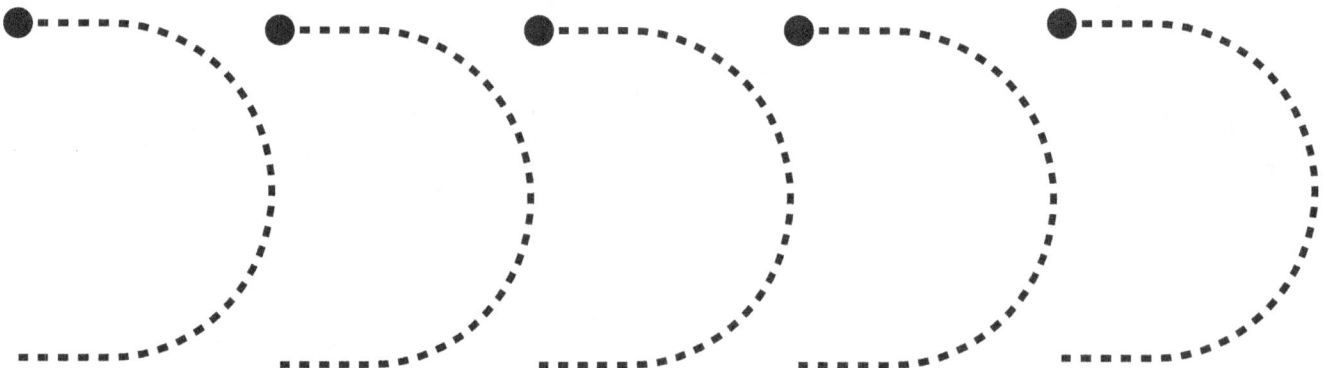

16